absolute

W0197141

orange ● press

absolute

Herausgegeben von Klaus Theweleit und Rainer Höltschl

absolute
Vilém Flusser

Herausgegeben und mit biografischen Essays
von Silvia Wagnermaier und Nils Röller

orange ● press

absolute Vilém Flusser
Hg. v. Nils Röller und Silvia Wagnermaier
Freiburg: orange-press 2003

Copyright für die deutsche Ausgabe 2003 bei © orange-press GmbH
Alle Rechte vorbehalten

Buchgestaltung: Annette Schneider
Hergestellt in Deutschland

Die im Text angegebenen URLs verweisen auf Websites im Internet.
Der Verlag ist nicht verantwortlich für die dort verfügbaren Inhalte,
auch nicht für die Richtigkeit, Vollständigkeit oder Aktualität der Informationen.

ISBN 3-936086-10-9

orange-press.com

Gespräch mit Florian Rötzer, München 1991

Sie haben in Ihren Büchern immer wieder behauptet, dass wir auf der Schwelle zu einer neuen Epoche stehen würden. Sie führen das auf die neuen Techniken zurück. Es ist sicher der Computer, der im Zentrum der gegenwärtigen Veränderungen steht. Würden Sie denn sagen, dass man Epochen durch ihre Techniken charakterisieren kann, weswegen man dann auch sagen könnte, es gäbe so etwas oder müsste so etwas geben wie eine Philosophie des Computerzeitalters?

Ich möchte das ein wenig präzisieren. Ich bin einverstanden, wenn man von einer Schwelle spricht, sofern man die Schwelle breit genug ansetzt. Sie hat sich bereits in der Mitte des 19. Jahrhunderts gezeigt, und wir werden sie sicher nicht vor der Mitte des 21. Jahrhunderts überschreiten. Ich bin auch damit einverstanden, dass Sie den Übergang auf den technischen Einfluss zurückführen, allerdings mit der Einschränkung, dass die Technik allein zur Erklärung nicht ausreicht. Die Technik schlägt nämlich auf das Bewusstsein zurück, in dem die Veränderungen größer sind als in der Umwelt. Jetzt aber zur Frage, ob eine Philosophie des Computerzeitalters gefordert ist. Eine Philosophie der neuen Zeit entsteht von selbst. Nicht nur, weil sich die Themen ändern, sondern vor allem, weil sich die Methode des Denkens verändert. Eine der Charakteristiken des Übergangs ist, dass wir uns nicht mehr mit kausalen Erklärungen begnügen können. Wir müssen die Phänomene als Produkte eines Spiels von Zufällen ansehen, wobei die Zufälle statistisch dazu neigen, notwendig zu werden.

Darf ich kurz unterbrechen. Das ist eine Formulierung, die aus einem wissenschaftlichen Modell hervorgeht. Wenn Sie sagen, dass wir nicht mehr kausal erklären können, heißt das, wir können dies wissenschaftlich oder erkenntnistheoretisch nicht mehr; oder heißt das, wir können uns auch als Menschen des Alltags nicht mehr so wie in der Tradition verstehen, sondern sind dazu genötigt, uns etwa aus der Perspektive der Wahrscheinlichkeitstheorie zu begreifen?

Das, was Sie den Menschen im Alltag nennen, oder das, was man den gesunden Menschenverstand genannt hat, ist das wissenschaftliche Niveau vergangener Jahrhunderte. Wir denken im Alltag so, wie man seit der Renaissance bis zur Aufklärung im elitären Denken gedacht hat. Der Umbruch, von dem ich gesprochen habe, ist ein elitärer Umbruch, der nicht so schnell ins Bewusstsein der großen Menge dringen wird. Er tröpfelt in es ein. Das war schon immer so. Wenn ich sage, dass wir dazu gezwungen sind, die Kategorien unseres Denkens umzuformen, dann meine ich, dass wir durch die Wissenschaft und die mit ihr zusammenhängende Spekulation dazu gezwungen sind. Ich bin der Überzeugung, dass die Wissenschaft und die wissenschaftliche Methode für alle absehbare Zukunft das Paradigma des zivilisierten Denkens bleiben werden. Die Methoden verändern sich natürlich, aber als wissenschaftliche Methode bleibt sie das Paradigma für alle Methoden.

Sie haben schon mehrmals darauf hingewiesen, dass auch die Wissenschaft sich in einer Umbruchphase befindet, da sie sich den Künsten nähert. Diesen Umstand haben Sie wiederum anhand des Computers als Paradigma für das Handeln des Menschen erläutert. Mit dem Computer werden mit bedeutungslosen Elementen, den Pixeln oder den Bits, neue Welten entworfen. Das haben Sie ja als die Grundverfassung des menschlichen Seins in der Gegenwart beschrieben. Dann wäre es weniger die Wissenschaft, sondern eher der Computer, der das Paradigma für das aktuelle Selbstverständnis des Menschen ist.

Sie haben vorher etwas gefragt, worauf ich noch nicht geantwortet habe, nämlich ob die Technik maßgeblich für die Geschichte der Menschheit ist. Ich bin damit einverstanden. Ich glaube, man sagt mit Recht ältere oder jüngere Steinzeit, Bronzezeit, Eisenzeit und vielleicht jetzt Computerzeit, weil diese technischen Methoden auf das Bewusstsein zurückschlagen. Es gibt ein Bewusstsein der älteren Steinzeit oder eines der Bronzezeit. Das sieht man natürlich nicht auf den ersten Blick. Wenn man an die Bronzezeit denkt, dann denkt man an die Homerischen Helden oder an die Helden der verschiedenen Sagen. Aber wenn man darüber nachdenkt, dann kommt man darauf, dass diese schicksalhafte Einstellung des Helden auf die Technik der Herstellung von Bronzewerkzeugen zurückzuführen ist. Ich kann darauf jetzt nicht näher eingehen. Bronze ist im Unterschied zu Stein oder Eisen ein elitäres Material. Es war immer teuer. Also ist die Mentalität der Bronze die Mentalität einer kriegerischen und priesterlichen Elite, während die Eisenzeit mit einer Vulgarisierung und Demokratisierung des Denkens einhergeht, weil es billiger ist, Eisen herzustellen als Bronze. Das sei nur nebenbei gesagt. Sie fragten, ob nicht statt der Wissenschaft der Computer als ein Modell der heranbrechenden Zukunft anzusehen sei. Ich kann das nicht so trennen, weil die Technik angewandte Wissenschaft ist. Sie fragten, ob Kunst und Wissenschaft nicht einander näherrückten. Von dem Wort »Kunst« war ich nie sehr begeistert. Vielleicht ist die Kunst der Neuzeit von den früheren Künsten nur dadurch verschieden, dass sie nicht wissenschaftlich unterbaut war, dass sie sozusagen eine empirische Technik gewesen ist. Das verändert sich vielleicht jetzt. Vielleicht können wir wieder die Kunst als angewandte Wissenschaft oder die Wissenschaft als eine Theorie der Kunst ansehen.

Sie gehen davon aus, dass unser Zeitalter von den angewandten Wissenschaften, in diesem Sinne auch von den Techniken, geprägt wird. In welchem Verhältnis steht denn die Philosophie zu den Wissenschaften? Der Philosoph ist kein Wissenschaftler, er ist auch kein Techniker. Der Philosoph spricht in der Sprache, die man seit 2000 Jahren verwendet. Er steht in einer langen Tradition. Er kann die wissenschaftlichen Erkenntnisse und Methoden vielleicht deuten, verallgemeinern oder kritisieren. In Ihren Büchern sprechen Sie von der Krise der Linearität, die mit dem Computer und dem digitalen Code einhergeht. Die Philosophie ist mit ihrem geschichtlichen Hintergrund ein lineares Denken par excellence. Wie also verhält sich der Philosoph der Wissenschaft und Technik zur traditionellen argumentativen Philosophie?

Darauf möchte ich Ihnen zunächst eine banale Antwort geben. Was wir Philosophie nennen, ist ein Erbe der präsokratischen Denker. Es ist eine spezifische Einstellung zu den Problemen der Welt und dann später des Lebens, die mit dem Wort »Theorie« fassbar ist. Philosophie ist die Einstellung, in der die Dinge nicht als Erscheinungen angesehen werden, sondern die hinter den Erscheinungen irgendwelche Formen vermutet und behauptet, dass wir die Fähigkeit besitzen, diese Formen durch eine spezifische Ansicht sichtbar werden zu lassen. Diese Ansicht heißt griechisch »Theorie«. Diese theoretische Disziplin, die diskursiv war, hat zuerst alle Gebiete der Erkenntnis umfasst. Im Verlauf der Geschichte haben sich langsam die Wissenschaften eine nach der anderen von der Philosophie abgespalten. Es gibt Leute, insbesondere in den angelsächsischen Kulturen, die behaupten, dass die Philosophie völlig von den verschiedenen Wissenschaften entleert wurde und dass ihr jetzt nichts anderes übrig bleibt, als über die Wissenschaft, die aus ihr entstanden ist, nachzudenken, dass also die Philosophie nichts anderes sein kann als Wissenschaftskritik. Ich würde nicht so weit gehen. Ich würde sagen, dass es Gebiete gibt, die die Wissenschaft nicht besetzt hat und die von der Wissenschaft per definitionem gar nicht besetzt werden können, nämlich die Gebiete der Werte. Auf dem Feld der Werte ist die Methode des theoretischen Denkens noch immer gültig. Es gibt also zwei Gebiete, für die die Philosophie noch immer kompetent ist: die Kritik der Wissenschaft und die der politischen oder ästhetischen Werte.

Jetzt zur Struktur der Philosophie. Sie haben mit Recht gesagt, dass die Philosophie der Struktur nach traditionell diskursiv sei. Das stimmt nicht ganz, denn es gibt auch eine mathematische Philosophie. Sie können beispielsweise von der logischen Analyse oder vom sogenannten Neopositivismus nicht sagen, dass sie diskursiv seien, denn sobald Sie sich in der symbolischen Logik ausdrucken, sieht ein philosophisches Buch eher wie eine Serie von Algorithmen aus als wie eine

Serie von textualen Sätzen. Aber die Philosophie ist im Prinzip seit den Vorsokratikern bis hin zu den gegenwärtigen Philosophen diskursiv, an denen ich allerdings aus den genannten Gründen Zweifel habe, ob sie noch Philosophen sind.

Seit einigen Jahrzehnten können wir eine seltsame neue Entwicklung beobachten, an der ich außerordentlich interessiert bin. Es gibt Leute, die mit Bildern zu philosophieren beginnen. Das klingt natürlich wie ein Widerspruch. Ich hatte vorhergesagt, die Philosophie habe es mit den Formen zu tun, die hinter den Erscheinungen sind. Die Bilder aber sind doch Erscheinungen. Wir haben aber neuartige Bilder. Wir besitzen Bilder, die die Formen des Denkens ansichtig werden lassen. Es gibt numerisch generierte Bilder, die, sagen wir einmal, platonische Formen auf dem Monitor anschaulich machen. Hier öffnet sich das Gebiet einer nicht mehr diskursiven, sondern mit Bildern arbeitenden Philosophie. Um das herauszustellen, habe ich in meinen Büchern von Kant den Begriff der »Einbildungskraft« entlehnt. Das sind allerdings nicht nur Computerbilder, weil wir in der letzten Zeit ein komisches Instrument entwickelt haben, das Video heißt. Das ist im Grunde genommen ein Spiegel, der den Weg für eine neue philosophische Methode öffnet. Der Monitor des Videos hat zwei seltsame Eigenschaften. Er kehrt erstens links und rechts nicht um wie die Spiegel, an die wir gewöhnt sind. Zweitens hat er ein Gedächtnis. Es ist also ein nicht umkehrender, mit einem Gedächtnis versehener Spiegel. Wer Spiegel sagt, sagt auch Reflexion oder Spekulation. Und wer dies sagt, sagt auch Philosophie. Vielleicht haben wir – *malgré nous* und ohne dass die Videoleute sich dessen bewusst sind – ein Instrument erfunden, mit dem sich mindestens so gut philosophieren lässt wie mit den 26 Buchstaben.

Ein Philosophieren in Bildern würde heißen, dass man Szenen erstellt. Damit aber könnte man weder begründen noch erklären, was für die Philosophie doch bislang maßgeblich war.

Ich habe Ihnen vorhergesagt, dass wir dazu gezwungen sind, diese Art von Argumentation aufzugeben. Wir können die Phänomene nicht mehr in einen Diskurs von Ursache und Wirkung einbauen, sondern wir müssen mit Zufall und Notwendigkeit spielen. Wenn Sie die drei Ebenen beispielsweise ineinander fügen, von denen ich vorhin gesprochen habe, so können sich zufällig Kombinationen ergeben, die den Hersteller der Bilder selber überraschen. Ist es nicht das Erlebnis des Philosophierens, dass Sie in einer Art des Denkens verfangen sind, in der Sie von Überraschung zu Überraschung schreiten. Meint das nicht Aristoteles, wenn er sagt, dass die Menschen einst und jetzt aus Überraschung begonnen haben zu philosophieren? Wenn man dem Entstehen von Bildern in einem Computer zusieht oder wenn man sich vorstellt, wie so ein Video funktionieren würde, dann würde man ganz im aristotelischen Sinne dieses Satzes philosophieren. Ich habe, wenn ich noch einmal über mich selbst sprechen kann, ein Buch geschrieben. Das ist eine Fabel. Fabeln wurden noch nie richtig geschrieben, falls Sie unter Fabel den Versuch verstehen, Tiere zu Wort kommen zu lassen, damit sie von ihrem Standpunkt aus beginnen, den Menschen zu kritisieren. Alle Fabeln, die ich kenne, handeln nicht von Tieren, sondern von Menschen, die als Tiere verkleidet sind. Ich habe versucht, dies anders zu machen. Ich habe mir einen Cephalopoden vorgestellt.

Eine Krakenart also ...

Ja, einen Kopffüßler. Einiges habe ich doch im Leben gelernt. Eins davon ist, dass man exakt sein muss, wenn man phantasiert. Wenn man nicht phantasiert, kann man sich Freiheiten erlauben. Das ist das Tödliche am akademischen Denken, weil es immer geschützt denkt und daher in den Staub fällt. Wenn man phantasiert, dann kann man sich das nicht erlauben. Ich habe den Begriff *phantasia essata*, der, so glaube ich, von Leonardo stammt, intus. Ich habe dieses Vieh nicht erfunden, sondern entdeckt. Mit meiner Frau bin ich von Aquarium zu Aquarium gefahren und habe mich für die Physiologie und, wenn Sie gestatten, für die Psychologe von Cephalopoden interessiert. Ich habe den darwinschen Baum des Lebens aufgegriffen und ihn ein wenig fortgesetzt. Ich habe die jetzt existierenden Kraken als Anthropoiden angesehen und aus diesen eine Krake Sapiens sapiens hinausprojiziert. Aber alles an ihr ist biologisch wahr. Alle anderen Angaben, die ich von ihr gegeben habe, sind wissenschaftlich richtig. Ich habe mir aber nicht nur das Vieh vorgestellt, so wie es uns anglotzt, sondern ich habe mir auch seine Lebenswelt vorgestellt. Ich habe mir überlegt, wie die Welt aussehen müsste, wenn man sie aus der Tiefsee ansieht. Die Erde würde ganz anders aussehen. Das ist eine Art Philosophie. Man geht nicht von oben oder transzendent und nicht von unten oder strukturell vor, sondern man geht von der Seite aus. Es ist ein Seitensprung des Philosophierens.

Das wäre ein Denken, das versucht, andere Wahrnehmungsformen und andere Wirklichkeitsperspektiven zu entwickeln. Bestünde darin noch ein legitimer erkenntnistheoretischer oder spekulativer Sinn der Philosophie?

Ja, denn wir müssen uns jetzt daran gewöhnen, dass es alternative Räume und Zeiten gibt. Mit einer Technik, die es uns erlaubt, Szenen zu projizieren, die sich an Konkretizität mindestens mit denen von den Sinnen wahrgenommenen Szenen vergleichen lassen, sind wir dazu gezwungen, ebenso alternativ zu philosophieren. Mir gefällt das Wort »virtuell« gar nicht, weil es unter anderem viele Macho-

Konnotationen hat. Da es keine nicht-virtuelle Realität gibt, da Realität nur ein Grenzbegriff ist, dem wir uns nähern und den wir nie erreichen können, kann ich von alternativen Weisen des Erreichens von Realität sprechen. Das kann ich technisch und theoretisch erreichen. Ich kann sagen, dass eine ganze Reihe von theoretischen Erwägungen der Wissenschaft von alternativen Realitäten handelt. Ich gebe Ihnen ein Beispiel. Der riemannsche Raum ist ja ein alternativer Raum zum euklidischen. Dass wir jetzt den riemannschen Raum mehr anwenden als den euklidischen, wenn wir vom kosmischen Raum sprechen, konnte Riemann nicht voraussehen. Wenn die Wissenschaft und die Technik die verschiedenen Formen der Realisierung von Möglichkeiten anerkennen, dann muss dies doch die Philosophie auch tun.

Man sollte eine Disziplin ausarbeiten, die darauf verzichtet, den Unterschied zwischen real und fiktiv als Kriterium anzuwenden, und die statt dessen mit dem Unterschied zwischen konkret und abstrakt arbeitet. Wahrscheinlich ist dies nicht der Ort, die Parameter dieser Kriterien vorzustellen, aber Konkretizität hat im Unterschied zur Realität den Vorteil, dass sie steigerbar ist. Ich kann sagen, etwas ist konkreter, greifbarer, manifester als etwas anderes. Das ist ein relativer Begriff. Realität ist zwar auch ein relativer Begriff, aber man sieht ihm das nicht so an. Die Leute sprechen von der harten Realität oder von der brasilianischen Wirklichkeit oder von ähnlichem Blödsinn, als sei dies eine fassbare Situation, während es sich doch nur um einen Grenzwert handelt. Deswegen geht mir auch der Begriff der »Simulation« so gegen den Strich. Wenn etwas simuliert wird, also etwas anderem ähnlich ist, dann muss es etwas geben, das simuliert wird. Im Begriff der »Simulation« oder des »Simulierens« steckt ein tiefer metaphysischer Glaube an etwas Simulierbares. Diesen Glauben teile ich nicht.

Sie meinen, es gibt kein Original oder keine objektive Wirklichkeit, die simuliert werden könnte?

Ja, aber ich möchte noch einen Schritt weitergehen. Das Wort »Simulation« ist das indirekte Eingeständnis an einen transzendentalen Glauben. Wenn ich glaube, dass ich etwas nachahmen kann, dann glaube ich auch, dass es etwas gibt, das nicht nachahmt – nicht nur im Sinne des Originals, sondern beinahe im aristotelischen Sinne des unbewegten Bewegers, des *primus motor*. Im Wort »Simulation« verbirgt sich meiner Meinung nach der Rest eines Glaubens ans Absolute.

Ihre Vorstellung scheint derjenigen ähnlich zu sein, die man als philosophische Konzeption im sogenannten radikalen Konstruktivismus findet. Der Konstruktivismus geht davon aus, dass man Wirklichkeit nicht beschreibt oder passiv wahrnimmt, dass man sie nicht entdeckt, sondern erfindet. Das Bild der Wirklichkeit hängt beispielsweise ab von der Art der Sinnesorgane und davon, wie sie von unserem Gehirn, also von unserem neuronalen Computer, errechnet wird, weswegen sie auch ganz anders sein beziehungsweise auf dem »mentalen Bildschirm« dargestellt werden könnte. Daher ergibt sich für den radikalen Konstruktivismus die Konsequenz, die Begriffe »real« und »fiktiv« und überhaupt die Ontologie hinter sich zu lassen. Wenn Sie die Begriffe »abstrakt« und »konkret« anbieten, wie würde denn dann die alte Unterscheidung in die neue eingehen können? Unser Weltbild ist doch noch immer davon geprägt, dass sich die Wissenschaften auf eine objektive Realität beziehen, während in der Kunst Scheinwelten erzeugt werden. Wir sperren Menschen in Psychiatrien ein, weil sie Halluzinationen haben, während wir davon ausgehen, dass sich die »normalen« Menschen einigermaßen ordentlich auf eine gemeinsam geteilte Wirklichkeit beziehen oder dies zumindest sollten.

Ich werde von einem psychiatrischen Beispiel ausgehen, weil mir das so gut gefallen hat. In den Jahren von 1933 bis 1945 gab es in Deutschland doch eine Gesellschaft, die normal war. In dieser Gesellschaft gab es Wahnsinnige, die ins Irrenhaus gesperrt wurden. Aus dem Rückblick sehen wir, dass wir die meisten Leute damals hätten ins Irrenhaus sperren sollen. Psychose ist natürlich ein relativierbarer Begriff.

Eine Psychose könnte ja das Kriterium der Konkretheit erfüllen, was aber nichts darüber aussagt, ob sie auch »wirklichkeitstüchtig« ist. Sie verhindert beispielsweise die Kommunikation mit anderen Menschen, weil die gemeinsame Wirklichkeit verlassen wurde.

Ich werde Ihnen eine Anekdote erzählen, die ich in Graz gehört habe und die mich zutiefst beeindruckt hat. Bertrand Russell hat jemanden empfangen, der ihn während des Gesprächs dann kritisierte. Er sagte, dass er alles, was Russell behauptete, für richtig halte, allerdings mit einer einzigen Ausnahme, nämlich wenn er sagen würde, dass Julius Cäsar im Jahre 44 vor Christus gestorben sei. Darauf fragte Russell, warum er gerade diese Aussage für falsch halte. »Nun ja«, sagte sein Gast, »weil ich Julius Cäsar bin«. Die Geschichte hat mir deshalb gut gefallen, weil sie zeigt, dass eine Kommunikation besteht und dass im Sinne Russells die Aussage dieses Menschen, der sagt: »Ich bin Julius Cäsar«, gar nicht falsifizierbar ist. Der Sachverhalt, dass er behauptet, Julius Cäsar zu sein, ist ja ein Beweis für die Tatsache dieser Behauptung. Ich weiß nicht, ob ich Ihnen zufriedenstellend geantwortet habe. Mir erscheint es wichtig, die Kategorien umzubauen. Wir sollten auch wahr und falsch anders denken. Wenn wir beispielsweise mit wahrscheinlich und unwahrscheinlich operieren, kommen wir der Sache näher. Wir müssen immer relative Begriffe haben und es uns abgewöhnen, mit absoluten Begriffen zu arbeiten.

Meine Frage zielte darauf, wie man sich mit den von Ihnen intendierten Kategorien in der Wirklichkeit – oder wie immer man das Referenzobjekt nennen will – orientieren kann. Um das ein wenig zu konkretisieren, würde ich einmal so fragen: Wäre es für Sie in dem Sinne möglich, wie wir es gewohnt sind, nach Wahrheit zu streben, dass wir sagen, wir sollten nach größerer Konkretheit oder nach größerer Unwahrscheinlichkeit streben? Gibt es für Sie Imperative, die die alten ersetzen?

Imperative sind eine komische grammatikalische Form, die sich relativieren lässt. Wir können Imperative in Funktionen umcodieren und dann sehen sie anders aus. Anstatt des Imperativs: »Du sollst nicht stehlen!« heißt es dann: »Wenn du stiehlst, kommst du ins Gefängnis!«. Dann ist die Frage, was ich lieber will. Will ich stehlen, dann muss ich damit rechnen, ins Gefängnis zu kommen, oder will ich vermeiden, ins Gefängnis zu kommen, dann sollte ich nicht stehlen. Das ist eine andere Art von Moral, die mir sympathischer ist als die autoritative Moral der Imperative.

Sie haben vorhin gesagt, dass Sie das, was ich sage, an den radikalen Konstruktivismus erinnere. Aber was ich sage, hat eine andere Seite, die im Konstruktivismus nicht enthalten ist. Der Konstruktivismus, falls ich ihn simplifizieren darf, sagt: »Wir stellen die Welt her.« Ich hingegen meine, dass es ein solches »Wir« gar nicht gibt. Das Herstellen der Welt auf der einen Seite führt zum Herstellen des Wir auf der anderen Seite. Es gibt eine neutrale Zone des Herstellens. Abgesehen von der alten griechischen Sprache, kann man dies in den indogermanischen Sprachen gar nicht ausdrücken. Ich meine das, was im Altgriechischen der Aorist war. Wir denken doch so: Entweder ich sage: »Ein Hirt weidet eine Schafherde« oder ich sage: »Eine Schafherde wird von einem Hirten geweidet«. Das ist bei uns die aktive und die passive Form. Die Konstruktivisten glauben an die aktive Form: »Wir weiden die Schafe«. Positivisten beispielsweise meinen, dass die Schafe geweidet werden. Es gibt aber eine dritte Form, die ich so übersetzen würde: »Es gibt ein Weiden von Hirten und Schafen«; also es gibt Hirten und Schafe, die in einem Weideverhältnis zueinander stehen. Dieses Verhältnis ist mathematisch leicht als Funktion F(xy) auszudrücken. Das ist ein Beispiel dafür, wie der linguistische Diskurs nicht mehr fähig ist, das gegenwärtige Bewusstseinsniveau zu artikulieren.

Wenn ich davon ausgehe, dass es hier eine Konstellation von Möglichkeiten gibt, dass sich diese Möglichkeiten zufällig verketten und durch diese Verkettung immer notwendiger werden, dann entsteht einerseits das, was wir früher »das Konkrete« genannt haben, und andererseits das, was wir früher »Ich« genannt haben. Das Konkrete ist konkret für das sich herausstellende Ich, und das Ich ist ein Ich für das sich herausgestellt habende Konkrete. Jetzt müsste ich diese komische Ontologie, falls dies noch eine sein sollte, noch etwas raffinierter machen. Dieses Ich kann nie allein da sein, es ist immer ein Du, woraus ein seltsames Wir entsteht, das nicht genau dasselbe ist wie in der deutschen Sprache die erste Person Plural, sondern eher, wenn Sie mir gestatten, die vierte Person Einzahl. Dieses Wir ist das Gegenteil des Es.

Wir sind am Anfang davon ausgegangen, dass die Techniken sehr stark die Umwelt des Menschen verändern, wodurch sich auch der Mensch verändert. Das aber ist ein aktiver Prozess der Umgestaltung und der Konstruktion von Welt, während das, was Sie jetzt formuliert haben, eher einer Phänomenologie des Daseins entsprechen würde, die davon ausgeht, dass wir nicht eine Welt konstruieren, sondern uns in ihr finden. Das sind einfach zwei verschiedene Wege.

Ich weiß nicht, ob wir uns in einer Welt befinden. Wir befinden uns in einem Möglichkeitsfeld, aus dem eine Welt wird. Und dass wir uns darin befinden, ist auch nicht der richtige Ausdruck. Es müsste heißen, dass wir uns darin realisieren. Aber Sie haben gesagt, das sei ein aktiver Vorgang. In den letzten zwei Minuten habe ich gegen die Unterscheidung zwischen aktiv und passiv argumentiert. Ich wollte sagen, es stimme zwar, dass wir aktiv unsere Werkzeuge erzeugen und dadurch die Welt aufstellen, aber es ist ebenso wahr, dass diese Werkzeuge auf uns zurückschlagen und uns herstellen. Die Behauptung ist richtig, dass der Webstuhl ein Produkt unserer Aktivität ist, aber ebenso richtig ist es zu sagen, dass der Geist des 19. Jahrhunderts ein Produkt des Webstuhles ist, also eine Folge der Einsicht, wie man Weben mechanisieren kann. Goethe hat in diesem Sinne gesagt, es sei mit der Gedankenfabrik wie mit dem Webermeisterstück. Einerseits ist es also die Aktivität des Menschen, der dank seiner Werkzeuge die Welt verändert, aber andererseits ist es die Aktivität des Werkzeuges, das die Menschen herstellt. Können wir es nicht einmal versuchen, aktiv und passiv auszuklammern, auch wenn uns dies nicht gelingen wird, und statt dessen ein neutrales Verhältnisverbum erfinden?

Wenn Sie nämlich unter »Aktivität« wörtlich ein Eingreifen und unter »Passivität« wörtlich ein Leiden, ein Einbegriffenwerden verstehen, also Agent und Patient im Sinne von Arzt und Krankem, dann könnten wir uns doch vielleicht daran gewöhnen, das Kranksein oder das Krankwerden ins Zentrum des kritischen Unternehmens zu setzen? Das hat religiöse Implikationen, die ich nicht leugnen will. Wenn ich von der Passion Christi spreche, dann meine ich damit nicht nur ein Leiden, sondern auch ein Handeln. Sind wir im Kleinen nicht alle in diesem Sinne passionell und passioniert? Und meint nicht auch engagiert eben das?

Ich will noch einmal auf die Frage der Orientierung zurück, weil sie auch für die Philosophie zentral ist. Woran sollen sich Menschen orientieren, die in unserer technowissenschaftlich geprägten Welt leben? Objektivität und Wahrheit können in Ihren Augen keine gültigen Kriterien mehr sein, wenn es darum geht, Möglichkeiten zu realisieren und Wirklichkeiten zu gestalten. Es müsste dann ein ethisches oder ästhetisches Kriterium für die Erzeugung von Wirklichkeiten geben. Was würden Sie persönlich dafür anbieten? Sollte alles realisiert werden können, was nur möglich ist?

Ich kann mich mit dem Wort »Orientierung« nicht anfreunden, denn es setzt voraus, dass es eine Lage gibt, die man überblicken, und man sich daher für Wege entscheiden kann. Das ist nicht meine Sicht.

Sie sprechen vom Entwerfen von Möglichkeiten, was heißt, dass es stets viele gibt. Es sollte daher möglich sein, bestimmte Entscheidungen zu fällen.

In den einzelnen Entwürfen kann man sich orientieren. Ich kann mich sehr gut beispielsweise im Entwurf der Biotechnik orientieren. Ich nehme irgendeine Landkarte, beispielsweise den Darwinismus, und sage, innerhalb dieser Landkarte gibt es Mutationen. Dann kann ich mich in der künstlichen Wirklichkeit Darwins orientieren, aber ich kann nicht aus ihr herausspringen und mich damit in einer fraktalen Wirklichkeit orientieren. Wir müssen hinnehmen, dass wir in der Unordnung, im Chaos leben, denn wer Zufall sagt, sagt auch Unordnung, und wer Zufall sagt, verzichtet auch auf Orientierung. Statt der Orientierung hat man allerdings etwas viel Gewaltigeres, nämlich das Entwerfen. Ich kann mich ja aus dem Chaos entwerfen in eine mich herstellende und von mir hergestellte Ordnung. Ich kann dann sagen, dass ich etwas zwecks partieller Orientierung entwerfe, wobei ich aber immer wieder hinnehmen muss, dass wir verlorene Wesen sind.

Mittlerweile ist es ja gängig geworden, dass wir von der Pluralität der Weltzugänge, von der Pluralität der Erkenntnismodelle oder von der Relativität jeder Erkenntnis auszugehen haben. Wir können – am deutlichsten auf der politischen Ebene – beobachten, dass Pluralität erhebliche Konflikte mit sich bringt, beispielsweise die nationalistischen Konflikte, die wir jetzt vor allem im Osten beobachten können. Gibt es von Ihrem Denken des Entwerfens von möglichen Welten und des Lebens in Kontingenz aus eine Art politischer Utopie, wie plurale Welten, die sich durchaus bekämpfen oder einander widersprechen können, zusammen existieren können? Und wie sieht das auf dem Feld der Philosophie oder der Epistemologie aus? Philosophisch sind wir ja immer noch christlich an Versöhnung orientiert, was heute auch erkenntnistheoretisch nicht mehr zu klappen scheint.

Ich bin der Meinung, dass das politische Bewusstsein im Begriffe ist, überholt zu werden. Das politische Bewusstsein ist eine Form des historischen Bewusstseins.

Solange wir in der Magie und im Mythos gelebt haben, war von Politik keine Rede. Für das magische Bewusstsein ist alles belebt und die Menschen stehen zu allem in einem dialogischen Verhältnis. Jeder Baum hat einen Gott, jede Quelle eine Nymphe. So ein belebter Kosmos, in dem der Mensch nur eines unter vergleichbaren anderen Elementen ist, schließt ein politisches Denken aus. Das politische Denken entsteht durch die Materialisierung der Welt und durch das Herausklammern der Menschen aus der Welt, wodurch die Frage entsteht, wie ich gut mit anderen Menschen leben kann. Das ist ein, wie Hegel gezeigt hat, dialektisches Thema, denn in dem Moment, in dem ich zu anderen hinausgehe, um mich mit ihnen über das gute Leben zu verständigen, verliere ich mich darin, während ich, sobald ich wieder zurückkehre, die Welt verliere. Hegel schildert mit Recht das unglückliche Bewusstsein als das politische Bewusstsein *tout court*.

Jetzt aber ist das zu Ende. Wir haben keinen politischen Raum mehr, worin wir einander auf diese Art und Weise begegnen könnten, um zu einem Konsens zu kommen. Statt dessen haben wir reversible Kabel. Das ist eine technische Frage, eine Frage der Schaltung. Die Kommunikationsrevolution besteht in einer Umkehrung des Informationsstromes. Die Informationen gehen nicht mehr vom Privaten ins Öffentliche, sondern sie gehen durch die Kabel zwischen den einzelnen Menschen. Statt eines politischen Bewusstseins und Gewissens gewinnen wir langsam und mühselig ein intersubjektives Bewusstsein, ein Bewusstsein des konkreten Anerkennens des anderen. Wir klassifizieren nicht mehr abstrakt die Menschen in Klassen, Rassen und Völker, sondern jetzt geht es um die Anerkennung des anderen als anderen und darum, von ihm anerkannt zu werden. Das überschreitet das politische Bewusstsein ebenso, wie einst das politische Bewusstsein das magische Bewusstsein überschritten hat. Das ist kein Fortschritt, sondern eher eine Aufhebung im hegelschen Sinne.

Sie haben mit Recht von den schrecklichen Dingen gesprochen, die sich im Osten wie im Westen zeigen, und die Sie mit dem Wort »Nationalismus« bezeichnet haben. Ich würde das eher mit dem Wort »Skinheads« charakterisieren. Aber ich glaube nicht, dass das ein politisches Phänomen ist. Das ist ein Rückfall in vorpolitische Situationen. Es entstehen Nationalstaaten, es entstehen wieder religiöse Bewegungen, es entstehen Fremdenfeindlichkeit und darauf folgende Brutalitäten. Es sieht so aus, als würde sich die Geschichte wiederholen, als gingen wir an den Anfang des 20. Jahrhunderts oder an das Ende des 19. Jahrhunderts zurück.

Das globale elektronische Dorf, von dem McLuhan als Zukunft gesprochen hat, existiert offensichtlich trotz aller Informationsmedien nicht. Es scheint eher einen Widerstand dagegen zu geben, sich vernetzen zu lassen, die Entfernungen und Differenzen aufzuheben.

So sieht das aus. Aber wenn Sie das näher ansehen, dann spricht schon die Tatsache, dass sich die Geschichte zu wiederholen scheint, dafür, dass es sich nicht mehr um Geschichte handelt. Das Spezifische an der Geschichte ist doch die Unwiederholbarkeit. Für das Geschichtsbewusstsein ist doch jeder Augenblick einzigartig und jede verlorene Gelegenheit ist für es definitiv verloren. Der Unterschied zwischen Einzigartigkeit und Unwiederholbarkeit ist der einzige Unterschied zwischen Geschichte und Vorgeschichte. Die Vorgeschichte glaubt an die ewige Wiederkehr des Gleichen. Jetzt haben wir das dumpfe Gefühl einer Wiederkehr des Gleichen. Ich glaube, das ist kein geschichtliches, sondern ein nachhistorisches Ereignis. Es ist eine Brutalisierung und eine Perversion des formalen Denkens.

Warum?

Ich habe zum Beispiel ein bisschen über die Pamiat gelesen. Das ist eine slawophile, auf Dostojewski fußende Bewegung, die an die heilbringende Funktion des russischen Volkes glaubt und die Juden umbringen will. Das scheint die Wiederholung einer Idee des 19. Jahrhunderts zu sein. Wenn man näher hinsieht, so sieht es eher wie eine formale Analyse einer gegebenen Situation aus, die nicht durch Vernunft, sondern durch Emotionen geprägt ist. Es ist die Karikatur dessen, was wir von einer posthistorischen Denk- und Handlungsweise erwarten. Ich glaube also nicht, dass McLuhan tatsächlich widerlegt ist. Ich glaube eher, dass zwischen dem Dorf, von dem er spricht, und den sich historisch entwickelnden Gebilden, die das Dorf überschreiten sollen, eine Periode des Umbruchs und des Chaos erscheint, in der die staatlichen und nationalen Strukturen erst einmal zerbröckeln und sich so verhalten, als würden sie sich multiplizieren, bevor sie in höhere Ebenen eingehen. Jugoslawien zerfällt nicht zugunsten irgendeines Makedonien, sondern zugunsten irgendeiner überregionalen Vernetzung.

Ich habe Sie vorhin gefragt, wie es denn aussieht, wenn man lauter konkurrierende oder alternative Weltentwürfe von Einzelnen, von Gemeinschaften, von Staaten, von Wissenschaften vor sich hat. Wie könnte man in dieser Pluralität noch eine Einheit denken, sodass sie nicht zu neuen Katastrophen, zu einem Dschungelkampf führt? Wenn man davon ausgeht, dass Wirklichkeiten entworfen werden, dann gibt es für das Handeln der Menschen überdies eigentlich keinen Sinn, denn auch dieser muss miterzeugt werden, weil man sich auf nichts berufen kann. Sie nennen das manchmal die absurde Situation des Menschen, der weiß, dass er alles projizieren muss.

Ja, das ist die Sinngebung als Thema des Dialogs. Wenn ich nicht nur durch die Vernunft, sondern existenziell annehme, dass das Ich, die sogenannte Identität, eine Verknotung von Relationen ist, dann ist es gegeben, an verschiedenen Verknotungen teilzunehmen und dabei irgendein eigenes Charakteristikum im Vergleich zu anderen zu bewahren. Ich will das noch deutlicher machen. Wenn ich mir darüber klar werde, dass ich nichts anderes bin als derjenige, der jetzt mit Ihnen spricht, oder derjenige, der in diesem Hotel ist, oder derjenige, der in der gegenüberliegenden Bank morgen einen Vortrag hält, wenn ich mich als einen Knotenpunkt dieser Relationen ansehe, dann habe ich doch gesagt, dass ich verschiedene alternative Existenzen führe. Gleichzeitig bin ich jemand anderes als Sie oder als jemand von der Bank oder vom Hotel. Das erklärt näher, was ich unter alternativen Welten verstehe. Ich lebe so oft, wie viel ich durch Vernetzung an Verknotungen teilnehme. Das ist auch eine Antwort auf diesen scheinbaren Zerfall der Einheiten, den wir in Osteuropa sehen. Vielleicht hatten die Anarchosyndikalisten Anfang dieses Jahrhunderts Recht. Ich engagiere mich als Schachspieler in einem Schachclub, der eine geschlossene Gesellschaft ist. Aber dies ist er nur so lange, wie ich in ihm drin bin. Im nächsten Moment engagiere ich mich als Vater eines Kindes in einer Volksschulverwaltung, die auch ein geschlossenes System ist. Geschlossen ist sie aber nur als System. Für mich sind der Schachclub und die Volksschulverwaltung geschlossene Systeme, zwischen denen ich wie von einer alternativen Situation zur anderen als ein Quantum hinüberspringe.

Wir haben aber immer das Bewusstsein, dabei dieselben zu bleiben, wenn wir uns in verschiedenen Wirklichkeiten oder Systemen realisieren.

Ja, aber wir wissen, dass Identität und Anderssein einander implizieren. Ich habe ja gesagt, dass ich das Bewusstsein des Selbst im Verhältnis zu einem anderen habe. Ich kann nur sagen, dass ich zugleich das Mitglied eines Schachclubs und eines Schulvereins bin, wenn ich dies einem anderen mitteilen kann. An und für sich gibt es dieses Bewusstsein nicht. Wenn ich in einen Schachclub eintrete und mich in ihm engagiere, dann vergesse ich mich. Selbstvergessenheit ist doch das Charakteristikum eines solchen Eintritts. Das Selbstbewusstsein entsteht erst, wenn ich mich davon entferne und jemand anderem darüber Rede und Antwort stehe.

Was ich zum Abschluss noch einmal nachfragen will, ist das Thema der Ethik. Sie sprachen davon, dass man in bestimmten Vernetzungen lebt, dass man selbst jemand ist, der aus vielen Vernetzungen besteht und irgendwie doch »einer« ist. Wäre es denn für eine Ethik unserer Zeit eine Maxime zu sagen: »Knüpft Vernetzungen! Macht möglichst viele Vernetzungen!«? Hinzu kommt, dass wir in Ihrem Sinne nur leben, wenn wir Möglichkeiten entwerfen und realisieren. Dann müssen wir darüber nachdenken, welche Möglichkeiten wir nicht realisieren sollten, um uns oder andere nicht zu ruinieren.

Die erste Frage ist besser als die zweite. Ich glaube, die Ethik ist implizit in allem, was ich gesagt habe. Wenn ich nur für jemanden anderen da bin und jeder andere nur für mich da ist, dann ist darin eine Ethik der Verantwortung, des Daseins für den anderen, impliziert. Das ist der Tod des Humanismus. Der Humanismus ist eine Ethik, die sich auf eine Klasse, beispielsweise auf die Klasse Mensch, bezieht. Das ist der berühmte Satz:

»Ich liebe die Menschheit, aber was mir auf die Nerven geht, sind die Leute.« Diese Idee der allgemeinen Verantwortung stirbt. An deren Stelle tritt eine persönliche, intersubjektive Verantwortung. Die Ethik erhält dann das Kriterium der Nähe. Je näher mir jemand örtlich, zeitlich, aber auch thematisch steht, desto mehr Verantwortung trage ich für ihn und desto mehr Verantwortung trägt er für mich. Diese Verantwortung ist etwas Gegenseitiges. Das ist etwas sehr Altes. Man nennt das »Nächstenliebe«. Durch die Hintertür kommt ein neuer Begriff der Nächstenliebe, weil ein neuer Begriff der Nähe entstanden ist. Die Vorsilbe »Tele«, die wir in der Telematik und in vielen anderen Techniken finden, bedeutet das Näherbringen des Entfernten. Ethisch heißt das, dass mich das Ferne nichts angeht. Ich muss es näher bringen, damit es mich angeht.

Andererseits kann man sagen, dass wir durch die Telepräsenz einen coolen Blick eintrainieren, wenn wir beispielsweise im Fernsehen irgendwelche sterbenden Kinder oder Kriege sehen. Wir sind Beobachter wie bei einem Theaterstück, aber es erweckt in uns keine Gefühle, wir sind nicht engagiert, wir sind Zeugen eines Ereignisses, ohne davon betroffen zu werden. Durch die Teletechnologien verschwindet zwar die Ferne und rückt uns näher, aber durch dieses Näherrücken wird anscheinend diese Nächstenliebe eher verhindert, zumindest erschwert.

Sie haben Recht, aber Sie haben ausgeklammert, dass ich gesagt habe, es sei ein verantwortliches Verhältnis. Wenn ich die Kinder in Abessinien sterben sehe, dann kann ich dafür nicht verantwortlich sein, weil ich keine Kompetenz besitze, diese Situation in einem bedeutenden Sinne zu verändern. Das Neue an der Ethik, die ich sehr schlecht versuche auszuarbeiten, ist zu zeigen, dass Verantwortung etwas mit Kompetenz zu tun hat. Wenn ich hier morgen meinen Vortrag vor einer Gruppe von jungen Leuten halten werde, so werden sie mir näher rücken und ich werde versuchen, sie insoweit zu beeinflussen, wie dies in meiner Kompetenz steht. Ich werde beispielsweise versuchen, worin ich glaube, kompetent zu sein, in den jungen Leuten Zweifel zu erregen und so gegen ihre Vorurteile zu wirken. Andererseits werde ich mich ihnen zu öffnen versuchen, um von ihnen geändert zu werden. Das ist für mich ein Modell der Ethik der Zukunft: sich seiner Begrenztheit bewusst zu werden und durch die Begrenztheit meiner Fähigkeiten dazu genötigt zu werden, andere anerkennen zu können. Das ist eine sehr bescheidene Ethik, denn sie muss ja auch sagen: Das geht mich nichts an, dafür bin ich nicht kompetent. Ich bin nicht dafür verantwortlich, ob in der äußeren Mongolei Demokratie eingeführt wird oder nicht. Es ist ein verantwortungsloses Geschwätz, wenn ich mich jetzt für die Befreiung von Tibet engagiere. Hingegen bin ich dann verantwortlich, wenn in Südfrankreich, also da, wo ich jetzt lebe, Menschen Fremde prügeln. Ich muss irgendetwas innerhalb meiner Kompetenz tun, um das einzudämmen. Was ich gesagt habe, ist nicht gut gesagt, weil ich mich emotional habe hinreißen lassen, was ich nicht hätte tun sollen. Aber die Proxemik, die Nähe, ersetzt, glaube ich, den verwässerten Humanismus.

Diese Ethik des Konkreten liegt doch auf derselben Ebene wie die Nationalismen, von denen wir vorher gesprochen haben, die sich auch auf ihre Nahegemeinschaft zurückzuziehen beginnen …

Dagegen muss ich mich wehren. Das ist total unähnlich, denn diese Menschen schließen sich in eine Verkettung ein, während ich doch versucht habe zu sagen, dass die Verantwortung und die Freiheit darin bestehen, dass ich zugleich an verschiedenen, einander überdeckenden Systemen teilnehmen kann. Dazu muss ich noch etwas sagen: Wenn ich in die Lebenswelt hineingeworfen werde, werde ich in Bindungen hineingeworfen. Ich bin durch die Tatsache, dass ich in eine Familie, in eine Klasse oder in eine historische Situation hineingeboren wurde, gebunden. Ich glaube, die Freiheit besteht darin, sich von diesen Bindungen zu befreien und neue freiwillig einzugehen, was nicht ausschließt, dass ich die gefundenen Bindungen aufhebe und zu gemachten gestalte. Aber der Nationalismus ist, wenn Sie gestatten, eine Schweinerei, weil er gegebene Bindungen heiligt, während die menschliche Würde darin besteht, die gegebenen Bindungen als gemachte aufzudecken. Wir sind wieder am Ausgangspunkt. Wenn ich annehme, ich bin als Kroate geboren und werde jetzt Kroatien heiligen, dann bin ich ein Schwein. Wenn ich hingegen mir dessen bewusst werde, dass Kroatien eine Fiktion ist, dass das kroatische Volk eine Fiktion der Tradition ist, dann bin ich in der Freiheit, aus dieser Fiktion auszutreten und dann vielleicht einige Bindungen, die mir diese Fiktion bietet, wieder auf mich zu nehmen. Das stinkt natürlich auch dann, denn warum sollte ich dann ausgerechnet Kroate sein und nicht Haussa?

**»Die einzige Hoffnung ist
die sture Dummheit
der Apparate in ihrem
mechanischen Rhythmus,
ist das Absurde,
das ›Windhafte‹ der Drehung.«**

Biografie I **Bodenlos**
(1920 – 1940)

»Es gibt Menschen«, schreibt Vilém Flusser in seiner philosophischen Autobiografie *Bodenlos*, »für die Bodenlosigkeit die Stimmung ist, in der sie sich sozusagen objektiv befinden. Menschen, die jeden Boden unter den Füßen verloren haben, entweder weil sie durch äußere Faktoren aus dem Schoß der sie bergenden Wirklichkeit verstoßen wurden oder weil sie bewusst diese als Trug erkannte Wirklichkeit verließen. Solche Menschen können als Laboratorien für andere Menschen dienen.«[1]

Nicht nur seine philosophische Autobiografie zeigt, wie eng und vielschichtig sein Werk mit seiner Biografie und sein Denken mit dem seiner Freunde und Gesprächspartner vernetzt ist. Laut Vilém Flusser können Biografien nie von einem »Ich« handeln, sondern müssen die Vernetzungen aufzeigen, durch die irgendein Erlebnisstrom gelaufen ist. Lebensdauer könne nicht objektiv gemessen werden, nach Jahren oder Jahrzehnten. Intensitäten seien für das Erleben und Erleiden geeigneter, meint Flusser. Die Frage, wie sich Intensitäten messen lassen, bleibt unbeantwortet.

Wenige Tage vor seinem Tod erlebte sich Vilém Flusser auf dem Höhepunkt seiner Karriere. Er hatte im Rahmen des Kongresses »Cultec – Kultur und Technik im 21. Jahrhundert« in Essen vor achthundert Zuhörern einen Vortrag zur Informationsgesellschaft »Phantom oder Realität« gehalten und danach geäußert, dies sei sein Durchbruch. Als Redner konnte er seine Zuhörerschaft ebenso begeistern wie abstoßen. Wegen der Widersprüchlichkeiten seiner Vorträge galt er einigen als »genialer Schwätzer«,[2] anderen als »lustvoller« Positionswechsler oder »intellektueller Guerilla«.[3] Als Schreiber war er provokant, engagiert, überlegt und spekulativ. In seinen bevorzugten Ausdrucksformen, der mündlichen Rede und dem Essay – über den Flusser sagt, er sei der Versuch, das Resultat einer Arbeitshypothese aufzudecken, ohne am Resultat interessiert zu sein –, drückt sich die Eigenwilligkeit seines Denkens immer auch in einer eigenständigen Terminologie aus: In Absetzung vom traditionellen Bild, dem Abbild eines Sachverhaltes, erklärt er beispielhaft neue – technische – Bilder zu »Komputationen« von Begriffen. Die »telematische Gesellschaft« ist Flussers Entwurf der Verwirklichung einer Utopie menschenwürdiger, dialogischer Beziehungen vermittels der technischen Möglichkeiten der »Telematik« – lesbar als Anschluss an Bertold Brechts Radiotheorie.

Die terminologische Eigenständigkeit findet sich in allen Sprachen, die Flusser beherrscht. Er schrieb und publizierte hauptsächlich auf Portugiesisch, Deutsch, Englisch und Französisch. Er sprach, las und korrespondierte darüber hinaus Tschechisch und Italienisch. Artikel, Essays, Vorträge oder Bücher, die er in mehreren Sprachen verfasste, sind nicht schlicht Übersetzungen. Sie haben, so Harun Farocki, »Originalton«.[4] Seine »Vielsprachigkeit« zeigt sich auch in den Arbeitsbereichen: Ein Schwerpunkt in Flussers Oeuvre ist sicherlich sein Einbringen naturwissenschaftlicher Erkenntnis in die Philosophie, sein Versuch einer Versöhnung der »zwei Kulturen«, wie er sie auch für die zukünftige Werkstatt beschreibt. Für ihn unhaltbare Trennungen, wie die in Kunst und Technik, sind auf einen Dialog angewiesen und bedürfen darüber hinaus einer Ethik, einer kontinuierlichen Abschätzung von Freiheit und Verantwortung. Für Flusser kommt den Kommunikationswissenschaften in diesem Dialog eine Relais-Funktion zu.

Neben terminologischer Eigenwilligkeit und dem Engagement für ein spezifisches Interessensgebiet ist auch eine besondere sprachliche Ausdrucksweise charakteristisch für das Reden und Schreiben Flussers. Auch diese Besonderheit gilt für alle Sprachen, in denen Flusser spricht und schreibt. Sie ist nicht auf seinen tschechischen Akzent allein zurückzuführen, von dem Flusser sagt: »Ich jiddle zwar nicht, aber ich habe einen tschechischen Akzent und den habe ich überall.«[5] Seine Ausdrucksweise gründet auf dem Prager Deutsch, der Sprache Kafkas, zu der Flusser in *Jude sein* festhält: »Kafka schreibt die Sprache Prags, die ein Hochdeutsch *sui generis* darstellt. Sie ist eine literarische Sprache, keinem authentischen Dialekt zugehörig, da die Gruppe, die sich ihrer bedient, aus Intellektuellen oder Pseudointellektuellen besteht, in einem slawischen Milieu isoliert. In den Kanzleien des Kaisers Karl IV. in Prag entstand jene offizielle und künstliche Sprache, die dem modernen Hochdeutsch den Ursprung gab. In diesem Sinn ist das Prager Deutsch das ›reinste‹, d.h. das sterilste und trockenste Deutsch. Auf der anderen Seite erfährt diese Sprache eine ununterbrochene Einwirkung des Tschechischen, dessen Struktur dem Deutschen ganz fremd ist. Zum Teil saugt die Prager deutsche Sprache diese Struktur auf, ohne sie je assimilieren zu können. Das Resultat führt zu einer Sprache, die auf groteske Weise offizielle Sterilität mit verschrobenem Sprachgemisch verbindet.«[6]

Am 12. Mai 1920 wird Vilém Flusser als erstes Kind einer jüdischen Intellektuellenfamilie geboren und wächst zweisprachig auf. Er kann »unbewusst von einer Muttersprache in die andere gleiten und so ganz spontan an zwei Welten, der west- und der osteuropäischen, teilnehmen«.[7] Gustav Flusser, sein Vater, hatte in Wien und Prag Mathematik, Physik – unter anderem bei Einstein – und Philosophie studiert, war von 1918 bis 1924 sozialdemokratischer Abgeordneter im Prager Parlament und unterrichtete an der Karlsuniversität. 1928 wird er Direktor der Deutschen Handelsakademie. Auf seinen Vater führt Flusser seine frühe Tendenz zur Formalisierung zurück.

Gustav Flusser ist der jüngere der zwei Söhne von Leopold und Regina Flusser. Leopold war der letzte Stammhalter einer in Rakovnik ansässigen jüdischen Familie. In einem »Résumé seiner Familiengeschichte« berichtet Flusser: »Die Familie der Flussers war mit der anderen Judenfamilie in Rakovnik durch ständige Inzucht verschwägert, und angeblich bedeutet ›Flusser‹ den Herauszieher von Kieseln aus Flüssen für Glasfabrikation. Aber gegen Ende des 19. Jahrhunderts begannen sowohl die Glasers, jene andere Rakovniker Familie, und die Flussers auszusterben.«[8] Großvater Leopold bereiste mit Kutsche und Kutscher – als eine Art »nobler Hausierer« – vor allem die Hopfengegend und verkaufte Heiligenbilder. Großmutter Regina betrieb einen Ausschank und verkaufte Schnaps.

Flussers Mutter Melitta, geborene Basch, stammt aus einer alten Prager Familie sephardischen Ursprungs, die im 19. Jahrhundert geadelt wurde. Den Siegelring mit der Baronenkrone trug Flusser stets am Finger. Der Großvater Basch hatte Chemie studiert, als Ingenieur bei I.G. Farben gearbeitet und ein Verfahren zur Herstellung von giftfreien Farbstoffen entwickelt und patentiert. Er errichtete eine Fabrik zur Erzeugung dieser Lebensmittelfarben mit dem Namen »Fabrique des colorants inoffensifs«, die so erfolgreich wurde, dass er später internationale Niederlassungen gründete.

1919 heiraten Melitta Basch und Gustav Flusser. Vilém Flusser beschreibt die Heirat seiner Eltern als Skandal: »Ein linker Intellektueller heiratet Fräulein Basch, und will seine Ideen nicht aufgeben. Obwohl mein Großvater Basch meinen Vater sofort zum ›stillen Teilhaber‹ seiner Fabrik machte, und ihn wahrscheinlich auch ›anderswie‹ bestechen wollte. Ich glaube, das war die stumme Tragödie der Ehe meiner Eltern: der hochmütige ›Geistige‹ und die viel jüngere, kultivierte und zurückhaltende ›fille rangée‹. Ich glaube jedoch auch, dass es eine gute Ehe war: Mein Vater ›unterrichtete‹ meine Mutter, und diese ›kultivierte‹ meinen Vater.«[9]

Zusammen mit den Großeltern Basch, seinen Eltern und der 1922 geborenen Schwester Ludvika wächst Flusser im Stadtteil Dejvice auf und besucht die Volksschule, später das Deutsche Realgymnasium. Die Fabrik des Großvaters liegt direkt hinter dem bürgerlichen Wohnhaus. Über eine Brücke konnte man aus der Küche der Großeltern auf das Fabrikdach steigen: ein Dachgarten mit Gartenlaube, Beeten und einer Schaukel für die Kinder. Als Sechsjähriger beobachtet Vilém

»Auschwitz war seit Beginn unserer Geschichte als eine der Möglichkeiten, wenn auch als ganz unwahrscheinliche Möglichkeit, in unserer Kultur enthalten.«

Flusser von diesem Dachgarten aus, wie der Bernhardiner Barry, mit dem die Kinder oft spielten und auf dem sie reiten durften, im Fabrikhof einen Arbeiter anfällt und ihm ein Bein abbeißt.

Vor dem Einmarsch der Nazis ist Prag eine pulsierende Stadt mit ihren verschiedenen Kulturen. Flusser erwähnt die Prager linguistische Schule, Kafka, das Prager experimentelle Theater, die Phänomenologie, Einsteins Vorträge an der Universität und die psychoanalytischen Experimente. »In einem solchen Klima aufzuwachsen und diese produktiven Spannungen in seiner Umgebung und sich selbst zu spüren, an ihnen seit der Pubertät aktiv teilzunehmen, war für einen Sohn jüdischer Intellektueller Selbstverständlichkeit, die sich erst aus dem Abstand von Zeit und Raum als bevorzugte Lage zeigte«, schreibt Flusser Anfang der 70er Jahre in seiner philosophischen Autobiografie.[10] Auch Franz Kafka war – als Freund seines Vaters – Gast im Hause Flusser. Die Erinnerungen an ihn sind vage, denn Kafka war zu dieser Zeit schon krank und kam nur mehr selten. Mit Max Brod jedoch hat Flusser viel über Kafka gesprochen. Neben zahlreichen Gedichten schreibt Flusser – fünfzehn- oder sechzehnjährig – ein Theaterstück mit dem Titel »Saul«.

Gemeinsam mit Edith Barth, die er 1936 kennen lernt, hört er in Prag einen Vortrag von Martin Buber, der für beide zu einem prägenden Erlebnis wird. Flusser berichtet davon in einem Gespräch mit Patrik Tschudin: »Ich war ein Bub von vielleicht 17, 18 Jahren, da kam der Buber nach Prag. Das hat bei mir einen unglaublichen Eindruck hinterlassen. Schon dieser große schwarze Bart und diese starke Gestalt und dieser Blick! Das war der Blick eines Sehers! Und er sprach nicht über das dialogische Leben, sondern über das Vorurteil gegen Gott. Er hat das fabelhaft gesagt. In diesem seinem Vortrag wurde mir deutlich, was Buber mit dem »Ich und Du« meint, was er mit dem dialogischen Leben meint. Und so habe ich Einsicht gewonnen in die jüdisch-christliche Weisheit, wonach Nächstenliebe der einzige Weg ist, um zu Gott zu kommen.«[11]

Flusser immatrikuliert sich 1938 an der tschechischen juridischen Fakultät der Karlsuniversität und studiert zwei Semester Philosophie. Mit der Okkupation der Stadt durch die Nazis zeigt sich für ihn die »plötzliche Verwandlung von Güte in brutale Aggression«. Über Nacht wird Prag für Flusser zum »Bernhardinerhund Barry«. Die Ängste vor dieser Invasion waren spätestens mit den Ereignissen in Wien unausweichlich geworden. Man hörte von der Ermordung von Verwandten und Freunden: »So etwas war im Mittelalter oder in Zentralafrika möglich (also in Gebieten, die außerhalb jeder Erfahrungsmöglichkeit lagen), aber nicht auf der Kärntnerstraße. Phantastische Traumgestalten waren in die Wirklichkeit eingebrochen, und es erwies sich als unmöglich, sie in die Wirklichkeit einzubauen. Das ganze Gerüst der Wirklichkeit begann, ins Wanken zu geraten.«[12]

Der Vater von Edith, ein wohlhabender jüdischer Geschäftsmann, versucht vergeblich, die Flussers dazu zu bewegen, das Land zu verlassen. Beide Familien kannten sich, pflegten aber keine engeren Beziehungen bis zu jenem dramatischen Zusammentreffen Anfang 1939, bei dem Ediths Vater, der die Katastrophe der deutschen Invasion Prags mit den Folgen für die Prager Juden voraussieht, Gustav Flusser massiv zur Auswanderung drängt. Edith Flusser schildert die Auseinandersetzung heute noch als Kampf. Die Verzweiflung der beiden Familien ist ihr unvergesslich.

Im März 1939 flieht Vilém Flusser mit Edith Barth und ihrer Familie nach England. Er hat zwei Bücher bei sich, Goethes *Faust* und ein hebräisches Gebetsbuch, das seine Mutter ihm in die Hand gedrückt hatte. Seine Familie bleibt zurück. 1938 hatte der Vater ein »Ehrenzertifikat« nach Palästina, das mit einem Lehrstuhl verbunden gewesen wäre und ihm das Leben gerettet hätte, abgelehnt. Er wurde am Tag der Besetzung Prags von der Gestapo verhaftet, gefoltert, freigelassen, wieder inhaftiert und am 18. Juni 1940 in Buchenwald ermordet. Flussers Großeltern, seine Mutter und seine Schwester wurden 1942 erst nach Theresienstadt und dann nach Auschwitz verschleppt und dort umgebracht. »Alle sind, zu mir Gott sei Dank unbekannten Daten, umgebracht worden, und ihr sinnloser Tod ist das Zeichen, unter dem ich zu leben habe.« In der Rückschau schildert Flusser den Tod der Familie als eine »augenblicklich eintretende entsetzliche Folge« seines Entschlusses zur Flucht. »Mit dem Entschluss zur Flucht waren sie schon ins Schattenreich entrückt, und der Mord an ihnen war nur noch ein automatisches Vollziehen eines damals entworfenen Prozesses. Nicht die Nazis, man selbst hatte sie ermordet, um sich selbst, schattenhaft, zu retten.«[13]

Mit Hilfe seines zukünftigen Schwiegervaters erreicht Flusser London. »Das also ist London? Warum nicht, London oder Johannisburg sind leere Namen«, schreibt er später.[14] Er meldet sich zum tschechischen Militär, wird aber abgelehnt, weil er nur auf einem Auge sieht. 1939 setzte er sein Studium an der London School of Economics fort und schreibt Jazz-Texte, von denen er allerdings kaum leben kann, denn »von zwanzig hat man immer nur einen genommen.« Er findet es ohnehin einigermaßen verwunderlich, dass es immer noch gilt, seinen physischen Leib zu ernähren. Er fühlt sich als Schatten, als Hologramm und vergleicht – mehr als 20 Jahre später als Professor für Kommunikationswissenschaft – seine Wahrnehmung des Weltgeschehens mit der distanzierten, spielerischen und gleichzeitig sensationslüsternen Position vor den »Televisionsschirmen«: »Man musste verbergen, dass man nichts mehr ernst nahm und dass dieses Nicht-ernst-Nehmen zwar alle Werte zersetzte, aber in einem begeisternden Sinn dieses Wortes. Es handelte sich nicht um ein Entwerten der Werte und noch weit weniger um ein Umwerten der Werte (Nietzsche begann, überholt zu werden), sondern es handelte sich um ein Gleichwerten aller Werte. Alles war gleichgültig, also gleichwertig, und infolgedessen verdiente alles, mit dem gleichen Interesse behandelt zu werden. Die Nazis waren ebenso interessant wie die Ameisen, die Nuklearphysik ebenso interessant wie das englische Mittelalter, die eigene Zukunft ebenso interessant wie die Zukunft der Krebsforschung. Die Gleichgültigkeit allen Schatten gegenüber (inklusive dem, der man selber war) hatte eine vage Ähnlichkeit mit einigen philosophischen Standpunkten (Schopenhauer trat dabei in den Vordergrund), aber war doch grundsätzlich anders. Sie war eine begeisterte Gleichgültigkeit (was an die Wissenschaft mahnte) und doch eine verzweifelte Gleichgültigkeit (was an die Hölle mahnte).«[15] Flussers Zeitmodell, die klare Ausrichtung seines Denkens auf die Zukunft, wird mit dieser Vergangenheit verständlicher. Wohin er sich wendet, ist Zukunft: »Zukunft ist ein Sich-Verwirklichen, Vergangenheit ein Unwirklich-Gewordensein.«

Noch im August 1940, nachdem Flusser für einige Monate mit Edith und ihrer Familie von London aufs Land gezogen war, schiffen sich die Familie Barth und Vilém Flusser aus Angst vor einer Invasion der Deutschen ein. Mit brasilianischen Visa und Taufscheinen in der Tasche verlassen sie den brennenden Hafen von South Hampton in Richtung Rio de Janeiro.

(Silvia Wagnermaier)

Anmerkungen

1 *Bodenlos*, S. 11.

2 *Telepolis.*

3 *Dschungelblätter.*

4 Harun Farocki, »Vilém Flusser: Das Universum der technischen Bilder«, in: *Zelluloid*, Nr. 25, Sommer 1987, S. 78.

5 »Robion, 1991. Gespräch mit Patrik Tschudin«, in: *Zwiegespräche*, S. 200.

6 *Jude sein*, S. 168.

7 *Bodenlos*, S. 15.

8 »Brief an Dr. Joseph Fränkl«, in: *Jude sein*, S. 12.

9 »Brief an Dr. Joseph Fränkl«, in: *Jude sein*, S. 16.

10 *Bodenlos*, S. 15.

11 *Zwiegespräche*, S. 203.

12 »Der Einbruch der Nazis in Prag«, in: *Bodenlos*, S. 23.

13 *Bodenlos*, S. 29.

14 *Bodenlos*, S. 31.

15 *Bodenlos*, S. 35–36.

Gegen Ende der 40er Jahre begann die Anbahnung des ersten echten Kontaktes mit der brasilianischen Kultur. Dieser Kontakt war von dem Entschluss gekennzeichnet, sich in dieser Kultur zu engagieren. Man wollte sie so gründlich wie möglich erfassen, nicht nur, um sie sich einzuverleiben, sondern um in ihr zu handeln. Diese Art, mit einer Kultur in Kontakt zu treten, ist atypisch. In der Regel erlebt man Kulturen auf folgende drei Arten:

(a) Die Kultur, in die man hineingeboren wird, die sich in der Umgebung äußert und die einen selbst seit jeher informiert (wobei »jeher« sowohl das Erwachen des Bewusstseins als auch vorbewusste Informationen bedeutet), erlebt man als eine Gegebenheit der Welt, also als eine Bedingung. Das war das Prager Kulturerlebnis gewesen, und es ist auch die Erlebnisform, wie sie die meisten Menschen überhaupt von Kultur haben. Ein solches Kulturerlebnis schließt natürlich die Kenntnis fremder Kulturen nicht aus. Sie werden dabei nicht als Alternativen zur eigenen erlebt, sondern als Faktoren erkannt und anerkannt, welche in der von der eigenen Kultur gegebenen Welt vorgefunden werden. Die eigene Kultur strukturiert die Welt und bietet infolgedessen unter anderem auch die Kategorien, andere Kulturen zu erkennen und anzuerkennen. In diesem Sinn sind alle anderen Kulturen in der eigenen enthalten. Da nun die eigene Kultur nicht nur die Welt dort draußen, sondern mein eigenes Erkennen, Fühlen und Erleben strukturiert, entsteht die Frage, ob man die eigene Kultur erkennen und anerkennen kann, da dies ja ein Aus-sich-selbst-Heraustreten erfordert. Es scheint so zu sein, dass man »normalerweise« fremde Kulturen nicht erleben, sondern nur erkennen kann und die eigene nicht erkennen, sondern nur erleben. (Ein grundlegendes Problem aller Kulturwissenschaften ist in dieser Frage enthalten.) Gelingt einem aber »ausnahmsweise«, aus sich selbst herauszutreten und so sich selbst und die eigene Kultur von außen zu sehen, dann ist ein Schritt gemacht worden, der den Keim zur bodenlosen Lage bereits in sich trägt. Dann nämlich erkennt man die eigene Kultur als eine unter verschiedenen alternativen Möglichkeiten. Und damit hat man, durch Erkenntnis, das ursprüngliche Kulturerlebnis verwaschen. Es handelt sich um das Problem der »Transzendenz«, und es ist schwer, Kant zu vermeiden.

(b) Hat man so die eigene Kultur transzendiert (das heißt, ist man bodenlos geworden), gewinnt man ein anders geartetes Kulturerlebnis. Man schwebt dann über einem Komplex von Kulturen, und gleichzeitig erlebt man dieses Schweben. Man sieht, wie die verschiedenen Kulturen ineinander greifen, wie sie Gruppen und Hierarchien bilden, wie sie sich voneinander entfernen, wie zwischen ihnen Abgründe entstehen und wie sie sich gegenseitig bekämpfen, und gleichzeitig erlebt man die Unmöglichkeit, die Kulturen zu werten, also zwischen ihnen zu wählen. Man sieht sich selbst in der Schwebe, und da man sich selbst als ein »Ich« erkennt, das von einer der überstiegenen Kulturen geformt wurde, erlebt man das Schweben als ein fortschreitendes Übersteigen des eigenen Ich, als progressive Selbstentfremdung. (Dies ist ein Aspekt des Spiels mit dem Selbstmord, das besprochen wurde.) Die aus der Entfernung erblickten, erkannten und durchblickten Kulturen erlebt man zwar nicht als Felder eines möglichen Engagements, wohl aber als Spielfelder, aus denen man verschiedene Elemente herausklauben kann, um sie nach Belieben zusammenzustellen. (Ein solches »transkulturelles« Erlebnis erklärt zum Teil die Erfahrung, die man mit dem Osten machte, und auch zum Teil den Ekel, den diese Erfahrung zur Folge hatte.) Dies ist möglicherweise eine »übermenschliche« Art, Kultur zu erleben, sicher aber ist sie unmenschlich, und Nietzsche hat sich ihr im *Zarathustra* genähert.

(c) Ein anders geartetes Kulturerlebnis hat man, wenn man sich an der Grenze zweier Kulturen befindet. (Das war nicht der Prager Fall, denn in Prag waren verschiedene Kulturen in einer Synthese zu einer einzigen, eben der »eigenen« aufgehoben worden.) Es ist das Kulturerlebnis des »klassischen« Immigranten. Als Emigrant stößt er bis zur Grenze der eigenen Kultur vor (die er in sich trägt); als Immigrant überschreitet er die Grenze einer fremden Kultur (die seine Umgebung bildet). Dieser Zusammenstoß zwischen innen und außen fordert nicht zu einer Synthese auf, sondern zu dem Versuch, die innere Kultur schrittweise durch die äußere zu ersetzen. Mit anderen Worten, die fremde Kultur wird zuerst mit den Kategorien der eigenen erkannt (also nicht »erlebt«), um dann schrittweise die eigene zu verdrängen, das heißt »erlebt« zu werden. Dieser komplexe Vorgang schließt ein doppeltes »Vergessen« ein: des ursprünglichen Kulturerlebnisses und der Kulturerkenntnis im Augenblick der Ankunft. Tatsächlich ist dieser Vorgang so komplex, dass es dabei doch zu sporadischen Kultursynthesen kommt und dass er mehr als eine Lebensspanne beansprucht. Die Kinder, sogar die Enkel des Immigranten sind an diesem langsamen Verdrängen einer Kultur durch eine andere beteiligt. Wichtig ist, dass es dabei nie zu einem Bruch kommen muss, durch den sich die Bodenlosigkeit öffnet, und dass es dabei auch nie zu einer bewussten Entscheidung für ein Engagement kommen muss, sei es für die eine oder die andere der beiden Kulturen. Das ist so, weil bei dem Zusammenstoß der

inneren Kultur die passive und der äußeren die aktive Rolle zukommt, und der klassische Immigrant lässt sich in die neue Kultur treiben.
Diese dritte Art, Kultur zu erleben, ist nie die eigene gewesen. Als man in Brasilien ankam, hatte man keine eigene Kultur mehr in sich, sondern war in der Schwebe. Also erlebte man die brasilianische Kultur nicht als Grenzkultur, sondern man sah sie als eine unter den vielen an, über denen man schwebte. Man war nie »klassischer« Immigrant gewesen, und als man, mehr als zehn Jahre später, den Entschluss fasste, sich in dieser Kultur zu engagieren, hatte man ein Erlebnis von ihr, das sich nicht unter die drei erwähnten Erlebnistypen einreihen lässt. Es erklärt, warum man sich, nach dem gefassten Entschluss, geborenen Brasilianern näher fühlte als Immigranten.
Der Versuch, das eigene Erlebnis der brasilianischen Kultur phänomenologisch zu beschreiben, wird durch die Tatsache erleichtert, dass man diese Kultur vor allem als Sprache erlebte. Nun kommt zwar bei allen Kulturerlebnissen der Sprache überhaupt eine wichtige Rolle zu, aber im eigenen Fall wurde diese Rolle dadurch betont, dass man sich der brasilianischen Kultur näherte, um in ihr Schriftsteller zu werden. Im Kulturerlebnis (a) wird die Muttersprache als die Sprache schlechthin erlebt, und sie dient unter anderem auch zum Erlernen aller übrigen Sprachen. Sie ist Meta-Sprache, und alle übrigen sind Objekt-Sprachen. Im Kulturerlebnis (b) werden alle Sprachen von einem außersprachlichen Standpunkt betrachtet, also von einem wittgensteinschen Standpunkt. (Übrigens war einem die Verwandtschaft zwischen Wittgenstein und Nietzsche, die dabei klar zutage tritt, schon lange bewusst gewesen.) Im Kulturerlebnis (c) erscheint die »neue« Sprache zuerst als Kommunikationsmittel mit der neuen Umgebung, um dann, schrittweise, die Muttersprache als Struktur des Denkens zu verdrängen. Im Fall des eigenen Erlebnisses der brasilianischen Kultur stand die portugiesische Sprache schon darum im Mittelpunkt, weil man sich zu ihr entschlossen hatte, als man sich entschloss, sich in Brasilien zu engagieren. Das bedeutete, dass man diese Sprache vor allem als Rohmaterial erlebte, das dazu herausforderte, bearbeitet und verändert zu werden, und zwar so, dass diese Veränderung einen selbst realisieren und mit anderen in Verbindung bringen möge. Das heißt, man erlebte die portugiesische Sprache als Herausforderung und als Lebensaufgabe.
Die Dialektik, die jedes Verhältnis zwischen dem Subjekt, welches ein Material informieren will, und dem Material, welches informiert werden soll, kennzeichnet, stellte sich also zwischen einen selbst und die portugiesische Sprache. Epistemologisch bedeutete das, dass man versuchte, bis zum Wesen der Sprache vorzudringen, um es verändern zu können, und dass man dabei selbst wesentlich

verändert wurde. Gefühlsmäßig bedeutete es, dass man diese Sprache zu lieben begann, je mehr man ihre Schönheit entdeckte, und zu hassen, je mehr sie sich wehrte, verändert zu werden. Und existenziell bedeutete es, dass man für diese Sprache zu leben begann und dabei doch immer wusste, dass es im Wesen jeder Sprache liegt, Mittel zu sein und nicht Selbstzweck. Um diese Dialektik zusammenzufassen: Man versuchte, die Sprache zu beherrschen, um von ihr beherrscht zu werden, und das tat man, um durch die Sprache anders zu werden und zu anderen vorzudringen. Kurz, man begann, brasilianischer Schriftsteller zu werden.

Die subjektive Seite dieser Dialektik lässt sich folgendermaßen schildern: Man war auf komplexe Weise doppelsprachig. In der Kindheit sprach man tschechisch, obwohl einem das Deutsche nie fremd war. Die Volksschule war deutsch, aber der Umgang mit den Freunden tschechisch. Die Mittelschule war deutsch, und damals war das Deutsche auch die mehr verwendete Sprache. Die Reifeprüfung leistete man in beiden Sprachen. Die wenigen Semester, die man an der Universität verbrachte, waren tschechisch. Das bedeutete ungefähr, dass man von der deutschen Sprachstruktur beherrscht war, außer auf den Ebenen des ganz konkreten Erlebens, auf denen die tschechischen Strukturen den Ausschlag gaben. Doch war die Vorherrschaft des Deutschen durch einen inneren Faktor bedroht: die ständige Infiltration mit tschechischen Elementen, und durch einen äußeren: den Widerwillen gegen den Missbrauch des Deutschen durch die Nazis. Diese Konstellation rief nach einem Engagement und forderte geradezu heraus, Schriftsteller zu werden. Man hatte deutsch zu schreiben, um diese Sprache mit tschechischen Elementen zu bereichern und vor der Barbarisierung durch die Nazis zu retten. Denn man liebte diese Sprache, so wie sie sich im eigenen Inneren erhob (etwa in Gestalt von Schiller, Nietzsche, Rilke und Kafka). Übrigens erscheint einem bei der Rückkehr nach Europa die deutsche Sprache als eins der bedauernswertesten Opfer des Nazismus.

Die Prager Schulen boten eine relativ solide »klassische« Bildung. Das bedeutete eine gute Kenntnis der lateinischen Grammatik und eine oberflächliche Bekanntschaft mit der griechischen Sprache. Zwar funktionierte das Latein nie wie eine echte Sprache, aber seine Syntax (dieses begeisternde Spiel mit strengen Formen, um zugleich genaue und offene Bedeutungen zu erreichen) beeinflusste das Denken. Latein wurde ein stilistisches Modell für das Schreiben in deutscher Sprache. Das Griechische wirkte in umgekehrter Richtung: Seine agglutinierende Fähigkeit, die Art, wie es »Porte-manteaux« bildet, bestärkt eine deutsche Tendenz zu ähnlichen Formen und fordert einen dann heraus, Neologismen auf griechische

Art im Deutschen zu schaffen. (Der Parallelismus in dieser Hinsicht zwischen dem Griechischen und dem Deutschen erklärt zum Teil den »Hellenismus« vieler deutscher Denker und Dichter, die Methode, wie sie ins griechische Denken eindringen. »Das Land der Griechen mit der Seele suchend« kann man mit »Das griechische Denken durch ähnliche deutsche Formen erfassend« übersetzen.) Deutsch schreiben hieß nicht nur, ihm tschechische Strukturen einzuverleiben, sondern auch lateinische Syntax und griechische Formen.
Dazu kamen aber noch andere Faktoren. Im letzten Prager Jahr hatte man, dank des Zionismus, etwas Hebräisch gelernt. Dies war ein gewaltiges Erlebnis. Seltsamerweise konnte man es nicht an den Freunden beobachten, die bei den Hebräischstunden mitmachten, sondern man selbst war schon damals mit diesem Erlebnis allein. Nicht nur hatte das Hebräische eine ganz neue Denkstruktur (zum Beispiel werden Bedeutungen durch das Spiel mit Zeitwertwurzeln gebildet, und die Gegenwart ist eigentlich nicht vorhanden), sondern es erschienen durch das Hebräische neue Sachverhalte (zum Beispiel fehlt im Grunde das Zeitwort »sein«, dafür aber erscheint das Wort »jesch«, das mit »es gibt« nicht recht erfasst wird). Trotz der Modernisation, welche absichtlich und zum Teil willkürlich von den Zionisten in das Hebräische hineingetragen wurde, strahlte es weiter einen Archaismus und eine Heiligkeit aus, die irgendwie verarbeitet werden mussten. Leider kamen die Nazis zu bald nach Prag, sodass man daran nicht mehr arbeiten konnte. Aber dieser Aspekt des Hebräischen beschäftigt einen bis heute.
In den letzten beiden Prager Jahren hatte man Ortega gelesen. Weit mehr als seine »Botschaft« war es der ortegische Stil, der einen faszinierte. Hier war ein einfacher, ökonomischer und tiefgreifender Stil, der sich als Modell darbot, dem man nacheifern konnte. Zwar hatte man seit je im Aphorismus die Form erkannt, die dem eigenen »In-der-Welt-Sein« entsprach, und darum waren Heine und Nietzsche immer Vorbilder gewesen. Heines nobler Journalismus und die Vergewaltigung, nicht so sehr der Sprache selbst wie des Denkens durch die Sprache, die Nietzsche erzielte, beeinflussten das eigene Schreiben. (Seltsamerweise stieß einen das dialektisch-aphoristische Wortspiel von Marx ästhetisch ab, wiewohl es einen intellektuell faszinierte.) Aber jetzt hatte man den Meister gefunden. Ortega besaß Ironie ohne Zynismus, Sprachökonomie ohne Zwielichtigkeit, Schönheit ohne Pathos. Darum begann man, Spanisch zu lernen (und nicht, wie die anderen glaubten, um sich auf die Emigration vorzubereiten). Spanisch, das war nicht die Sprache von Buenos Aires und Bogotá (und von Rio de Janeiro, wie man in Prag zu glauben geneigt war), sondern es war die Sprache Ortegas. Auch in dieser Hinsicht kam Hitler zu bald, und man konnte die ortegische Erfahrung nicht mehr

in die Praxis tragen. Was immer man in Prag schrieb, war blindes Tappen nach Ortega geblieben.

Die Flucht nach England schnitt die Wurzeln ab, die einen mit dem Deutschen verbanden, öffnete aber dafür die englischen Horizonte. Mit überraschender Leichtigkeit (eine Folge der Bodenlosigkeit) ließ man sich von dieser unglaublichen Sprache befruchten – dieser Sprache, die auf der Umgangsebene so einfach und arm ist, auf der technischen und wissenschaftlichen so genau und treffend, auf der philosophischen und literarischen so reich und komplex und dabei so klar und auf der poetischen von einer beinahe unerträglichen Schönheit. Die Königin der Sprachen und dabei dem Kontinentalen verhüllt durch ihre Melodie, die ihn abstößt. Dazu kommt, dass das Englische zwar eine germanische Sprache ist wie das Deutsche, aber mit genau umgekehrten Tendenzen. Während das Deutsche zur Agglutination neigt, also in Richtung Griechenland, zielt das Englische auf Silbenisolation, also in Richtung China. Selbstredend musste man nach diesem Erlebnis alles Schreiben suspendieren. Man musste versuchen, vorerst das Englische absorbiert zu haben. Dieser Vorgang setzte sich in den ersten brasilianischen Jahren fort, denn man las fast ausschließlich englisch. Zwei Arten von Stilmodellen erschienen: auf der einen Seite Russell oder Dewey, auf der anderen Pound oder Melville. Und damit entstand die Frage: Sollte man deutsch schreiben, um darin das Englische aufzunehmen, oder englisch, um dort dem Deutschen (mit allen den aus Prag mitgebrachten Problemen) einen Platz zu geben? Die Suche nach der brasilianischen Natur war im Grunde die Suche nach einem Boden, um darauf diese lebenswichtige Frage zu lösen. Man befand sich in der Schwebe über den Sprachen.

Damals war das Portugiesische noch keine Herausforderung für das Schreiben. Man lernte es zwar mit großer Leichtigkeit (dank des Lateins, dank der oberflächlichen Kenntnis des Französischen, Italienischen und Spanischen, dank vor allem der Bodenlosigkeit), aber man gebrauchte es nur als Kommunikationsmittel mit der Umwelt. In gemeinem Sinn sprach man es zwar »gut«, aber in sein Wesen drang man überhaupt nicht ein. Diese Blindheit dem Portugiesischen gegenüber sollte später zum Problem werden. Man musste es ganz von neuem lernen, und das hieß, das scheinbar schon Erlernte wieder vergessen. Dieses Vergessen ist einem nie völlig gelungen, und das falsch Gelernte haftete dem echten Portugiesisch immer ein wenig an und kann bis heute nicht ganz ausgemerzt werden. Trotzdem sollten einem manche Texte gelingen, die nicht ganz ohne Verdienst für das Portugiesische sind, so wie es im Begriff ist, eine echte brasilianische Kultur zu artikulieren. Eingestandenermaßen fiel das deutsche Schreiben (und sogar das englische) in gewissem Sinn immer leichter als das portugiesische, was eben bedeutet, dass das portugiesische Schreiben, weil schwerer zu meistern, die wirkliche Lebensaufgabe darstellt. Man ist ganz am Portugiesischen orientiert und bleibt es.

So also sah, in Kürze, die subjektive Seite der Dialektik aus: Man trat an das Portugiesische heran, um es mit dem Deutschen und dem Englischen zu manipulieren, wobei das Deutsche vom Tschechischen, Lateinischen, Griechischen und Hebräischen in Frage gestellt wurde. Ortega diente dabei als Vorbild. Das war eine Lebensaufgabe. Das Leben konnte erst wirklich beginnen.

Die objektive Seite der Dialektik, die portugiesische Seite, zeigte sofort, dass man ihr nicht mit den gleichen Methoden zu Leibe rücken konnte wie dem Englischen oder dem Deutschen. (Diese Erkenntnis, die blitzartig kam, sollte später die Grundlage zu den Gesprächen über die Phänomenologie des Portugiesischen mit Guimarães Rosa bilden, die Kritik der konkreten Dichtung, besonders der von Haroldo de Campos, beeinflussen und die Analyse der Übersetzungen Rilkes und Pounds durch Dora Ferreira da Silva in ihre Bahnen leiten. Sie war auch ein Motiv zum Buch *Lingua e Realidade*.) Man kann sich von diesem Unterschied ein Bild machen, wenn man sagt, dass das Englische und Deutsche Wirbeltieren gleichen und das Portugiesische einer Muschel. In den beiden ersten Sprachen stützt ein syntaktisches Skelett den semantischen Organismus, im Portugiesischen schützt ihn eine syntaktische Schale. Im Englischen ist das Skelett einfacher und widerspruchsloser als im Deutschen. Daher fordert es weniger als im Deutschen heraus, bearbeitet zu werden. Im Deutschen kann man den Organismus zu Gelenkübungen grotesker Art zwingen, ohne ihm dabei seine Knochen zu brechen, im Englischen bewegt sich der Organismus spontan und lässt sich biegen. Ganz das Gegenteil geschieht in der portugiesischen Sprache. Will man sie in Bewegung setzen, dann muss man ihre syntaktische Schale zerbrechen. Durch die Sprünge der Grammatik erscheinen dann das weiche Wesen der Sprache und die darin verborgenen harten und glitzernden Perlen von Bedeutungsbrocken. Diese phänomenologische Entdeckung bedeutet zum Beispiel, dass die gleichen Methoden in verschiedenen Sprachen nicht zu den gleichen Resultaten führen. Wenn E. E. Cummings konkret dichtet und wenn Joyce mit den Sprachelementen herumwirft, bleibt die englische Syntax im Wesentlichen unberührt, nur die Semantik bewegt sich. Wenn Morgenstern konkret dichtet und wenn Thomas Mann mit den Sprachelementen herumwirft, wird die deutsche Syntax zwar vergewaltigt, aber sie bleibt in den Fugen. Aber wenn Pedro Xisto konkret dichtet und wenn Guimarães Rosa mit den Sprachelementen herumwirft, dann wird die portugiesi-

sche Sprache durchbrochen und zum Teil zerbrochen, und das Wesen der Sprache tritt überraschend zutage. (Hier sei auf die Tatsache hingewiesen, dass das Interesse der Paulista-Konkretisten für die Russische Moderne, besonders für Majakowski und Jessenin, in die korrekte Richtung deutet: Das Russische ist in dieser Beziehung dem Portugiesischen näher als die beiden hier behandelten Sprachen.)
Eine andere daran gebundene Beobachtung ist diese:
Der englische Organismus wächst in fast völliger Freiheit, denn sein Wachstum wird von seinem Skelett vorangetrieben. Daher ist es ihm leicht, fast jedes fremde Element zu assimilieren: Jeder Neologismus wird einverleibt, ohne im Grunde als Neologismus empfunden zu werden. Der deutsche Organismus wächst mit Schwierigkeiten, denn das Skelett muss sich an jedes Wachstum neu adaptieren. Daher ist die Germanisation fremder Elemente eine schöpferische Herausforderung für den Schreibenden, und die Einführung von Neologismen erfordert die Manipulation der Wortgefüge. Dazu kommt, dass die Agglutinationstendenz des Deutschen »innere« Neologismen hervorruft, welche mit den »äußeren« produktiv konkurrieren. Aber der portugiesische Organismus kann nur dann wachsen, wenn die syntaktische Schale durchbrochen wurde. Daher ist das Einführen von Neologismen ein Ansporn zum Wachstum. Aus ganz exotischen Quellen (zum Beispiel dem Bantu, dem Tupi, dem Jiddischen und dem Japanischen) dringen Neologismen ständig in den Sprachkörper des Portugiesischen ein. So entsteht eine Dialektik, nach welcher zwar Neologismen die Sprache anfeuern, aber zugleich ihre Identität bedrohen. Diese aufregende Dialektik, in der jede Sprachmanipulation das innere Wesen des Portugiesischen zugleich bereichert und bedroht, ist das Arbeitsfeld des Schreibenden, und es stellt ihn selbst und seine Sprache immer zur Gänze in Frage.
Die Perfektion der englischen Syntax verleitet dazu, sie gar nicht wahrzunehmen. (Wie jeder perfekte Apparat dazu neigt, unsichtbar zu werden und damit die Illusion der Freiheit hervorzurufen.) Scheinbar ist alles im Englischen erlaubt, eben weil in Wirklichkeit alles aufs Beste gefügt ist. Daher bedeutet, die englische Syntax aus ihrer Verborgenheit zu heben, die Sprache ganz zu subvertieren. Daher auch sind syntaktische Analysen im Englischen so schöpferisch und wertvoll. (Das erklärt zum Teil den Erfolg der Prager Schule und des Wiener Kreises in England und den Vereinigten Staaten.) Anders im Deutschen: Dort ist die Syntax so inkonsistent und flexibel, dass ihr Aufdecken zu einer Einsicht in die Abgründe des deutschen Denkens führen kann und einer Art Psychoanalyse gleichkommt. Beispiele dafür sind die Analysen Heideggers an Texten von Hölderlin und Nietzsche. Demnach haben syntaktische Analysen im Deutschen und im Englischen

verschiedene Interessen. Hingegen haben sie im Portugiesischen so gut wie gar kein Interesse. Dort nämlich liegt die Syntax an der Oberfläche der Sprache, und ihre Analyse ist akademisch. Das erklärt, warum es in den Buchläden Brasiliens von syntaktischen Analysen geradezu wimmelt. Das wahre Interesse beim Portugiesischen liegt im Wegräumen der syntaktischen Fesseln, um in die semantischen Tiefen der Sprache zu dringen und sie aufzudecken. Das Gesagte lässt sich so zusammenfassen: Deutsch und englisch schöpferisch schreiben heißt, die Regeln der Sprache aufzudecken, und dies kann man tun, indem man die Sprachen von ihrer Bedeutung her angreift. Portugiesisch schöpferisch schreiben heißt, verborgene Bedeutungen aufzudecken, und das kann man tun, indem man versucht, die Regeln der Sprache zu brechen. Diese Entdeckung lässt sich für die brasilianische Kultur überhaupt generalisieren: Sich in ihr engagieren heißt, ihre verborgene Bedeutung (zum Beispiel ihren Mystizismus und Messianismus) aufzudecken, und dies kann man tun, indem man versucht, die Regeln der Kultur (zum Beispiel ihren offiziellen Positivismus) zu brechen. In diesem Sinn bleibt das Werk des Euclides da Cunha *Os sertões* ein noch immer unerreichtes Vorbild.

Zu diesen allgemeinen Entdeckungen kommen noch besondere hinzu. Zum Beispiel betreffen sie den Akt des Schreibens. Die englische und deutsche Orthographie ist mehr etymologisch als phonetisch, und Texte in diesen Sprachen zu lesen, bedeutet, ihre Geschichte zu entdecken. Dagegen zielt die portugiesische Orthographie auf perfekte phonetische Treue ab, und das Lesen ihrer Texte ist eine Übung in der Verachtung der Geschichte. (Die Tatsache zum Beispiel, dass man »ciência« ohne »s« schreibt, bleibt ein unvergessliches Erlebnis.) Daher haben sogenannte orthographische Fehler im Portugiesischen eine andere Funktion als in den beiden anderen Sprachen. Im Englischen und Deutschen bedeuten sie bewusste Auflehnung gegen Tradition. Im Portugiesischen (welches die Rechtschreibung durch diplomatische Vereinbarungen immer wieder verändert) sind sie kaum beachtete Inzidente. Will man daher in das Schriftbild des Portugiesischen eingreifen, genügt es nicht, die Buchstaben im Wort zu verändern – man muss ganze Wörter im Satz verändern. Auch darin besteht vielleicht eine Ähnlichkeit zwischen dem Russischen und Portugiesischen.

In allen westlichen Sprachen bedeutet Schreiben natürlich nicht nur die Komposition von Buchstaben auf Oberflächen, sondern die Komposition einer Partitur einer hörbaren Sprache. Man komponiert dabei Musik, nicht nur eine Zeichnung. Die Herausforderung des Englischen und Deutschen besteht dabei in dem Umstand, dass es sich bei diesen Sprachen um antimelodische Gebilde handelt. Das erklärt zum Teil das Engagement der großen Engländer und Deutschen am

Melodisieren der Sprache. Beispiele dafür sind die *Cantos* von Pound, die singenden Gedichte von Eliot, Shakespeares Sonette, die romantischen Lieder Brentanos und die *Duineser Elegien* von Rilke. Das Portugiesische aber ist so melodisch, dass es zu sprechen beinahe bedeutet, es zu singen. Die Melodie ist dort keine Herausforderung, und die brasilianischen Romantiker sind so süß, dass sie beinahe unverdaulich werden. Hingegen fordert das Portugiesische zur Harmonie heraus, vor allem aber zum Rhythmus. Es ist beinahe unglaublich, aber Tatsache, dass diese Herausforderung bis zur Bossa Nova nicht wahrgenommen wurde. In einem Land, in dem der afrikanische Rhythmus geradezu die ganze Kultur kennzeichnet, haben sich die Schriftsteller und Dichter mit einem Rhythmus begnügt, der auf ein mechanisches Zählen von Silben hinausläuft. Darum ist im Grunde nicht die berüchtigte »Woche der Modernen Kunst« von 1922 (in welcher die Avantgarde-Literatur geboren wurde) die Revolution in der portugiesischen Literatur, sondern die Bossa Nova – nicht als Musik, sondern als Einführung eines neuen Rhythmus in die Dichtung.

Der neue amerikanische, französische und deutsche Roman ist dem portugiesischen Wesen fremd, und die Großen wie Clarice Lispector gehen ihre eigenen Wege. (Rosa ist eben nicht ein Joyce der portugiesischen Sprache.) Norman Mailer zum Beispiel hat keinen Sinn im Portugiesischen, denn er melodisiert durch Aufdeckung der Syntax. Was bedeutet in diesem Kontext das Übersetzen von Saint-John Perse oder Rilke? Beide sind an der Melodie der Sprache engagiert, aber nicht am Durchbruch des Diskurses. So ist ihre Stellung ambivalent: revolutionär im Ton, reaktionär in der Form. Diese Ambivalenz geht im Portugiesischen verloren, außer man gibt ihnen harmonische Dimensionen (wie es Dora Ferreira da Silva tut), die sie im Original nicht besitzen. Auch die Dada-Dichtung, welche ja ein Zersetzen der semantischen Dimension durch Melodie ist, verliert im Portugiesischen fast jede Bedeutung. Selbstredend ist die portugiesische Literatur ein Teil der westlichen, aber sie kann es nur sein, wenn sie sich der Eigenart ihrer Sprache bewusst bleibt. Man selbst hat sich immer bemüht, dies zu betonen, ohne allerdings dabei immer den gewünschten Erfolg gehabt zu haben.

Von Anfang an bildete diese phänomenologische Sicht der portugiesischen Sprache ein Motiv, sich rhythmisch an ihr zu versuchen. Der Unterbau des eigenen Denkens war tschechisch. Das Tschechische betont immer die erste Silbe, und darum ist ihm der Daktylus sozusagen natürlich. (Im Gegensatz zum Französischen, das die letzte Silbe betont und daher zum Anapäst neigt.) Zum Beispiel ist der Hexameter im Tschechischen gänzlich redundant, und die tschechischen Klassiker, die sich dieses Rhythmus bedienen, sind kaum noch zu lesen. Im Portugiesischen dagegen wird nicht die Betonung gezählt, sondern die Länge. Ganz im Gegensatz zur afrikanischen interessiert sich die brasilianische Literatur für den »quantitativen«, nicht für den »qualitativen« Rhythmus. Das aber hieß, man muss die portugiesische Sprache hexametrisieren. Eben weil der Hexameter dem Geist des Portugiesischen völlig widerspricht (aber dem eigenen Geist entspricht), muss man versuchen, ihn dem Portugiesischen aufzuzwingen – in demselben Sinn, aber mit anderer Methode wie die Bossa Nova. Nun ist der Hexameter ein episches und dramatisches Instrument, das man auch ironisch verwenden kann, um die Sprache zu hämmern. Dabei war einem sofort klar, dass man nicht Poesie, sondern Prosa schreiben musste. Denn in der Dichtung ist der Hexameter heute unerträglich. (Der ursprünglich griechische Dichter Theo Spanudis, der im Portugiesischen in Hexametern dichtet, stellt dies unter Beweis und leidet darunter.) Also galt es, in die Prosa den Hexameter hineinzuschmuggeln, und zwar so, dass der Leser wohl den Rhythmus spüren möge, ihn aber nicht lokalisieren könne. Das war zu erreichen, wenn man in fehlerhaften Hexametern schrieb und an entscheidenden Stellen die Sätze mit einer Hebung beenden konnte. Damit war auch die literarische Form gegeben, in der man zu schreiben hatte: der Essay. Das Resultat war einerseits zufriedenstellend, andererseits enttäuschend. Eine ganze Generation von jungen Schriftstellern sollte später diesen Stil kopieren, was bedeutete, dass man ihre Sensibilität erreicht hatte. Aber viele Kritiker nahmen die Eigenart dieses Stils nicht für Selbstbeherrschung, sondern für mangelhafte Kenntnis der Sprache.

Selbstredend ist der Hexameter nicht die einzige Gestalt, in der traditionell der Daktylus vorkommt. Daneben gibt es vor allem auch den Pentameter und die Kombination von beiden, das elegische Distichon, und von dieser Kombination geht eine geradezu magische Verführung aus. Nach Schillers Rezept: »Im Hexameter steigt des Springquells luftige Säule, im Pentameter drauf fällt sie melodisch herab« hätte man versuchen können, einen perfekten Stil zu erreichen. Es stellte sich aber heraus, dass der Bruch im Pentameter in der Prosa nicht funktioniert, weil der Diskursstrom vor ihm nicht anhält, sondern über ihn hinwegfließt. Er bleibt also in der Prosa zwar Distichon, verliert aber seinen elegischen Charakter. Dies war zu umgehen. Man lernte aus dem Alten Testament, dass es semantische Rhythmen gibt, die den pentametrischen Bruch diskursiv machen. Zum Beispiel: Die Berge sprangen wie Widder, und die Hügel wie junge Lämmer. Oder: Du bist wie die Rose von Scharon und die Lilie auf dem Felde. (Man stelle sich vor, was wäre, hätte Homer den Dichter des Hohen Liedes gekannt, oder umgekehrt, hatte es im Hohen Lied Hexameter gegeben.) Aber darin lag auch eine Gefahr:

Metaphorisches Denken kann zu einer Überwertung des Bildes führen. Junge Lämmer können wichtiger werden als Hügel und Lilien wichtiger als die Geliebte. Diese Gefahr konnte vermieden werden, wenn man den Text nicht auf zwei, sondern auf drei Ebenen rhythmisch strukturierte. Auf der Ebene der Silben der imperfekte Hexameter, auf der Ebene der Bedeutung der metaphorische Rhythmus, auf der Ebene des Texts ein geometrischer Rhythmus. Der imperfekte Hexameter konnte, im Fall zum Beispiel einer Zeitungspolemik, von langen Reihen von Jamben unterbrochen werden. Der metaphorische Rhythmus dagegen musste sparsam angewandt werden, weil Bilder dazu neigen, ins wilde Kraut zu schießen. (Man war der Intuition und dem spontanen Schreiben gegenüber immer skeptisch. Wer die Intuition verteidigt, hat gewöhnlich mit ihr keine praktische Erfahrung.) Der geometrische Rhythmus des Texts war gewissermaßen in seiner Botschaft enthalten. War die Botschaft dialektisch, dann hatte der Text eine trianguläre Form zu haben (etwa: Anastrophe – Klimax – Katastrophe) und war sie diskursiv, dann hatte der Text eine zirkuläre Form zu haben (etwa: Thema – Exposition – Variation – Rückkehr zum Thema). Diese drei rhythmischen Ebenen boten einen weiten Spielraum für akkordante und dissonante Kompositionen. So wurde die portugiesische Sprache zu einem reichen Instrument, das sich selbst veränderte, während man darauf spielte. Bei diesem Spiel veränderte man sein eigenes Denken und Handeln. Man verwandelte sich diszipliniert, aber mit Enthusiasmus in einen Schriftsteller der portugiesischen Sprache.

Der Essay, diese hybride Form zwischen Dichtung und Prosa, Philosophie und Journalismus, Traktat und Pamphlet, Kritik und Originalität, stellt ein Universum dar, das ein geeignetes Habitat für jene ist, welche »ausgesetzt sind auf den Gipfeln des Herzens« (um mit Rilke zu sprechen). Wer in Essayform lebt (das heißt, nicht nur Essays schreibt, sondern für wen das Leben ein Essay ist, um Essays zu schreiben), weiß, dass die Frage, worüber man schreiben kann oder soll, sich nur negativ stellt. Im Essay-Universum ist überhaupt alles Thema, und es folgt daraus, in diesem *Embarras de richesses* wählen zu müssen. Und doch ist diese Wahl irgendwie vorgeformt. Der Rhythmus des Essays ruft nämlich nach seinem Thema. Nicht zwar gilt »the medium is the message«, aber das Medium verlangt nach einer spezifischen Botschaft. Darum wird hier versucht, die Motive für die Rhythmuswahl anzugeben, aber nicht die Motive für die Wahl der Themen. Zusammenfassend lässt sich das so sagen: Die Dialektik zwischen der portugiesischen Sprache und der eigenen Sprachstruktur bedingte die Rhythmuswahl, und dieser Rhythmus rief Themen herauf, um besprochen zu werden. Im Grunde jedoch waren alle diese Themen in Folge dieser Dialektik nichts als Variationen eines einzigen: Wie kann man sich in der Bodenlosigkeit engagieren? Das verhält sich so, weil das eigene Leben (das »Essay-Leben«) eine Variation auf ein Thema ist, das aphoristisch folgendermaßen gefasst werden könnte: »Wie kann man in der Bodenlosigkeit glauben?«

Eine der Ambivalenzen des Essays besteht darin, dass er ein Monolog auf der Suche nach einem Dialog ist. Für den Essayisten ist Kultur ein Sprachgewebe, das aus einem Webstuhl fließt, an dessen Fäden er berufen ist mitzuwirken. Nicht im Gewebe, im Webstuhl muss er sich engagieren. Jeder Dialog ist für ihn nur auf der Ebene des Webstuhls, nicht des Gewebes selbst möglich. Das ist ein Aspekt seiner Einsamkeit, und seiner Arbeit. Zu Anfang der fünfziger Jahre hieß das: Wie kann man durch das Gewebe der portugiesischen Sprache bis zu ihrem Webstuhl vordringen? Theoretisch selbstredend durch eifriges Lesen der brasilianischen Literatur, nicht um die Botschaften, sondern um die Methode des Schreibens zu lernen. (Übrigens interessierten Botschaften im allgemeinen kaum noch, da man sowohl »Erklärungen« als auch »Lehren« mit Misstrauen ansah.) Praktisch aber war das Eindringen in die Sprache und Literatur in Gestalt des *Suplemento Literário do Estado de São Paulo* gegeben. Die Zeitung *O Estado de São Paulo* war eine Enklave besonderer Art im brasilianischen Leben. Von einem Kosmopolitismus inspiriert, welcher für die Pseudoaristokratie São Paulos charakteristisch ist, und von einem Liberalismus vom Typ »19. Jahrhundert« beeinflusst, welcher einen Teil dieser Pseudoaristokratie kennzeichnet, war diese Zeitung eine Quelle für internationale Nachrichten, wie sie nur in den größten Zentren vorkommt. Eben dadurch und durch ihre reaktionäre Ideologie war diese Zeitung der brasilianischen Kultur entfremdet, aber übte zugleich einen großen Einfluss auf sie aus. Eine Untersuchung der Rolle, die dem *Estado* während der Periode der liberalen Demokratie und der ihr jetzt folgenden Periode zukommt, gäbe Aufklärung über die brasilianische kulturelle Situation. Ihr *Suplemento Literário* jedoch besaß eine gewisse Autonomie innerhalb der Zeitung. Es war »apolitisch« im Sinn von »allen Tendenzen außer den extremen offen«, was selbstredend bedeutet, dass es, ganz wie die Zeitung, im Grunde liberal war. In Wirklichkeit aber bildete es das Organ nicht so sehr einer Literaturkritik, als vielmehr einer großen Reihe hervorragender brasilianischer Essayisten. Es konnte also auf zwei Arten gelesen werden: als mehr oder weniger zufällige Information über die brasilianische kulturelle Szene und als Laboratorium für die Kultur der Zukunft. Man konnte es entweder konsumieren oder als Provokation aufnehmen. Natürlich las man selbst es auf die zweite Art, und zwar radikal: Man las es nicht, um zu wissen, was die Essayisten sagten, sondern wie sie es sagten, um selbst am *Suplemento* mitarbeiten zu können. Das hatte eine formale Folge: Die Artikel des *Suplemento* hatten meistens die Länge von zwei Spalten, also von etwa vier maschinengeschriebenen Seiten. Das war also der Rahmen, in dem man schreiben sollte. Eine para-poetische Begrenzung, und man sollte nicht nur gegen und in den Grenzen der Sprache, sondern auch gegen und in den Grenzen dieses Rahmens schreiben. Eine produktive Begrenzung (wie jede Begrenzung es ist, da ja die Dialektik von Bedingung und Freiheit für jede Schöpfung verantwortlich ist), und man begann, mit ihr zu leben. Als man, Jahrzehnte später, das *Suplemento* verließ, sollte sich diese »Befreiung von der Begrenzung« als Nachteil erweisen.

Als man sich also zu einem Engagement in der brasilianischen Kultur entschloss, hatte man sich für eine Zusammenarbeit mit dem *Suplemento* entschieden. Dementsprechend lautete die erste Frage: Wie war der Widerstand jenes menschlichen Materials zu brechen, den man »die Redaktion des *Estado*« nennen könnte? Und daran zeigte sich sofort die eigentliche Problematik eines jeden Engagements in der Kultur dieses Landes. Die erste Überraschung war, dass, obwohl das *Suplemento* eine besonders bevorzugte Stellung in der Kultur einnahm, es außerordentlich leicht war, in es einzudringen. Die Anstrengung stand also in keinem Verhältnis zur Herausforderung, und das war im Grunde enttäuschend. Die zweite Überraschung war, dass man, einmal im *Suplemento* aufgenommen, automatisch Teil einer ziemlich geschlossenen Gruppe wurde, und zwar einer Gruppe, mit der einen nichts verband als eben der Umstand, im *Suplemento* zu schreiben. Man war also vom Apparat absorbiert worden. Die dritte Überraschung war, dass die Publikation zwar einen raschen und weiten Nachhall in der Kultur hatte (und ein lebhaftes Feed-back), dass aber dieser Nachhall oberflächlich war und daher dem Enthusiasmus nicht entsprach, mit dem man sich engagierte. Die letzte und unangenehmste Überraschung war, dass man durch die Mitarbeit am *Suplemento* so gut wie keine Entscheidungskraft über es gewann, von der Kultur im Ganzen überhaupt zu schweigen. Das aber heißt, man trug keine Verantwortung für das Publizierte, außer der persönlichen, und so blieb man im Grunde vereinsamt. Diese Erfahrung sollte sich, in verschiedenen Variationen, auf allen künftigen Feldern des Engagements wiederholen: leichter Sieg und unbefriedigende Folgen. Kurz, der Beigeschmack der Niederlage begleitete alle Siege. Das war das Klima, in dem man begann, aktiv in die Kultur Brasiliens einzugreifen.

Die Stadt der Erstinkenden

Es gehört sich, dass Städte in Schutt und Asche fallen, aber unerhört ist, dass sie aus Schutt und Asche aufgehen sollen. Das Unerhörte eines solchen Aufgangs hat mindestens drei Gründe: Erstens sind wir nicht gewohnt, Kulturphänomene zyklisch zu sehen. Zum Beispiel glauben wir beim Untergang des Abendlandes nicht unbedingt an seinen späteren neuen Aufgang. Zweitens sind für uns »Schutt und Asche« keine Stadtfundamente, sondern Resultate von Städten, sodass man eigentlich nicht sagen sollte, eine Stadt sei in Schutt und Asche gefallen, sondern in Form von Schutt und Asche untergegangen. Und drittens halten wir Aufgänge seltsamerweise für besser als Untergänge; wir glauben, Schutt und Asche seien eines Aufgangs unwürdig. São Paulo kann uns jedoch behilflich sein, diese drei Vorurteile loszuwerden. Die Stadt ist untergegangen und geht wieder auf. Sie beruht auf Dreck, und ihr Untergang in den fünfziger Jahren war schöner und angenehmer als ihr gegenwärtiger Aufgang.

Was sich in São Paulo abspielt, ist überaus belehrend. Nicht nur, weil die drei erwähnten Vorurteile – das gegen den Zyklus, das gegen das Fundament, das gegen den Untergang – dort weggefegt wurden und dadurch die wirkliche Lage ersichtlich wird: Die Kultur dreht sich wie die Natur, ihre Grundlagen sind unappetitlich, und es ist angenehmer, in der Dekadenz als im Aufschwung zu leben. Sondern es ist überdies belehrend zu sehen und zu erleben, was eigentlich mit dem Begriff »Umweltverschmutzung« gemeint ist. Dieser Begriff ist ja dabei, in ein Schlagwort umzuschlagen, und er beginnt, wie es sich für Schlagworte gebührt, blindlings um sich zu schlagen – bedauerlicherweise, denn die »Umwelt« (was immer das sein mag) scheint eines voraussetzungslosen Anschauens würdig zu sein und sollte nicht mit Ideologien zugedeckt werden. In São Paulo kann man erleben, dass es an der Zeit ist, neben der Natur- und der Kulturwissenschaft auch eine Wissenschaft des Gestanks, des Lärms und der Hässlichkeit ins Leben zu rufen, eben eine Müllwissenschaft. Man sage nicht, dass eine derartige Wissenschaft bereits in Betrieb sei, dass etwa die Ökologie sich mit Abfallprodukten beschäftigt, die Archäologie in Küchenresten wühlt und die Psychoanalyse sich nicht scheut, in den widerlichsten Winkeln der Seele zu stöbern. Das Phänomen São Paulo fordert die Anerkennung dreier Wirklichkeitsbereiche – Natur, Kultur und Abfall – und die unserer Bedingung durch alle drei gleichermaßen. Auch der

Bereich »Abfall« verdient, systematisch untersucht zu werden. Nur eine Wissenschaft vom Abfall kann gegenwärtig die Bewohner São Paulos vor einem sonst unabwendbaren Erstinkungstod retten.
Die Umweltschützer der sogenannten entwickelten Welt, etwa die Seehündchen beweinende Madame Bardot oder die entrüsteten, gleichwohl ausgerüsteten Anti-Atomiker, stellen ein ideologisches Problem: Sind sie »rechts«, weil romantisch zur Natur rückkehrend, oder »links«, weil gegen die Konsumgesellschaft wütend? Oder sind sie gar »neu«, nämlich neurechts oder neulinks? Auf solche Spitzfindigkeiten kann man sich in São Paulo nicht einlassen, was allerdings die Paulistaner nicht davon abhält, das Problem der europäischen »Grünen« gründlichst zu besprechen, ohne dabei auch nur im geringsten das Umweltproblem São Paulos zu thematisieren. Das eine hat mit dem anderen nichts zu tun.
In São Paulo ist der Umweltschutz kein politisches Problem, sondern eine private Frage: Welche Ohrentropfen, Halspinselchen, Lungenzerstäuber, Augentropfen soll ich benutzen? Da ich die Stadt überbrüllen muss, wenn ich spreche, sie überstinken muss, wenn ich koche, und sie durch dick und dünn durchstoßen muss, wenn ich von einer Straße in die andere will (wobei sich »dick« auf die Luft und »dünn« aufs Benzin bezieht), stellt sich mir die Umwelt nicht als ein öffentlicher Raum (eine »Republik»), sondern als ein mich einengender Privatraum, etwa ein Kerker, dar. Die Umwelt hört auf, ein politisches Problem zu sein, und wird ein existenzielles, sobald sie mir auf den Leib rückt – und das gilt überhaupt für alle ehemals politisch gewesenen, jetzt aber existenziell gewordenen Gefahren: Was mich direkt und lebensgefährlich angeht, darüber kann ich nicht politisieren, auch wenn ich weiß, dass die Gefahr aus dem öffentlichen Raum kommt. Es ist völlig abwegig, bei undurchblickbarer Luft von einer Republik, zum Beispiel von Parteiensystemen oder von anderen sogenannten »Öffnungen«, auch nur zu sprechen. Zum republikanischen Leben gehört der Blick ins Angesicht des Nächsten: Auge in Auge Entschlüsse fassen. Wo die Luft zu braun, der Lärm zu laut und der Verkehr zu dicht ist, dort ist von politischem Leben keine Rede: eine Verständigung ist unmöglich. »Politisch leben« heißt, sich mit Blick auf den anderen ändern, um ihn zu verändern, heißt also »veröffentlichen«. Da es in São Paulo keine »Öffnung« zum Veröffentlichen gibt (die Umwelt ist zu dreckig), gibt es dort überhaupt keine politischen Probleme. Anders gesagt: Wo die Umwelt ein existenzielles Problem ist, gibt es keine politischen, die zu mir dringen könnten. Allerdings dringt durch die Verseuchung das einerseits durch Abgase gedämpfte, andererseits von Lautsprechern in Gekreisch gesteigerte Echo der sogenannten Ereignisse. Aber diese aus dem Jenseits des Dunsthorizonts eindrin-

genden Botschaften taugen nur als Vorwand dazu, die Existenzprobleme in Brei zu zerreden.
Aus solchem Schutt und aus solcher Asche ist nun eine gigantische Stadt dabei, am Horizont der erstaunten Menschheit aufzugehen. Nicht etwa wie Phönix, schon gar nicht wie die Lotusblume aus dem Schlamm, eher wie ein feuerspeiender Drache, der glitschigen Reptileiern entschlüpft. (Angesichts der Millionen japanischer Paulistaner ist hier zu bemerken, dass im Orient Drachen etwa die Rolle unserer Engel spielen.) Wenn ein naiver, paternalistischer Europäer die Stadt von Rio kommend anfliegt, wenn das Flugzeug zur Landung angesetzt und die riesige Schmutzglocke, die São Paulo bedeckt, durchbrochen hat, so mag dieser Reisende beim Anblick der sich ihm darbietenden Landschaft entsetzt die Augen aufreißen und fragen: »Was ist das, um Gottes Willen?« Es ist dies die natürliche Reaktion auf das unerwartete, alle menschlichen Dimensionen verachtende Ereignis.
Was das ist, das der Reisende da entdeckt, ist vorläufig schwer zu sagen. Es könnte eine Stadt der Zukunft sein, in der Menschen aus heterogenen Kulturen versuchen, ein zweites Manhattan herbeizuzaubern. Es könnte eine Fata Morgana sein, die weit mehr als zehn Millionen Menschen aus allen Winkeln der Welt hergelockt hat, um sie nun ihrem Schicksal, dem Erstinkungstod, zu überlassen. Es könnte aber auch ganz einfach eine moderne Ausgabe einer monströsen Sklavenfarm sein, in der die Aufseher in Luxushochhäusern, die Sklaven in Millionen von Blechhütten wohnen und alle für Gentlemen Farmers in den Staaten, Europa und Japan schuften. Das mag es sein. Es könnte auch etwas ganz anderes, erst nach unvorhersehbaren Umwälzungen Ersichtliches bedeuten. Aber all dies kann es nur sein, wenn sehr bald etwas geschieht, um die unter dem gelbbraunen Himmel Dahinsiechenden zu retten.

Vilém Flusser und Bernhard Johannes Blume

Biografie II **Ideenfresser**
(1940 – 1972)

»Das ist kein ernsthaftes Land«, soll Charles de Gaulle am Ende eines Staatsbesuchs in Brasilien gesagt haben. Brasilianer schwanken noch heute, ob dieses Diktum des cartesianisch erzogenen Franzosen als Lob für die karnevaleske Überlebenskunst der Armen im südamerikanischen Schwellenland verstanden werden kann oder als Kritik an einer möglicherweise mangelnden Rationalität der Kultur und ihrer Institutionen. Vilém Flusser hat zweiunddreißig Jahre in Brasilien gelebt. Von denen widmete er die letzten zwölf dem Engagement für eine kritische philosophische Kultur des Landes, dann verließ er das von Militärs regierte Land.

Die ersten zwanzig Jahre, die Flusser in Brasilien verlebte, sind durch den Zwiespalt zwischen Brotverdienst und philosophischem Studium gekennzeichnet. 1940 erfährt der zwanzigjährige Student aus Prag bei der Ankunft in Südamerika von der Ermordung seines Vaters im Konzentrationslager Buchenwald. Er trauert mit den Mitgliedern der jüdischen Gemeinde, während er gleichzeitig Zeuge des einsetzenden Wirtschaftbooms wird, den Terror und Krieg der Nazis in dem Schwellenland ausgelöst haben. Gemeinsam mit seiner Frau Edith, geborene Barth, die er am 15. Januar 1941 in Rio de Janeiro heiratet, zieht Flusser nach São Paulo und arbeitet dort als Angestellter in der Import/Export-Firma seines Schwiegervaters. In São Paulo kommen der Sohn Miguel und die Tochter Dinah zur Welt. Die Familie erwirbt ein Haus in der Rua Salvador Mendonça, in dem sie, abgesehen von einem kurzen Wohnortwechsel nach Rio – dort wird der Sohn Victor geboren –, bis 1972 wohnt. Die Einwohnerzahl von São Paulo entwickelt sich während dieser Phase drastisch. Eine Million Einwohner zählt die Stadt 1934, 1950 sind es bereits doppelt so viele, und 1970 werden 5,19 Millionen Bewohner ermittelt.[1] In dieser expandierenden und ausufernden Stadt, die in den 50er Jahren zur führenden Handelsmetropole Südamerikas aufsteigt, ist Flusser als Geschäftsmann tätig. Zwanzig Jahre bestimmt ein Doppelleben seine Existenz. Tagsüber erfordern die Geschäfte seine Aufmerksamkeit, abends setzt er autodidaktisch das durch die Flucht unterbrochene Philosophiestudium fort. Er beschreibt diesen Zustand als Existenz in der »Bodenlosigkeit«. Philosophie versteht er als Formelspiel, das wie Schach losgelöst von der existenziellen Situation betrieben werden muss.

Über die Lektüren dieser Jahre geben die Briefe an Alex Bloch Auskunft, den Flusser in einem Text als schillernde Figur portraitiert, da er unter anderem als Fachmann für Zement, Börsenspekulant und als Portier im Paulistaner Rotlicht-Bezirk sein Geld verdiente. Flusser schreibt dem Freund, der ebenfalls aus Prag nach Südamerika migriert war, 1951 aus Rio de Janeiro, wo Flusser aus beruflichen Gründen vorübergehend lebt, seitenlange maschinengeschriebene Briefe. Vermutlich hat Bloch, der in der Megalopole auch als Buchhändler tätig war, Flusser mit den notwendigen Büchern versorgt. In den ersten zehn Jahren seines Aufenthalts in Brasilien beschäftigen ihn mystische Autoren wie Meister Eckhart, Angelus Silesius und buddhistische Quellen. Die Briefe zu Beginn der 50er Jahre belegen die Auseinandersetzung mit der Wissenschaftstheorie, die Flusser als entscheidenden Schritt in seiner philosophischen Bildung bewertet. In einem Rückblick, der um 1969 verfasst wurde, unterstreicht er die Bedeutung der Beschäftigung mit Kant:

»Meine Katharsis war Kant. Ich habe nicht nur ihn, auch Cassirer, Cohen, die ganze Marburger Schule verschlungen. Der Umkreis meines Denkens begann sich abzuzeichnen: eine Brücke zu schlagen zwischen unbefriedigender Religiosität und sterilem Formalismus, das heißt zwischen Existenzial- und logischer Analyse. Mein Forschungsgebiet, so schien es mir damals, war die Sprache. Die Sprache als symbolische Form, als Wohnort des Seins, als Enthüllung und Verhüllung, als Kommunikationsmittel, als Feld der Unsterblichkeit, als Kunstwerk, als Eroberung des Chaos.«[2]

In Briefen des Frühjahrs 1951 teilt er die Lektüren von Petr Demianovich Ouspenskys *Tertium Organum* und Anatol Rapoports *Science and the Goals of Man* mit. Bereits zu diesem Zeitpunkt ist Flusser mit Formulierungen wie null-, ein-, zwei-, drei-, vierdimensionalen Wesen vertraut und beschäftigt sich mit der Gliederung der Weltanschauung in Phasen, die er später modifiziert übernimmt, wenn er die Entwicklung von der Vorgeschichte bis zur Nachgeschichte, von der Höhlenmalerei bis zur Computergrafik skizziert.

Flussers Auseinandersetzung mit der neokantianischen Erkenntnistheorie geht in diesen Jahren mit einer Klärung seiner eigenen Situation und möglichen Positionierung als europäischer Schriftsteller einher. Er konstruiert einen Zusammenhang zwischen der Entwicklung der abendländischen Erkenntnistheorie und seinem Selbstverständnis. Gegenüber Bloch betont er die Strukturschönheit der modernen Naturwissenschaft, die statt nach dem Wesen und der Wahrheit zu fragen, Strukturen beschreibt und Raum und Zeit als Konstruktionen betrachtet:

»Ich habe keine Zweifel, dass jede Insistenz auf Fragen nach dem Inhalt, das heißt Fragen, die mit ›warum‹ beginnen, bei einem Europäer ein Zeichen von Primitivität ist, weil ja die zivilisierte europäische Art zu fragen mit ›wie‹ beginnt.«[3]

Die Frage nach dem »wie« bestimmt die Briefe und die Kommunikation zwischen Flusser und Bloch, der unbekümmert der gelehrigen Expositionen seines Freundes mit Zitaten aus »Old Shatterhand« antwortet, aber in Gesprächen unbarmherzig nach der Bedeutung der Wissenschaftstheorie für die Lebenspraxis fragt: »Man [Flusser] hatte an einem Buch gearbeitet oder einen Essay geschrieben. Man wartete ungeduldig auf Bloch, um ihm vorlesen zu können. Nach der Vorlesung setzte Bloch den Text in den Kontext der eigenen ›Wahrheit‹ [...] Am Schreiben war er wohl interessiert, denn es war Selbstanalyse. Aber Publizieren war für ihn Eitelkeit, und er hatte dafür nur Verachtung. Er selbst musste eben nicht schreiben, denn das tat man für ihn.«[4]

Das Verhältnis der Freunde war medial brisant, denn Bloch war der, der wenig oder gar nicht schrieb und der dem eifrig formulierenden Autodidakten als Resonanzboden diente. In einem Portrait seines Freundes betont Flusser, dass dieser als Kritiker entscheidend zur Steigerung der eigenen schriftstellerischen Qualität beigetragen, aber auch stets das Bewusstsein für die mediale Enge der verschriftlichten Standpunkte wachgehalten habe. Angelegt ist in diesen Briefwechseln bereits eine prägnante strukturelle Ähnlichkeit zwischen der existenziellen Heimatlosigkeit und den abstrakten Raum- und Zeitbegriffen der Relativitätstheorie. Die Tatsache, dass die eigene Familie in der Heimat dem Blut- und Bodenfanatismus der nationalsozialistischen Ideologie und Apparatur zum Opfer gefallen war, und die erkenntnistheoretische Einsicht, dass die moderne Naturwissenschaft unabhängig von den Raum- und Zeitbegrenzungen des Alltags operiert, verbindet Flusser zwar erst im Rückblick zu einer philosophischen Haltung, doch wird die Erkenntnistheorie bereits in den Briefen zu einem Instrument, mit dem rational die Absurdität der Geschäftigkeit im Schwellenland und die Grausamkeit der europäischen Geschichte reflektiert werden kann.

Die in Gesprächen und Briefen entwickelten Überlegungen fließen 1957 ein in sein erstes Buch »Das zwanzigste Jahrhundert«, das in deutscher Sprache verfasst und bisher unveröffentlicht geblieben ist. Die umfangreiche Literaturliste, die dem Manuskript beigelegt ist, zeigt, dass Flusser zu diesem Zeitpunkt überwiegend englische Autoren rezipiert. Er spannt einen weiten Bogen von der Politik Roms, Byzanz', Babels und Indiens über deren Wissenschaften und Künste bis zu den »exakten« und den »sogenannten nicht exakten« Wissenschaften.

Als Auseinandersetzung mit der westlichen neuzeitlichen Wissenschaft ist die »Geschichte des Teufels« zu verstehen. Flusser beschreibt in dem 1958 abgeschlossenen Buchmanuskript, die Geschichte der biologischen Evolution und der Atomtheorie aus der Sicht des gefallenen Engels.[5] Das letzte Kapitel hebt mit einer Apotheose von Musik und Mathematik an, die sich im 20. Jahrhundert erneut wieder annähern. Hier klingt bereits das Motiv der Nachgeschichte an, in der voneinander getrennte Disziplinen der Kunst und Wissenschaft wieder vereint werden. Ausgearbeitet ist auch die These von der Geschichtlichkeit der abendländischen Wissenschaft, denn Flussers Teufel ist im Unterschied zu den göttlichen Wesen geschichtlich. Seine Existenz hat Anfang und Ende, während die göttliche Zeit ungeschichtlich ist. Ende der 50er Jahre hat Flusser zwar bereits die für seine philosophische Entwicklung entscheidenden wissenschaftstheoretischen und geschichtsphilosophischen Thesen erarbeitet, doch differenziert die »Geschichte des Teufels« noch nicht zwischen Wissenschaft, Technik und Kultur.

Der Direktor der Radio- und Transformatorenfabrik »STABIVOLT« Vilém Flusser ist zwar täglich mit technischen Entwicklungen beschäftigt, doch hat er noch nicht die strukturelle Bedeutung der Technik entdeckt. Erst über den Umweg des brasilianischen Instituts für Philosophie wird ihm das gelingen, und zwar in Auseinandersetzung mit dem Ingenieur und Philosophen Milton Vargas. Milton Vargas beschreibt die erste Begegnung mit dem damals Vierzigjährigen so:

»Ich traf Vilém Flusser zum ersten Mal vor etwas vierzig Jahren [1960] im Hause von Vincente Ferreira da Silva in São Paulo. Vincente, der Heideggers Philosophie in Brasilien eingeführt hatte, und ich waren ins Gespräch vertieft, als jemand an die Tür klopfte. Es war ein eigenartiger, schon damals glatzköpfiger junger Mann mit einer scharfen Nase und beeindruckender Brille. Er war uns völlig unbekannt. Selbstbewusst stellt er sich vor und sagte, er suche Leute, mit denen er Gedanken austauschen könne. São Paulo sei eine menschen- und gedankenleere Wüste, fügte er hinzu.«[6]

Diese Begegnung markiert eine Zäsur. Von nun an steht der Migrant Flusser in Verbindung mit dem akademischen Establishment, mit Personen, die sich in der Kultur des Landes engagieren. Flusser wird nach diesem Abend dem einflussreichen Miguel Reale vorgestellt, einem Rechtsphilosophen und Ideologen des Militärputsches von 1964. Mit Reale, der wiederholt Rektor der Universität von São Paulo war, arbeitet Flusser den Plan für ein »Studium Generale« aus, in dem die Kommunikationstheorie eine entscheidende Rolle spielen soll. Diesem Plan gehen nach eigenen Angaben Konsultationen bei Santillana, Chomsky und Quine in Boston voraus. Gelegenheit zu diesen Gesprächen hatte er spätestens seit 1966, als er zum Abgesandten des brasilianischen Außenministeriums für kulturelle Zusammenarbeit ernannt wird und als solcher Gastvorlesungen an amerikanischen und europäischen Universitäten hält. Das Programm des Lehrstuhls, den Flusser dann nicht an der Universität von São Paulo einnimmt, sondern der für ihn an der FAAP (Fundação A. A. Penteado) eingerichtet wird, beschreibt er rückblickend als Strategie eines Bodenlosen, der sich nicht durch die Kenntnis einer Disziplin Grundlagen und Prinzipien erwirbt, sondern Prinzipienlosigkeit als Chance versteht:

»(a) Es steht von vornherein nicht fest, wofür Kommunikationstheorie kompetent ist. - (b) Es steht nicht fest, welches ihre Methoden sind. (c) Es steht nicht fest, wie ihre Resultate in die Praxis zu übertragen sind. Fest steht hingegen Folgendes: (a) Die Kompetenz muss ein Feld sein, auf dem sich Kompetenzen anderer Disziplinen schneiden. (b) Ihre Methoden können anderen Disziplinen entnommen werden. (c) Die Praxis muss neu erfunden werden [...] Die Kommunikationstheorie, wie sie hier definiert wird, ist ein Metadiskurs, der weniger darauf ausgeht, diese Kommunikationen neu zu erklären als sie zu ändern. Ein ›Kommunikologe‹ in diesem Sinn ist einer, der über Instrumente verfügt, um in den Kommunikationsprozess einzugreifen, und die Kommunikationstheorie hat ihm diese Instrumente zu liefern. Dies war das Programm meines Lehrstuhls.«[7]

Das Programm ist Ausdruck der produktiven Wende, die Flussers Existenz in der Bodenlosigkeit durch den Austausch mit den Mitgliedern des Instituto Brasileiro de Filosofia in São Paulo nimmt. Der »eigenartige« Brillenträger findet in Vincente Ferreira da Silva sofort einen Gesprächspartner, mit dem er sich über Heideggers Philosophie auseinander setzen kann. Die Unterschiede der jeweiligen Rezeption werden von Flusser als gravierend und deshalb als produktiv dargestellt. Ferreira da Silva liest Heidegger als Aufforderung, die Natur wieder zu entdecken und sieht darin die Möglichkeit, die Verdeckung des Seins durch die Begrifflichkeit der systematischen Philosophie umzukehren. Vincente sei antirational und antiempirisch, zugleich verdiene er »Weltbedeutung«, da er »Gedanken, die man gewöhnlich mit ›Neue Linke‹, ›Hippiebewegung‹, ›Zweite Amerikanische Revolution‹ und ›Chinesische Kulturrevolution‹ verbindet«, vorweggenommen habe, schreibt Flusser. Flusser diskutiert mit dem Gastgeber antipodisch, er existenzialisiert Heidegger. Das lässt sich vor dem Hintergrund der langjährigen Auseinandersetzung mit Bloch als Versuch deuten, das Gelesene in der eigenen Praxis zu überprüfen. Seinen Förderer charakterisiert Flusser als »Mann des Lesens und Schreibens«, dessen Wohnort »die eindimensionale

Gutenbergwelt der Buchstaben« gewesen sei, so ist es dem Nachruf zu entnehmen, den Flusser schreibt, nachdem Vincente Ferreira da Silva 1963 bei einem Verkehrsunfall ums Leben kommt.

»Er handelt, um nicht sehen zu müssen.« Flusser schildert seinen Freund Milton Vargas als homo faber und gespaltenen Universalmenschen. Vargas, an jenem denkwürdigen Abend zu Gast in der Gutenbergwelt des brasilianischen Philosophen Ferreira da Silva, ist Spezialist für Bodenmechanik, unter anderem verantwortlich am Bau der U-Bahn und des Flughafens von São Paulo beteiligt. Er plante während Flussers brasilianischer Zeit das damals größte Wasserkraftwerk der Erde. Zugleich veröffentlichte Vargas Essays über die Dichtungen von Eliot, Pound und Lawrence sowie philosophische und wissenschaftshistorische Aufsätze. Ihm verdankt Flusser die für seine künftige philosophische Entwicklung entscheidende Einsicht, dass Technik ein kulturelles Phänomen ist. Als Angestellter der Firma »UNEX« und Direktor von »STABIVOLT« hatte Flusser technische Produkte als Handelsgüter angesehen, mit denen er sich notgedrungen beschäftigen musste, während seine Leidenschaft der Philosophie galt. Milton Vargas hatte, bedingt durch die Entwicklung elektronischer Rechner, technische Umwälzungen schon in den 50er Jahren erfahren können. Vargas absolvierte in Harvard bei Arthur Casagrande Kurse zur Bodenmechanik und konsultierte ihn 1946 bei der Berechnung von Bauvorhaben. Casagrande konnte in Harvard den Bau der Computer der Mark-Serie verfolgen und erklärte dem ratsuchenden Brasilianer, dass von menschlichen Gehirnen nicht zu bewältigende Berechnungen der Bodenmechanik künftig maschinell lösbar seien. Vargas nutzte dann in den 60er Jahren amerikanische Großrechner zur Planung der gewaltigen Bauvorhaben, die Teil der Modernisierungspläne des brasilianischen Staates waren.

Flusser teilt im Gespräch mit Patrik Tschudin mit, dass er durch Vargas die Dampfmaschine und die elektronischen Rechner als größte Triumphe des menschlichen Geistes schätzen lernte. Er arbeitet diese Einsicht in die kulturelle Dimension der Technik in seine bis dato sprachphilosophisch geleitete Kulturphilosophie ein. Zunächst als Sprachphilosoph, nicht als Kommunikationstheoretiker, gewinnt er die Aufmerksamkeit der Paulistaner Intellektuellen. Ein ausgewählter Kreis von Freunden kommt an den Wochenenden regelmäßig zu Gesprächen auf der kleinen Terrasse des Hauses der Flussers in der Rua Salvador Mendonça zusammen. Die Schulfreunde der Tochter, zu denen auch der künftige Außenminister Celso Lafer zählt, hören ihm begeistert zu. Sie sind es auch, die einen Kontakt zur Redaktion der Literaturbeilage der Tageszeitung *O Estado de São Paulo* herstellen. Flusser beginnt 1961, auf Portugiesisch zu publizieren. Dabei hat er stets die redaktionelle Vorgabe von vier Schreibmaschinenseiten im Bewusstsein, die der argumentativen Struktur und dem Rhythmus des Textes produktive Grenzen setzen, innerhalb derer sich seine Reflexionen frei entfalten können.

Er veröffentlicht ebenfalls auf Portugiesisch die sprachphilosophische Schrift *Lingua e Realidade* (1963). Das primäre Instrument seines Engagements als Schriftsteller und Universitätslehrer in Brasilien wird die portugiesische Sprache. In der ersten Phase der brasilianischen Zeit sieht er das brasilianische Portugiesisch als Verständigungsmittel an, dessen er sich im Alltag und als Geschäftsmann bedient. In der zweiten Phase, der des Engagements, entdeckt er die Sprache als philosophische Herausforderung und Chance, der Kultur skeptische und analytische Strukturen zu vermitteln. Er will am Bau des »Webstuhls« der Kultur mitwirken und sich nicht mit der Verfertigung einzelner Webstücke begnügen. Im schon zitierten Selbstportrait hält er fest, dass Vargas seinen Blick für die »Biegsamkeit« und Offenheit der brasilianischen Kultur geschult habe. »Milton Vargas […], das war die Entdeckung Brasiliens in seiner noblen Form. Im Kontakt mit ihm engagierte ich mich definitiv an der brasilianischen Kultur auf der Suche nach immanenter Unsterblichkeit. Vargas repräsentiert für mich diese seltsame Mischung von lateinischer Klarheit und pseudogermanischer Dunkelheit (wahrscheinlich afrikanisch), so extrem offen und aufnehmend wie die authentische brasilianische Kultur. Das bedeutet für mich, dass es notwendig ist, dem biegsamen Körper dieser Kultur in status nascendi die müde und verzweifelte Skepsis, Erbe der westlichen Kultur, aufzudrücken, nicht nur um einer neuen Kultur eine Struktur zu geben.«[8]

Die publizistische Aktivität und die Resonanz auf *Lingua e Realidade* führen dazu, dass Flusser zunächst Dozent an der Universität von São Paulo wird und dann 1964 den von ihm selbst programmatisch definierten Lehrstuhl für Kommunikationstheorie an der FAAP erhält, den er bis 1972 innehat. 1964 wird er in den Beirat der Biennale von São Paulo gewählt. Bei weiteren Vorlesungen vor Studenten des Ingenieurwesens an der ITA (Technologisches Institut für Aeronautik) im Jahr 1964 und am Polytechnikum der Universität von São Paulo (1967) vertiefte sich Flussers Einsicht, »dass Wissenschaft und Technologie, genauso wie Kunst und Poesie, […] kreative kulturelle Instanzen sind: Die Theorien der Information und Kommunikation sollen genauso wie die ästhetischen als Sprachen und somit als Schöpfer von Realitäten angesehen werden«, so schildert Milton Vargas die Wendung seines kritischen Freundes, der zunächst nur der Poesie eine kulturelle Wirkung zusprach.

Flusser wird in den 60er Jahren zur stadtbekannten Persönlichkeit, seine Artikel werden bewundert, seine Vorlesungen sind überfüllt. Man habe ihm in dieser Zeit sogar den Posten eines Ministers angeboten, teilt Flusser später mit. Dennoch bereitet er seinen Fortgang aus Brasilien vor. Die Gründe sind vielschichtig. Ihm wird die Technokratisierung Brasiliens, die von der Militärregierung und auch von seinen Freunden unterstützt wird, suspekt, und er behält sich selbst die Rolle des Zweiflers und Kritikers der Apparate vor. Die »Diskurse« vor den Studierenden erscheinen ihm als Teil der einbahnigen Sendeapparatur, der er das lebendige Gespräch und die dialogische Produktion mit Freunden vorzieht. Er muss zur Kenntnis nehmen, dass seine Studierenden Funktionäre einer restriktiven Technologie-Politik werden. Der von den Militärs regierte Staat baut Fernsehnetze aus, verhindert aber den Aufbau von Telefonnetzen. Zugleich werden der für die Bildung einer zukunftsfähigen Gesellschaft notwendige Import und der Zugriff auf Hochtechnologien wie den Computern verhindert. Für den charismatischen Kommunikationstheoretiker, der es ernst meint mit der erkenntnistheoretisch plausiblen Bodenlosigkeit und der deshalb für das Recht auf den tätigen Eingriff in die Sende- und Empfangsstrukturen eintritt, die primitiv an Affekte und ein sentimentalisierendes Nationalgefühl appellieren, ist Brasilien kein würdiger Platz mehr. Es ist nicht mehr der Ort für einen dialogischen Nomaden, der ernsthaft der kritischen Frage nach der Bedeutung der Lehre für die eigene Existenz nachgeht und diese Frage als politisch-ästhetische Quelle seines Überlebens nicht verdrängen kann.

In einem Vorwort zu der posthum in Brasilien erschienenen Schrift *Da Duvida*[9] vergleicht Celso Lafer seinen philosophischen Lehrer Vilém Flusser mit Oswald de Andrade. Oswald de Andrade hatte im Brasilien der 20er Jahre ein anthropophagisches Manifest veröffentlicht, in dem er sich gegen eine Nachahmung der europäischen Kultur durch die brasilianische ausspricht. Vilém Flusser ist in diesem Sinne ein brasilianischer »Ideenfresser«, der zunächst im Selbststudium die europäische Tradition verschlingt, um dann in der Kommunikationstheorie eine Brücke zwischen Technokratie und kritischem Engagement zu schlagen. Zur spezifischen Brückenbaukunst Flussers gehört seine scharfe Kritik. Die Spannung zwischen Verbindung und Spaltung kennzeichnen die weiteren sieben Portraits in seiner philosophischen Autobiografie, die er von befreundeten Dichterinnen und Künstlern formulierte. Ein von Gustavo Bernardo und Ricardo Mendes herausgegebener Band *Vilém Flusser no Brasil*[10] sowie Mendes' Dissertation[11] »Vilém Flusser: Uma historia do diabo« sind erste Schritte, diese spannungsreiche Medialität Flussers vor dem Hintergrund der seit langem »werdenden« Nation zu konturieren.

(Nils Röller)

Anmerkungen

[1] 1993: 9,842 Mio./Agglomeration 15,822 Mio.

[2] »Ein philosophisches Selbstportrait«, unveröffentlichtes Typoskript.

[3] »Briefe an Alex Bloch«. Göttingen 2000: European Photography, S. 13.

[4] »Briefe an Alex Bloch«. Göttingen 2000: European Photography, S. 10.

[5] Veröffentlicht 1993. Die von Flusser angefertigte portugiesische Fassung erscheint 1965.

[6] Milton Vargas: »Vilém Flusser in Brasilien«. In: *Bodenlos*, S. 279.

[7] »Kommunikationstheorie«. In: *Bodenlos*, S. 224.

[8] »Ein philosophisches Selbstportrait«.

[9] Rio de Janeiro 1995, S. 9 – geschrieben 1963.

[10] Rio de Janeiro 2000: Relume Dumará.

[11] Dissertação de Mestrado, Universidade de São Paulo 2001.

VILEM FLUSSER
RUA SALVADOR MENDONÇA, 76
SÃO PAULO
BRASIL

Inhaltsverzeichnis
(2)

»Der Mensch besitzt die Fähigkeit, Erfahrungen zu erwerben und diese an künftige Generationen weiterzugeben. Er ist ein historisches Wesen. Er kann neue Informationen erzeugen und speichern.

Diese seine Fähigkeit widerspricht dem Zweiten Hauptsatz der Thermodynamik, der besagt, dass die Summe der Informationen in einem geschlossenen System in der ›Welt‹ ständig abnehme. Geschichte ist demnach antinatürlich.«

Die kodifizierte Welt

Die Absicht dieser Arbeit ist, aufzuzeigen, dass die Revolution in der Welt der Kommunikation (deren Zeugen und Opfer wir sind) unser Leben noch stärker beeinflusst als wir gewöhnlich anzunehmen geneigt sind. Zwar sind wir uns der Folgen bewusst, welche zum Beispiel das Fernsehen, die Reklame oder das Kino haben. Was hier gemeint ist, ist aber weit radikaler. Die vorliegende Arbeit wird unterbreiten, dass die gesamte Bedeutung der Welt und des Lebens in ihr sich unter dem Druck der Kommunikationsrevolution verändert. Das ist, gelinde gesagt, eine gewagte Behauptung. Die vorliegende Arbeit hat vor, sie trotzdem aufzustellen. Und zwar wird sie sich dabei auf einen einzigen Aspekt der Revolution, nämlich auf die Koden, beschränken. Unter der Hoffnung, dies sei genügend, um die Radikalität des gegenwärtigen Umsturzes zu übermitteln.
Vergleichen wir unsere Lage mit jener, wie sie noch vor dem Zweiten Weltkrieg bestand, dann beeindruckt uns die relative Farblosigkeit des Vorkriegs. Architektur und Maschinerie, Bücher und Werkzeuge, Kleider und Lebensmittel, all dies ist vergleichsweise grau gewesen. (Übrigens ist einer der Gründe für den Eindruck rückkehrender Besucher aus sozialistischen Ländern, in der Vergangenheit gewesen zu sein, die Farblosigkeit jener Länder: Unsere Farbenexplosion hat dort nicht stattgefunden.) Unsere Umgebung ist von Farben erfüllt, welche Tag und Nacht, in der Öffentlichkeit und im Privaten, kreischend und flüsternd, unsere Aufmerksamkeit erheischen. Unsere Strümpfe und Pijamas, Konserven und Flaschen, Auslagen und Plakate, Bücher und Landkarten, Getränke und Ice-creams, Filme und Fernsehen, alles ist in *Technicolor*. Dabei kann es sich offensichtlich nicht nur um ein ästhetisches Phänomen, um einen neuen »Kunststil« handeln. Diese Farbenexplosion *bedeutet* etwas. Das rote Ampellicht bedeutet »stopp!«, und das schreiende Grün der Erbsen bedeutet »kauf mich!«. Wir werden von bedeutungsvollen Farben berieselt, man programmiert uns mit Farben. Sie sind ein Aspekt der kodifizierten Welt, in der wir zu leben haben.
Farben sind die Art, wie uns Oberflächen erscheinen. Wenn also ein wichtiger Teil der uns programmierenden Botschaften gegenwärtig in Farben ankommt, dann bedeutet das, dass Oberflächen wichtige Träger von Botschaften wurden. Wände, Schirme, Oberflächen aus Papier, Plastik, Aluminium, Glas, Webstoff usw. sind wichtige »Medien« geworden. Die Vorkriegssituation war relativ grau, weil

damals Oberflächen für die Kommunikation eine kleinere Rolle spielten. Damals waren Linien vorherrschend: Buchstaben und Zahlen, die zu Reihen geordnet waren. Die Bedeutung solcher Symbole ist von Farbe weitgehend unabhängig: Ein rotes und ein schwarzes »A« bedeutet denselben Laut, und der vorliegende Text hätte, gelb gedruckt, keine andere Bedeutung. Daher deutet die gegenwärtige Farbexplosion auf ein Ansteigen der Wichtigkeit zweidimensionaler »Koden«. Oder umgekehrt: Eindimensionale Koden wie das Alphabet neigen gegenwärtig dazu, an Wichtigkeit zu verlieren.
Die Tatsache, dass die Menschheit von Oberflächen (Bildern) programmiert wird, kann jedoch nicht als eine revolutionäre Neuigkeit angesehen werden. Im Gegenteil: Es scheint sich um eine Rückkehr zu einem Normalzustand zu handeln. Vor der Erfindung der Schrift waren Bilder entscheidende Kommunikationsmittel. Da die meisten Koden ephemer sind (z.B. die gesprochene Sprache, die Gesten, der Gesang), sind wir vor allem auf Bilder angewiesen, um die Bedeutung zu entziffern, welche Menschen seit Lascaux bis zu den mesopotamischen Ziegeln ihren Taten und Leiden gaben. Und selbst nach der Erfindung der Schrift spielten Oberflächenkoden wie Fresken und Mosaiken, Tapeten und Kirchenfenster eine wichtige Rolle. Erst nach der Erfindung des Buchdrucks begann das Alphabet tatsächlich vorzuherrschen. Daher erscheint uns das Mittelalter (inklusive der Renaissance) so bunt im Vergleich zur Neuzeit. In diesem Sinn kann unsere Lage als Rückkehr ins Mittelalter gedeutet werden, sozusagen als ein *»retour avant la lettre«*.
Es ist aber keine glückliche Idee, unsere Lage als Rückkehr zum Analphabetismus begreifen zu wollen. Die Bilder, die uns programmieren, sind nämlich nicht von jener Art, welche vor der Erfindung des Buchdrucks die Lage beherrschte. Fernsehprogramme sind anders als gotische Kirchenfenster, und die Oberfläche einer Suppenkonserve ist anders als die Oberfläche eines Renaissancegemäldes. Der Unterschied ist, kurz gesagt, dieser: Vor-moderne Bilder sind Produkte des Handwerks (»Kunstwerke«), nach-moderne sind Produkte der Technik. Hinter den uns programmierenden Bildern kann man eine wissenschaftliche Theorie konstatieren, aber dasselbe gilt nicht notwendigerweise von vor-modernen Bildern. Der vor-moderne Mensch lebte in einer Bilderwelt, welche versuchte, die »Welt« zu bedeuten. Wir leben in einer Bilderwelt, welche Theorien bezüglich der »Welt« bedeutet. Das ist eine revolutionär neue Lage.
Um dies zu erfassen, wird die vorliegende Betrachtung einen Exkurs über den Begriff der »Koden« versuchen: Eine Kode ist ein System aus Symbolen. Ihr Zweck ist, Kommunikation zwischen Menschen zu ermöglichen. Da Symbole Phänome-

ne sind, welche andere Phänomene ersetzen (»bedeuten«), ist die Kommunikation ein Ersatz: Sie ersetzt das Erlebnis des von ihr »Gemeinten«. Menschen müssen sich miteinander durch Koden verständigen, weil sie den unmittelbaren Kontakt mit der Bedeutung der Symbole verloren haben. Der Mensch ist ein »verfremdetes« Tier, muss Symbole machen und sie in Koden ordnen, will er den Abgrund zwischen sich und der »Welt« zu überbrücken versuchen. Er muss zu »vermitteln« versuchen, er muss versuchen, der »Welt« eine Bedeutung zu geben.
Wo immer man Koden entdeckt, kann man auf menschliche Gegenwart schließen. Die aus Steinen und Bärenknochen gebauten Kreise, welche die Skelette afrikanischer Menschenaffen umgeben, die vor zwei Millionen Jahren ausstarben, erlauben, diese Menschenaffen als Menschen anzusehen. Denn diese Kreise sind Koden, die Knochen und Steine sind Symbole, und der Menschenaffe war ein Mensch, denn er war »verfremdet« (wahnsinnig) genug, der Welt eine Bedeutung geben zu müssen. Obwohl wir den Schlüssel zu diesen Koden verloren haben (wir wissen nicht, was diese Kreise bedeuten), wissen wir, dass es sich um Koden handelt: Wir erkennen die sinn-gebende Absicht (das »Künstliche«) in ihnen.
Jüngere Koden (zum Beispiel Höhlenwandmalereien) erlauben etwas besser, entschlüsselt zu werden (weil wir nämlich selbst ähnliche Koden benützen). Zum Beispiel wissen wir, dass die Malereien in Lascaux und Altamira Jagdszenen bedeuten. Koden, welche aus zweidimensionalen Symbolen bestehen, wie das in Lascaux der Fall ist, bedeuten nämlich die »Welt«, indem sie die vierdimensionalen Raum-Zeit-Sachlagen zu Szenen reduzieren. Indem sie sie »imaginieren«. »Imagination« heißt, genau genommen: die Fähigkeit, die Welt der Sachlagen auf Szenen zu reduzieren, und umgekehrt: die Szenen als Ersatz für Sachlagen zu entschlüsseln, »Landkarten« zu machen und sie zu lesen – inklusive »Landkarten« gewünschter Sachlagen, zum Beispiel zukünftiger Jagd (Lascaux) oder zu erzeugender Gadgets (»blueprints«).
Der szenische Charakter der zweidimensionalen Koden hat eine spezifische Lebensweise der von ihnen programmierten Gesellschaften zur Folge. Man kann sie die »magische Daseinsform« nennen. Ein Bild ist eine Oberfläche, deren Bedeutung auf einen Blick erfasst wird: Es »synchronisiert« die Sachlage, die es als Szene bedeutet. Aber nach dem erfassenden Blick muss das Auge im Bild analysierend wandern, um seine Bedeutung tatsächlich zu empfangen, es muss die »Synchronizität diachronisieren«. Zum Beispiel: Auf den

ersten Blick ist klar, dass diese Szene eine Sachlage vom Typ »Spaziergang« bedeutet. Aber erst nach Diachronisierung der Synchronizität erkennt man, dass die Sonne, zwei Menschen und ein Hund in diesem Spaziergang gemeint sind.
Für Menschen, die durch Bilder programmiert sind, fließt die Zeit in der Welt, wie die Augen im Bild wandern: Sie diachronisiert, sie ordnet die Sachen zu Lagen. Es ist die Zeit der Wiederkehr von Tag und Nacht und Tag, von Saat und Ernte und Saat, von Geburt und Tod und Wiedergeburt, und die Magie ist jene Technik, welche für so eine Zeiterfahrung angebracht ist. Sie ordnet die Dinge, wie sie innerhalb des Kreislaufs der Zeit sich verhalten sollen. Und die solcherart kodifizierte Welt, die Welt der Bilder, die »imaginäre Welt«, hat die Daseinsform unserer Ahnen während ungezählter Jahrtausende programmiert und geformt: Für sie war die »Welt« eine Menge von Szenen, welche magisches Verhalten fordern.
Und dann kam es zu einem Umbruch, zu einer Umwälzung von so gewaltigen Folgen, dass es uns noch immer den Atem verschlägt, wenn wir das Ereignis selbst nach den sechstausend Jahren, die seither verflossen sind, betrachten. Man kann dieses Ereignis, wie es auf den »keilförmigen« mesopotamischen Ziegeln zu sehen ist, wie folgt illustrieren:

Die Erfindung der Schrift besteht nämlich nicht so sehr in der Erfindung neuer Symbole, sondern im Aufrollen des Bildes in Linien (»Zeilen«). Wir sagen, dass mit diesem Ereignis die Vorgeschichte beendet ist und die Geschichte im wahren Sinn anfängt. Aber wir sind uns nicht immer dessen bewusst, dass damit jener Schritt zurück aus dem Bild und ins gähnende Nichts gemeint ist, von dem aus es möglich ist, das Bild als eine Zeile aufzurollen.
Die Zeile, die in der Illustration rechts neben dem Bild steht, reißt die Dinge aus der Szene, um sie neu zu ordnen, nämlich sie zu zählen, zu kalkulieren. Sie rollt die Szene auf und verwandelt sie in eine Erzählung. Sie »erklärt« die Szene, indem sie jedes einzelne Symbol klar und deutlich (clara et distincta perceptio) aufzählt. Daher meint die Zeile (der »Text«) nicht unmittelbar die Sachlage, sondern sie meint die Szene des Bilds, welche ihrerseits die »konkrete Sachlage« meint. Texte sind eine Entwicklung von Bildern, und ihre Symbole bedeuten nicht unmittelbar Konkretes, sondern Bilder. Sie sind »Begriffe«, welche »Ideen« be-

deuten. Z.B. bedeutet »¤« im oberen Text nicht unmittelbar das konkrete Erlebnis »Sonne«, sondern »¤« im Bild, welches seinerseits »Sonne« bedeutet. Texte sind um einen Schritt weiter vom konkreten Erlebnis entfernt als Bilder, und »konzipieren« ist ein Symptom einer weiteren Verfremdung als »imaginieren«.

Will man einen Text entschlüsseln (»lesen«), zum Beispiel den Text in der Illustration oben rechts, dann muss das Auge der Zeile entlang gleiten. Erst am Ende der Zeile hat man die Botschaft empfangen und muss versuchen, sie zusammenzufassen, zu synthetisieren. Lineare Koden fordern eine Synchronisation ihrer Diachronizität. Sie fordern fortschreitendes Empfangen. Und das hat eine neue Zeiterfahrung zur Folge, nämlich die einer linearen Zeit, eines Stroms des unwiderruflichen Fortschritts, der dramatischen Unwiederholbarkeit, des Entwurfs: kurz der Geschichte. Mit der Erfindung der Schrift beginnt die Geschichte, nicht weil die Schrift Prozesse festhält, sondern weil sie Szenen in Prozesse verwandelt: Sie erzeugt das historische Bewusstsein.

Dieses Bewusstsein hat nicht etwa sofort über das magische gesiegt, es hat es mühsam und langsam überwunden. Die Dialektik zwischen Oberfläche und Linie, zwischen Bild und Begriff, hat als Kampf begonnen, und erst spät haben die Texte die Bilder aufgesogen. Die griechische Philosophie und die jüdische Prophetie sind Kampfansagen der Texte gegen Bilder: Plato zum Beispiel verachtet die Bildermacherei, und die Propheten eifern gegen die Idolatrie. Erst im Lauf der Jahrhunderte begannen Texte (Homer und die Bibel), die Gesellschaft zu programmieren, und das historische Bewusstsein blieb, im Lauf der Antike und des Mittelalters, Kennzeichen einer kleinen Elite von Literaten. Die Masse wurde weiter von Bildern programmiert, obwohl diese Bilder von Texten zunehmend infiziert wurden; sie verharrte sozusagen im magischen Bewusstsein, blieb »heidnisch«.

Die Erfindung des Buchdrucks verbilligte die Manuskripte und erlaubte einer aufsteigenden Bourgeoisie, zum historischen Bewusstsein der Elite vorzudringen. Und die Industrierevolution, welche die »heidnische« Dorfbevölkerung aus ihrem magischen Dasein riss, um sie als Masse um Maschinen zu ballen, programmierte diese Masse dank Volksschule und Presse mit linearen Koden. Die geschichtliche Bewusstseinsebene wird in den sogenannten »entwickelten« Ländern im Lauf des 19. Jahrhunderts allgemein, und für den Rest der Menschheit gerade eben erst, weil dies der Zeitpunkt ist, zu dem das Alphabet als universale Koden tatsächlich zu funktionieren beginnt. Betrachtet man als höchsten Ausdruck des historischen Bewusstseins etwa das wissenschaftliche Denken – weil es die logische und prozessuale Struktur linearer Texte zur Methode erhebt –, dann kann man sagen: Der Sieg der Texte über die Bilder (der Wissenschaft über die

Magie) ist ein Ereignis der jüngsten Vergangenheit und weit entfernt, als gesichert angesehen werden zu können.

Falls der erste Paragraph dieser Arbeit Recht hat, ist nämlich im Gegenteil eine Verflüchtigung des historischen Bewusstseins festzustellen. In dem Maße, in dem Oberflächenkoden überwiegen, in dem Bilder alphabetische Texte ersetzen, hört die Zeiterfahrung auf, die mit den Kategorien der Geschichte, also als irreversibel, fortschreitend und dramatisch erfasst wird. Die kodifizierte Welt, in der wir leben, bedeutet nicht mehr Prozesse, ein Werden, sie erzählt keine Geschichten, und leben in ihr bedeutet nicht handeln. Dass sie das nicht mehr bedeutet, nennt man die »Krise der Werte«. Denn wir sind ja noch immer weitgehend von Texten programmiert, also für Geschichte, für Wissenschaft, für politisches Programm, für »Kunst«. Wir »lesen« die Welt (zum Beispiel logisch und mathematisch). Aber die neue Generation, welche von Techno-Bildern programmiert wird, teilt nicht unsere »Werte«. Und wir wissen noch nicht, für welche Bedeutung die Techno-Bilder, die uns umgeben, programmieren.

Diese unsere Ignoranz betreffs der neuen Koden ist nicht überraschend. Es hat Jahrhunderte nach der Erfindung der Schrift erfordert, bevor die Schreiber lernten, dass Schreiben erzählen bedeutet. Zuerst haben sie wohl nur aufgezählt und Szenen beschrieben. Es wird ebenso lange dauern, bevor wir die Virtualitäten von Techno-Koden erlernen: bevor wir lernen, was Photographieren, Filmen, Videomachen oder analogisches Programmieren bedeutet. Vorläufig erzählen wir noch TV-Geschichten. Aber diese Geschichten haben doch schon ein nachgeschichtliches Klima. Es wird lange dauern, bevor wir auch ein nachgeschichtliches Bewusstsein erkämpfen; aber es ist doch erkennbar, dass wir daran sind, einen entscheidenden Schritt zurück von Texten oder hinaus über sie zu leisten. Einen Schritt, der an das Wagnis der mesopotamischen Keilschreiber erinnert.

Die Schrift ist ein Schritt zurück von den Bildern, denn sie erlaubt Bilder in Begriffe zu analysieren. Mit diesem Schritt ging der »Glaube an Bilder«, das heißt die Magie verloren, und eine Bewusstseinsebene wurde erreicht, welche viel später zu Wissenschaft und Technik führte. Die Technokoden sind ein weiterer Schritt weg von den Texten, denn sie erlauben, sich von Begriffen Bilder zu machen. Eine Fotografie ist nicht das Bild eines Sachverhaltes (wie es das traditionelle Bild ist), sondern sie ist das Bild einer Reihe von Begriffen, welche der Fotograf in Bezug auf eine Szene hat, die einen Sachverhalt bedeutet. Nicht nur kann die Kamera nicht ohne Texte (z.B. chemische Theorien) existieren, sondern der Fotograf muss zuerst imaginieren, dann begreifen, um zuletzt »techno-imaginieren« zu können. Mit diesem Schritt zurück aus den Texten ins Technobild ist ein neuer Grad von

Verfremdung erreicht worden: »der Glaube an Texte« (an Erklärungen, an Theorien, an Ideologien) geht verloren, weil sie, wie einst die Bilder, als »Vermittlungen« erkannt werden.

Das ist es, was wir unter »Krise der Werte« meinen: Dass wir aus der linearen Welt der Erklärungen zurückschreiten in die techno-imaginäre Welt der »Modelle«. Nicht dass sich die Technobilder bewegen, dass sie »audiovisuell« sind, dass sie im Kathodenlicht strahlen usw., ist das revolutionär Neue an ihnen, sondern dass sie »Modelle« sind, das heißt Begriffe bedeuten. Dass ein TV-Programm nicht eine Szene eines Sachverhalts ist, sondern ein »Modell«, nämlich ein Bild eines Begriffs einer Szene. Das ist eine »Krise«, weil nämlich mit dem Überschreiten der Texte alte Programme (z.B. Politik, Philosophie, Wissenschaft) außer Kraft gesetzt werden, ohne von neuen Programmen ersetzt zu werden.

Es gibt keine Parallelen in der Vergangenheit, die uns erlaubten, den Gebrauch der Technokoden zu lernen, so wie sie sich zum Beispiel als Farbexplosion manifestieren. Aber wir müssen ihn lernen, sonst sind wir verurteilt, in einer bedeutungslos gewordenen, techno-imaginär kodifizierten Welt ein sinnloses Dasein zu fristen. Der Niedergang und Fall des Alphabets bedeuten das Ende der Geschichte im engen Sinn. Die vorliegende Betrachtung will die Frage stellen nach dem Anfang des Neuen.

Krise der Linearität

Die hier zu unterbreitende Hypothese lautet: Die okzidentale Kultur ist ein Diskurs, dessen wichtigste Informationen in einem alphanumerischen Code verschlüsselt sind, und dieser Code ist daran, von anders strukturierten Codes verdrängt zu werden. Falls die Hypothese zutreffen sollte, dann wäre in naher Zukunft mit einer tief greifenden Veränderung unserer Kultur zu rechnen. Die Veränderung wäre tief greifend, weil unser Denken, Fühlen, Wünschen und Handeln, ja sogar unser Wahrnehmen und Vorstellen, in hohem Grad von der Struktur jenes Codes geformt werden, in welchem wir die Welt und uns selbst erfahren. Wir sind »westliche Menschen«, weil unsere »forma mentis« von der Linearität des alphanumerischen Codes ausgebildet wurde. Sollten unsere Kinder und Enkel die Welt und sich selbst mittels anders strukturierter Codes (etwa mittels technischer Bilder wie Fotos, Filme und Fernsehen, und mittels Digitalisation) erfahren, dann wären sie anders in der Welt als wir es sind, und als es unsere Vorfahren waren. Die folgenden Überlegungen werden versuchen, diese Hypothese zu bedenken.

Das Aneinanderreihen von Schriftzeichen (etwa von Buchstaben und Zahlen) ist uns seit unserer Kindheit so vertraut, dass wir die Absicht dieser Geste nicht immer deutlich erkennen. Es ist die Geste des Aufzählens, und erst dann die des Erzählens (des Zu-Ende-Zählens). Man kann diese Geste zum Beispiel im Auffädeln von Muscheln zu Halsketten wiedererkennen. Sie ist demnach uralt und wahrscheinlich bei überhaupt allen Kulturen festzustellen. Aber diese aneinanderreihende Geste hat im östlichen Mittelmeerraum eine eigenartige, einige Jahrtausende währende Entwicklung mitgemacht, und schließlich, um die Hälfte des zweiten Jahrtausends v. C., zur Erfindung des Alphabets geführt, um dazu wenig verändert bis in die Gegenwart unsere Kultur zu kennzeichnen. Diese Entwicklung begann mit dem Aneinanderreihen von stilisierten Bildern (von Piktogrammen), und sie endete mit dem Aneinanderreihen von phonetischen Zeichen (von Buchstaben) zu Zeilen. Hier muss, aus Raummangel, auf die Schilderung dieser Entwicklung verzichtet werden, obwohl sie aufschlussreich (und dabei spannend und geradezu aufregend) wäre. Ihr Ausgangspunkt jedoch (das Aufzählen von Piktogrammen) will bedacht sein.

Wenn man sich eine mesopotamische gehärtete Lehmtafel ansieht, in welche solche Zeichen eingeritzt wurden, dann kann man die dahinter verborgene Absicht nacherleben. Es ging bei dieser Geste darum, Elemente von Bildern (Pixels) aus der Bildfläche herauszureißen und sie zu Reihen zu ordnen. Es war eine bilderzerreißende, ikonoklastische Geste. Ihre Absicht war, Bilder zu zerreißen, um ihren Inhalt aufzählen, erzählen zu können: um die Bilder zu »erklären«: Es war eine aufklärerische Geste. Die Frage, die sich dabei stellt, ist diese: Wozu ist es nötig, Bilder zu erklären? Wozu Aufklärung? Um darauf zu antworten, muss man bedenken, wie Bilder gemacht werden.

Nehmen wir die ältesten uns bekannten Bilder (etwa das eines Ponys in Peche-Merle) als Beispiel. Es geht um an Felswänden festgehaltene Anschauungen. Der Bildermacher ist dabei von einem Pony zurückgetreten, hat es sich angeschaut, hat das flüchtig Ersehene ins Gedächtnis der Wand eingetragen, und er hat dies so getan, damit andere das Ersehene wiedererkennen. Und zwar hat er all diese außerordentlich komplexen Dinge getan, damit das von ihm Ersehene als Orientierung für künftiges Handeln (etwa für die Pony-Jagd) dienen möge. Für die hier verfolgte Absicht (nämlich das Bedenken des Motivs hinter dem linearen Schreiben) ist die Funktion des Bilds als Orientierungstafel entscheidend. Man hat begonnen, Piktogramme aneinander zu reihen, weil man begonnen hatte, das Vertrauen zu den Bildern als Orientierungen in der Welt zu verlieren. Aber man wird der Sache nicht gerecht, wenn man nicht versucht, die Geste des Bildermachens ins Auge zu fassen.

Der Schritt zurück vom Gegenstand (etwa vom Pony) wäre eine mysteriöse Bewegung, wenn wir nicht alle davon konkrete Erfahrung hätten. Man tritt dabei nämlich nicht nur von einem Ort in einen anderen (etwa auf einen Hügel über dem Pony), sondern in einen Un-Ort (das eigene Innere). Man wird dabei zu einem Subjekt des zu ersehenden Gegenstandes. Man in-sistiert nicht mehr in der gegenständlichen Welt, sondern man ek-sistiert nun. Diese menschliche (mysteriöse) Fähigkeit zum Zurücktreten, zum Subjekt-Werden, zum Existieren, heißt »Einbildungskraft« und sie hat Folgen. Ein Abgrund der Entfremdung öffnet sich zwischen dem Menschen und der objektiven Welt, und aus diesem Abstand sind die Gegenstände nicht mehr »manifest« (greifbar). Unsere Arme sind nicht lang genug, um den Abgrund zu überbrücken. Die Welt ist nicht mehr ein Widerstand, gegen den wir stoßen, sondern sie wird zu einer Erscheinung, die wir uns ansehen. Wir sind jetzt im Zweifel, ob diese phänomenale Welt, die wir uns da einbilden, tatsächlich objektiv ist. Diese Unannehmlichkeit hat jedoch einen Vorteil: Zwar können wir die Sachen nicht mehr greifen, dafür aber die Sachverhalte überblicken. (Wir sehen den Wald erst, wenn wir nicht mehr gegen die Bäume stoßen.) Das ist die Funktion unserer Einbildungskraft: Obwohl sie ontologisch zweifelhaft ist, dient sie einem späteren Behandeln der Gegenstände. (Man jagt das Pony besser, wenn man sich vorher ein Bild davon gemacht hat.) Die Erfinder der linearen Schrift jedoch waren der Ansicht, dass man dann noch immer nicht gut genug jagt, und zwar aus nachfolgenden Gründen:

Die Ansicht, die man gewinnt, wenn man von einem Objekt zurücktritt, ist flüchtig und muss in einem Gedächtnis festgehalten werden, soll sie als Modell für künftiges Handeln dienen. Einbildungskraft allein genügt nicht zum Bildermachen. Das Speichern des Ersehenen in ein Gedächtnis verlangt, dass es kodifiziert wird. Das heißt: in Symbole übersetzt, welche von anderen gedeutet werden können. Bildermachen fordert, dass das subjektiv Ersehene ins Intersubjektive übersetzt wird (dass Privates publiziert wird). Es stellt sich nun heraus, dass die Bildercodes notwendigerweise konnotativ sind: dass sie verschiedene Interpretationen seitens ihrer Empfänger gestatten. (Denotativ, eindeutig verschlüsselte Bilder werden erst nach der Erfindung der linearen Schrift möglich.) Wenn nun die Bilder von jedem ihrer Empfänger verschieden interpretiert werden können, dann sind sie keine verlässlichen Modelle.

Dazu kommt, erschwerend, eine weitere ikonoklastische Überlegung: Wie alle Vermittlungen, leiden die Bilder an einer inneren Dialektik. Sie sollen zwischen dem Menschen und der objektiven Welt vermitteln (den Abgrund der Entfremdung überbrücken), aber sie verstellen dadurch den Weg zwischen der Welt und dem Menschen. Sie stellen sich vor die Gegenstände, anstatt sie vorzustellen, und verstärken dadurch die Entfremdung, die sie hätten beheben sollen. Die Folge ist, dass die Menschen die Bilder nicht mehr als Orientierungen in der Welt verwenden, sondern umgekehrt: Dass sie ihre Erfahrungen mit der Welt als Orientierung in den Bildern verwenden. Und dass sie daher nicht mehr die Bilder in Funktion der Welt, sondern die Welt in Funktion der Bilder behandeln. So ein Umkehren der ontologischen Stellung der Bilder heißt »Idolatrie«, und das darauf folgende Handeln heißt »magisch«.

Die Motive der Erfinder der linearen Schrift können daher etwas anachronistisch so formuliert werden: Einbildung ist ein ontologisch zweifelhafter Standpunkt, die daraus entstandenen Bilder sind konnotativ, und sie sind der inneren Dialektik aller Mediationen unterworfen. Es ist jedoch unerlässlich, sich Bilder zu machen, bevor man darangeht zu handeln. Daher müssen die Bilder einer Kritik unterworfen werden, welche erlaubt, ihre ontologische Stellung zu klären, ihre Codes zu denotieren und die von ihnen gestiftete ideologische Verwirrung abzuräumen. Zum Zweck dieser Kritik eben ist die lineare Schrift erfunden worden. Man sieht, in dieser (allerdings etwas modernisierenden) Formulierung ist die

Erfindung der linearen Schrift als Keim der künftigen westlichen Kultur zu Worte gekommen.
Alles lineare Schreiben erscheint bei dieser Formulierung als ein Beschreiben von Bildern, als eine Kritik der Einbildung dank einer neuen Denkart. Was diese neue, kritische Denkart kennzeichnet, ist die Tatsache, dass sie nicht, wie die Einbildung, zweidimensional, flächenhaft, sondern eindimensional, zeilenhaft strukturiert ist. Kritik der Bilder ist im Grunde ein Transkodieren von Fläche zu Zeile. Das neue Denken, das mit der Erfindung der linearen Schrift ins Spiel tritt, ist um eine Dimension ärmer als das bildliche, es ist »abstrakter«, das heißt: um einen weiteren Schritt von der gegenständlichen Welt entfernt. Das wird jedoch erst völlig deutlich, wenn phonetische Zeichen (Buchstaben) beim Schreiben angewandt werden.
Wenn man die verschlungene Entwicklung der Schrift aus Piktogrammen in Buchstaben sozusagen von außen betrachtet, dann ist nicht einzusehen, warum man eine derart enge Verbindung zwischen dem Schreiben und dem Sprechen herstellen sollte. Die Nachteile dieses Codes sind augenfällig: Um einen Text lesen zu können, muss man zuerst die von ihm niedergeschriebene Sprache lernen, und was man nicht sagen kann, das kann man auch nicht schreiben. Das heißt: Der alphabetische Code zwingt das schreibende unter das sprachliche Denken, und wenn er dominant wird, verarmen alle übrigen Denkformen (außer jenen, die dank Zahlen in den Code einzudringen vermögen). Ein Vergleich mit außerwestlichen Codes (vor allem mit fernöstlichen) belegt dies.
Betrachtet man jedoch die Entwicklung der Schrift zum Alphabet von innen her (das heißt: als ein Schreibender), dann wird sie zwingend. Die Absicht des linearen Schreibens ist, die Einbildung zu kritisieren. Und die dabei angewandte Methode ist das Transkodieren der Bilder zu Zeichen. Nun verfügen wir, seit Urzeiten, über einen Code, nämlich über die gesprochene Sprache, welcher diese Aufgabe leistet. Bilder wurden schon immer kritisiert, wenn sie besprochen wurden; sie wurden aus ihrer Flächenhaftigkeit in die Linie des Diskurses transkodiert und sind dadurch erzählbar geworden. Nur war dieses Besprechen der Einbildung bis zur Erfindung des Alphabets ein ziemlich undisziplinierter Vorgang: Man sprach damals, ohne genau zu artikulieren. Mit beinahe geschlossenem Mund («mythisch«). Das heißt: Der Code der gesprochenen Sprache war womöglich noch konnotativer als jener der Bilder. Das Alphabet wurde erfunden, um den Sprachcode zu denotieren (ihn den klaren und distinkten Regeln des linearen Schreibens zu unterwerfen) und ihn so zu einem wirksamen Werkzeug für eine Kritik der Einbildung umzugestalten. Das heißt: Das Alphabet wurde erfunden, um die

Sprache deutlich zu artikulieren (sie zu ent-mythisieren) und dann mit ihr die Einbildung zu kritisieren (die Bilder zu ent-magisieren). Das Alphabet lehrt uns zuerst einmal, deutlich zu sprechen, und dann erst, unsere Einbildung zu kritisieren. Es lehrt uns, un-mythisch zu denken und un-magisch zu handeln.

Diese pädagogische Funktion des alphabetischen Schreibens ist sowohl biographisch wie historisch gesehen ein langwieriger Vorgang. Die Geste des Aneinanderreihens von Buchstaben drückt eine spezifische Denkart aus, schlägt dann aber auf diese Denkart zurück und verstärkt sie: Je mehr Texte man schreibt (und liest), desto textueller denkt man, und je textueller man denkt, desto mehr schreibt und liest man. Das Feed-back zwischen Denken und Schreiben schlägt sich in den Gehirnfunktionen nieder: Die Neurophysiologie beginnt, im Gehirn Schriftzentren und Schriftfunktionen zu lokalisieren. Unser Gehirn ist anders organisiert, und es prozessiert die von ihm erworbenen Informationen anders als Gehirne von Analphabeten. (Das hier erscheinende Problem der kulturellen Bedingung von ererbten Anlagen muss hier leider ausgeklammert werden.)

Hingegen ist es geboten, die geistige Umwälzung, die das Alphabet zur Folge hatte, kurz zu umreißen. Die gegenständliche Welt wird nicht mehr als ein Sachverhalt wahrgenommen, sondern als ein Bündel von linearen Prozessen. Das heißt, die Zeit kreist nicht mehr über den Dingen, um sie zu ordnen, sondern sie strömt jetzt und reißt alle Dinge mit sich. Die dingliche Welt ist nicht mehr szenisch, sondern historisch. Jede Sachlage wird zu Folge von Ursachen, und zu Ursache von Folgen. Nichts wiederholt sich mehr in der Welt, sondern jeder Augenblick ist einzigartig. Die Stimmung der ewigen Wiederkehr des Gleichen (die magische Stimmung) wird abgelöst von der dramatischen Stimmung des linearen Fortschritts (wobei sekundär ist, ob dieser Fortschritt als ein Abfall von einer perfekten Ursituation gedeutet wird oder als ein Aufstieg zu utopischen Situationen). Anders gesagt: Die alphabetische Kritik der Einbildung führt zu einer linear kausalen Erklärung der Bilder. Was hier umrissen wurde, ist das historische Bewusstsein.

Dazu ist zusätzlich zu sagen, dass die enge Verbindung von Schreiben mit Sprechen durch das Alphabet die eigentümliche Folge hatte, dass die Denkregeln überhaupt zuerst mit den Schreibregeln (»Orthographie«) und dann mit den Sprachregeln («Logik«) gleichgesetzt wurden. Was schließlich das historische Denken in einen Pan-Logismus hineintreiben musste: »Alles, was ist, ist logisch«. Das heißt: Die Sprachregeln wurden zuerst in die Bilder, und dann durch diese hindurch in die gegenständliche Welt projiziert, um dann als Naturgesetze zurückgeholt zu werden. Die berühmte »adaequatio intellectus ad rem« erweist sich, unter diesem Gesichtswinkel, als ein Zurückholen der alphabetischen Schrift

aus den beschriebenen Gegenständen. Doch ist dieses Schließen des Kreises des Schreibens (der Aufklärung überhaupt), diese nach-hegelianische Kritik an der Naturwissenschaft und ihrer Technik, erst eine junge, bereits auf die Krise der Linearität deutende Erscheinung. In der vorangegangenen dreieinhalbtausend Jahre währenden Entwicklung des alphabetischen Schreibens (in der vorangegangenen Geschichte des Westens) ist diese gegenwärtige Krise nicht spürbar.
Zu Beginn der Geschichte (also etwa um 1500 v. C., als das Alphabet erfunden wurde) gingen die Texte gegen die Bilder vor, um diese zu erzählen, und damit weg zu erklären. (Das historische Bewusstsein, damals nur einer kleinen Schicht von Litterati verfügbar, engagierte sich gegen das magisch-mythische Bewusstsein der Menge.) Die Bilder, ihrerseits, setzten sich gegen diesen Angriff zur Wehr, und sie illustrierten die Texte, welche versuchten, sie weg zu erklären. Diese Dialektik zwischen Text und Bild verstärkte beides: das magisch-mythische wie das historische Bewusstsein. Die Bilder wurden dadurch immer »historischer«, die Texte immer »imaginärer«. (Diese Dialektik ist an der Entwicklung des mittelalterlichen Christentums besonders deutlich: Die heidnischen Bilder wurden immer christlicher, die christlichen Texte immer »illuminierter«). Man kann behaupten, dass bis zur Erfindung des Buchdrucks die Dialektik »Text/Bild« die Sprungfeder war, welche die westliche Geschichte vorantrieb.
Mit dem Buchdruck wurden die Texte immer billiger, und daher das historische Bewusstsein immer allgemeiner. Die Bilder wurden in von Aura geheiligte Ecken aus dem Alltag vertrieben, und nichts mehr stand der inneren Dynamik der Zeile im Wege. Naturwissenschaft und Technik konnten sich entwickeln, die Industrierevolution wurde möglich, und das ins Subliminare verdrängte magisch-mytische Bewusstsein musste sich vor dem Erfolg dieses Fortschritts beugen: Er stellte unter Beweis, dass durchkritisierte Einbildung tatsächlich zu besserem Pony-Jagen führt als unkritisierte. Die dank der Erfindung des Alphabets ermöglichte Aufklärung des Denkens (und damit des Handelns) schien endgültig zu siegen und über den Westen hinaus den ganzen Erdball zu gewinnen.
Aus hier leider nicht zu besprechenden Gründen hat sich jedoch das Alphabet ziemlich bald als ein für das Kritisieren der Einbildung nicht völlig adäquater Code erwiesen. Es mussten andere, nicht phonetische, sondern ideographische Symbole, nämlich Zahlen, darin eingeführt werden. Diese Symbole drücken eine andere Denkart aus als die logische, und es ist trotz außerordentlich geistreichen Versuchen (siehe Russell-Whitehead) nicht gelungen, das mathematische mit dem logischen Denken auf einen gemeinsamen Nenner zu bringen. Der alphanumerische Code ist in sich zwiespältig, und dieser innere Widerspruch musste, wie wir

jetzt nachträglich erkennen, zu seiner Krise führen. Aus der Sicht der hier unternommenen Überlegungen kann dieser innere Widerspruch so formuliert werden: Während die Buchstaben die Oberfläche des Bildes zu Zeilen aufrollen, zerbröckeln die Zahlen diese Oberfläche zu Punkten und Intervallen. Während das buchstäbliche Denken die Szenen zu Prozessen aufrollt, kalkuliert das Zahlendenken die Szenen zu Körnern. Lange Zeit konnten diese beiden Denkarten Hand in Hand gehen, wobei das buchstäbliche Denken die Oberhand behielt, weil sie beide gegen das Oberflächendenken gerichtet waren. Aber in dem Maß, in dem die Bilder immer besser aufgeklärt wurden, musste sich das Zahlendenken gegen das buchstäbliche wenden, um es seiner zerkörnernden, analysierenden Kritik zu unterwerfen. Das lineare, prozessuelle, historische Denken musste, über kurz oder lang, dem analytischen, strukturellen, null-dimensionalen Punktdenken zum Opfer werden.

Der Angriff des mathematischen auf das historische Bewusstsein beginnt sehr früh in der Geschichte und kann mit den Namen »Heraklit« und »Demokrit« umrissen werden. Während für Heraklit »alles fließt«, also alles prozessuell ist, sind es für Demokrit zufällig von ihrer Bahn abweichende Punkte, welche aufeinander stoßen, um die gegenständliche Welt zu bilden. Daran ist der Unterschied in der Stimmung des historischen und des mathematischen Bewusstseins bereits deutlich erkennbar: Bei Heraklit ist alles notwendig (kausal erklärbar), bei Demokrit ist alles Zufall (bestenfalls statistisch erklärbar). Es ist für uns nicht mehr völlig nacherlebbar, warum die Alten im kausalen Denken Heraklits Traurigkeit, und im akzidentalen Demokrits Heiterkeit empfanden, wo wir, die wir ins Demokritische einzutreten beginnen, eher das Absurde fühlen.

Im Lauf der Geschichte wurde das demokritische, »atomistische«, Denken verdrängt (und die Zahlen wurden den Buchstaben unterworfen), weil das mathematische Denken als leer empfunden wurde. Tatsächlich ist der Zahlencode so klar und distinkt, dass zwischen je zwei Symbolen unfüllbare Intervalle klaffen. (Das Intervall zwischen 1 und 2 ist mit Zahlen wie 1,1 nie aufzufüllen, und daher muss das Aufzuzählende, zum Beispiel ein Bild, zwischen diesen Intervallen entschlüpfen.) Als es sich jedoch herauszustellen begann, dass nach Wegerklärung der Einbildung die gegenständliche Welt nach Zahlen verlangt (oder dass die Buchstaben verlangen, in Zahlen umkodiert zu werden), musste der Leere dieses Codes die Stirn geboten werden. Descartes begann mit dem Füllen der Intervalle, und der von Leibniz und Newton erfundene Kalkül machte aus dem Zahlencode ein Instrument, welches das Beschreiben von Prozessen erlaubte. Daher wurde ein in einer Differenzialrechnung ausgedrückter Prozess als »erklärt« angesehen. Was

dann zu tun noch übrig blieb, war der Versuch, diese Gleichung für Nicht-Mathematiker in Buchstaben zurückzukodieren. Ein für das linear historische Denken bereits etwas jämmerlicher Zustand. Doch konnte das dabei nicht verbleiben. Die Erfindung von Rechenmaschinen machte das mühselige Auffüllen der Intervalle durch kalkulatorische Kunstgriffe unnötig: Die Maschinen speien die Zahlen automatisch in einer Fülle aus, welche alle Linearität außer Kraft setzt.
Wichtig für die Beurteilung des Aufstands der Zahlen gegen die Buchstaben ist die Beobachtung, dass das Zahlendenken (ganz im Gegenteil zu seinem Namen) eben nicht aufzählt (und daher nicht erzählt), sondern in Punktelemente zerklaubt und diese Elemente dann anhäuft. Ein Algorithmus ist nicht ein aufgezählter Sachverhalt, sondern ein zuerst zerbröckelter und dann rück-komputierter. Ein mathematisch Geschulter kann aus der Struktur des Algorithmus eine ganze Reihe von mit einander nur dank gemeinsamer Struktur verbundener Sachverhalte erkennen. Das Zahlendenken, so wie es gegenwärtig aus dem Buchstabendenken hervorzubrechen beginnt, ist ein formales, völlig abstraktes Denken: Es ist nulldimensional und daher um einen weiteren Schritt zurück von der gegenständlichen Welt entfernt als das buchstäbliche Denken. Diese höchst mögliche Abstraktion, die das Denken in der Mathematik erreicht, ist im Verlauf der Geschichte im Strom des linearen Denkens eingebaut gewesen: Die Algorithmen bildeten Inseln innerhalb der Buchstabentexte. Seit einiger Zeit jedoch beginnt das mathematische, kalkulierende Denken aus dem alphanumerischen Code auszubrechen, sich selbstständig zu machen, und sich gegen das lineare Denken zu wenden, um es zu analysieren und (überraschender- aber im Grunde nicht unerwarteterweise) zu einer neuen Art von Einbildung zu führen. Es beginnt, mit anderen Worten, sich nicht mehr in Zahlen, sondern in anders gearteten Punktsymbolen zu kodifizieren, und diese neuen Codes den Texten entgegenzustellen. Dieses Umkodieren des kalkulierenden Denkens ist beim ersten Ausbruch aus der Linearität, beim Fotografieren, am deutlichsten ersichtlich und muss daher etwas genauer ins Auge gefasst werden.
Die Kamera ist eine Vorrichtung, welche Licht aufnimmt, es auf Molekülen einer chemischen Verbindung auffängt, und die dort ausgelösten Reaktionen ergeben ein negatives Abbild der Gegenstände, von welchen das Licht ausging. Das kann auch anders dargestellt werden: Die Kamera ist eine Vorrichtung, welche Informationen empfängt, sie in Bits kalkuliert, in einem Gedächtnis lagert, und so komputiert, dass sie als Bilder abberufen werden können. Die erste Darstellung der Kamerafunktion ist prozessuell, »heraklitisch«: Der fotografische Vorgang erscheint darin als eine Serie von chemischen, optischen und mechanischen Prozes-

sen. Die zweite Darstellung der Kamerafunktion ist kalkulatorisch, »demokritisch«: Der fotografische Vorgang erscheint darin als ein Prozessieren von Daten. Die erste Darstellung erklärt die Kamera kausal: als Folge einer vorangegangenen wissenschaftlichen und technischen Entwicklung. Die zweite Darstellung erklärt die Kamera projektiv: als primitiven Computer. In der zweiten Darstellung kommt das neue, nicht mehr lineare, Denken zu Worte.

Wozu wurde die Kamera erfunden? Die Erfinder hätten wohl auf diese Frage geantwortet: um das Bildermachen zu automatisieren und dadurch die Einbildungskraft auf ihre wesentliche Eigenschaft, auf das Zurücktreten von der gegenständlichen Welt, zu konzentrieren. Projektiv gesehen jedoch ist diese Antwort ungenügend. Sie müsste lauten: um einen Punkt-Intervall-Code zu prozessieren und dadurch einer nie vorher da gewesenen, nämlich einer programmierenden Einbildung die Wege zu öffnen. Dieses Nie-vorher-da-Gewesene steht hier zur Frage.

Wenn man vom Gegenstand zurücktritt, vollbringt man eine abstrahierende Geste: Man zieht sich aus den Gegenständen heraus, und daher sind die Bilder zweidimensionale Abstraktionen von Gegenständen. Aber wenn man fotografiert, vollbringt man eine konkretisierende Geste: Man sammelt (komputiert) Körner, und daher sind die Fotos zweidimensionale Konkretionen aus nulldimensionalen Punkten und Intervallen (aus Kalkulationen). Es sind »körnige Bilder«. Es geht hier um zwei entgegengesetzte Einbildungskräfte. Die erste deutet auf die Gegenstände zurück, sie »bedeutet« die Welt der Gegenstände. Die zweite deutet auf Kalkulationen zurück, sie »bedeutet« die Welt, die völlig durchkalkuliert wurde. Das ist den Fotos allerdings auf den ersten Blick nicht anzusehen: Sie scheinen Gegenstände zu bedeuten. Denn Fotos (wie Filme und Videos) sind Übergangsphänomene. In ihnen überschneiden sich die beiden Einbildungskräfte. Weil nämlich in den Kameras Informationen prozessiert werden (Lichtstrahlen), die von Gegenständen ausgestrahlt wurden. Die neue Einbildungskraft kommt erst bei synthetischen Computerbildern völlig zu Worte. Ein synthetisches Bild eines Flugzeugs bedeutet nicht einen Gegenstand, sondern eine Kalkulation, und es ist ein Modell für mögliche, nicht tatsächliche, Gegenstände. Kurz: Die erste Einbildungskraft macht Abbilder, welche als Vorbilder dienen sollen, und die zweite macht Vorbilder, welche Kalkulationen abbilden sollen.

Fotos, Filme, und Videos sind Übergangsphänomene. (Das ist es, was sie für das Verständnis der gegenwärtigen Krise so interessant macht.) Die Kameras sind so gebaut, dass die in sie hineingefütterten Kalkulationen tatsächlich Gegenstände bedeuten. Aber die Leute, welche die Kameras bauen und füttern (die Programmatoren der Bilder), bringen bei ihnen die zweite Einbildungskraft ins Spiel: Diese Bilder sind Abbildungen ihrer Kalkulationen und daher Vorbilder für ein programmiertes Verhalten seitens ihrer Empfänger. Die Fotografen und Film- und Fernsehleute, welche auf die Auslöser drücken, tun dies im Glauben, Abbilder von Gegenständen zu machen. Aber all diese Leute sind technisch redundant: Auslöser können automatisch funktionieren. Die eigentlichen Bildermacher sind die Programmierer. Der uns von allen Seiten umhüllende Schwall von Fotos, Filmen und Fernsehbildern ist bereits, wenn auch verkappt, Ausdruck der neuen, kalkulierenden Denkart, welche sich in Punktcodes artikuliert, um diese zu Bildern zu komputieren.

Wie gesagt: Diese neue Denkart kommt jedoch erst bei Computern ungetrübt zum Ausdruck. Da die meisten von uns jedoch damit noch keine tägliche Erfahrung haben, jedoch den weitaus größten Teil der täglichen Informationen den eben geschilderten Bildern verdanken, ist es geboten, den Umbruch zu bedenken, den diese körnigen Bilder in unserem Denken bereits verursacht haben. Es ist geboten, den »fotografischen Blick« zu bedenken, mit welchem wir bereits die Welt und uns selbst darin sehen, und dank dem wir aus der Linearität bereits hinausgesprungen sind, bevor versucht werden soll, das ungetrübte Kalkulieren und Komputieren ins Auge zu fassen.

Die Tatsache, dass wir die Welt immer mehr durch körnige Bilder wie Fotos und Fernsehen, und immer weniger durch gedruckte lineare Texte erfahren, ist selbstredend nicht verantwortlich dafür, dass wir sie immer mehr als einen Haufen von Teilchen, und immer weniger als einen Fluss von Ereignissen erkennen. Verantwortlich für diese neue Erkenntnisart ist die Tatsache, dass wir unsere Erkenntnisse immer mehr in mathematische Codes, und immer weniger in Buchstabencodes verschlüsseln, und auf diese Tatsache sind die neuen körnigen Bilder zurückzuführen. Hingegen kann behauptet werden, dass uns die körnigen Bilder befähigen, das Erkannte auch tatsächlich zu sehen: Nicht zwar unsere Erkenntnis, wohl aber unsere Weltanschauung wird von solchen Bildern geformt. Dieser unser »fotografischer Blick« soll an einigen Beispielen vorgeführt werden, und zwar sollen zuerst eine kurze Reihe von »epistemologischen« Fotos und dann eine noch kürzere von »ethisch-ästhetischen« vorgeführt werden:

(1) Wir bilden uns nicht mehr ein, dass die Gegenstände solid und tückisch um uns herumstehen, uns angehen und uns bedingen, sondern eher, dass Teilchen im Leeren herumschwirren (und zwar sowohl dort draußen wie in uns drinnen), und dass wir dieses Schwirren zu Gegenständen irgendwie prozessieren. (2) Wir bilden uns nicht mehr ein, dass wir in einer Welt leben, in welcher Stoffliches von Kräften bewegt wird (zum Beispiel Sterne von Gravitation oder Eisenspäne von Mag-

netismus), sondern eher, dass wir in wogende Felder getaucht sind, in deren Wellentälern wir uns bisher Stoffliches eingebildet hatten. (3) Wir bilden uns nicht mehr ein, dass das Leben auf Erden aus Organismen besteht, die miteinander zusammenarbeiten oder kämpfen, sondern eher, dass ein wogender Brei (die »Biomasse«) die Erdoberfläche bedeckt, dass seine Tröpfchen (die »Keimzellen«) genetische Informationen (zu Ketten geordnete Teilchen) beinhalten, dass sich diese Tröpfchen ständig spalten, dass dabei die Informationen zufällig fehlerhaft übertragen werden können, und dass die Organismen Auswüchse aus diesen Fehlern sind, welche aus dem Brei emportauchen, um darin wieder zu versinken. (4) Wir bilden uns nicht mehr ein, dass die mentalen Vorgänge (etwa Wahrnehmungen, Vorstellungen, Empfindungen, Wünsche, Gedanken oder Entscheidungen) irgendwelche Einheiten sind, sondern eher, dass es hier um Komputationen von Punktelementen geht, die in den Nervensynapsen des Gehirns prozessiert wurden. (5) Wir bilden uns nicht mehr ein, dass wir irgendeinen soliden Kern in uns bergen (irgendeine »Identität«, ein »Ich«, einen »Geist« oder »Seele«), sondern eher, dass wir in ein kollektives psychisches Feld getaucht sind, aus dem wir wie provisorische Blasen auftauchen, irgendwelche Informationen erwerben, prozessieren, weitergeben, um wieder unterzutauchen. (6) Wir bilden uns nicht mehr ein, dass die einzelnen Kulturen, die unser Leben formen, irgendwelche eigenständige Strukturen sind, sondern eher, dass wir in ein wogendes Feld von Kulturemen getaucht sind, aus welchem die einzelnen Kulturen durch Komputation emportauchen und darin wieder verschwimmen, wobei offen bleibt, wie weit dies auf Zufall oder auf Absicht beruhen mag.

Diese sechs »Fotos« sind Abbildungen von Kalkulationen und Modelle für Manipulationen. Sie gestatten das Herstellen künstlicher Gegenstände, künstlicher Materie, künstlicher Lebewesen, künstlicher Intelligenzen, künstlicher Identitäten, künstlicher Kulturen. Sie sind Beispiele für die neue Einbildungskraft, über die wir gegenwärtig verfügen.

(7) Wir bilden uns nicht mehr ein, dass die Gesellschaft eine Gruppe von Menschen ist, die irgendwie miteinander in Beziehungen gebracht sind, sondern eher, dass wir in einem Feld von intersubjektiven Beziehungen leben, in einem wogenden Netz, das sich immer neu verknüpft und entknotet. Daher wird die historische Frage: »Dient die Gesellschaft dem Menschen oder der Mensch der Gesellschaft?« grundsätzlich sinnlos. Denn die soziale Wirklichkeit ist die Relation, aus welcher Mensch und Gesellschaft abstrakte Extrapolationen sind, und die Knoten des sozialen Netzes können ebenso gut von künstlichen Intelligenzen wie von Menschen besetzt sein, oder aber leer stehen. Politisches Engagement kann nicht

mehr der Versuch sein, die Gesellschaft oder die Menschen zu ändern, sondern, das soziale Relationsfeld zu programmieren (Technokratie) oder zu deprogrammieren (Terrorismus). (8) Wir bilden uns nicht mehr ein, dass wir uns in Ketten befinden (etwa in Kausalketten oder in einem Bausch von Gesetzen und Vorschriften), und dass Freiheit der Versuch ist, diese Ketten zu brechen, sondern eher, dass wir in ein absurdes Chaos von Zufall getaucht sind, und dass Freiheit der Versuch ist, diesem Chaos Form und Sinn zu verleihen. (Dieses Umformulieren der Frage »Freiheit wovon?« in »Freiheit wozu?« ist für den Umbruch in unserem Denken außerordentlich kennzeichnend.) (9) Wir bilden uns nicht mehr ein, dass wir die Welt und uns selbst als »Wirklichkeit« wahrnehmen, sondern eher, dass wir selbst das Wahrgenommene erst zu Wirklichkeit prozessieren. Wir sehen daher nicht mehr in unserem Leben eine Bewegung, welche gegebene Wirklichkeiten verändert, (etwa Dinge und uns selbst), sondern eher eine Tendenz, gegebene Möglichkeiten in uns drinnen und um uns herum zu verwirklichen. Das heißt: Unsere Werte sind nicht mehr die Arbeit, sondern eher die der Kreativität, der Komputation von Informationen.

Diese drei »Fotos« sind weniger scharf als die sechs der ersten Reihe, weil das kalkulierende Denken auf dem Gebiet der Werte weniger ausgebildet ist als auf dem Gebiet der Erkenntnis. Dafür zeigen sie besser, was hier mit »Krise der Linearität« gemeint ist. Nämlich dass der Übergang aus eindimensionalen in nulldimensionale Codes nicht nur neue Erkenntniskategorien (etwa Wahrscheinlichkeitsrechnung statt kausaler Erklärung oder Propositionskalkül statt Logik), sondern überhaupt neue Kategorien (vor allem Werte) mit sich bringt.

Dieser Exkurs in den »fotografischen Blick« wollte vor Augen führen, wie sich, nach Ausbruch des Punkt-Intervall-Denkens aus dem linearen die Lebensstimmung verändert. Wie anders wir da sind, wenn wir aus dem heraklitischen Fluss auftauchen, um in den demokritischen Regen zu treten. Zwar ist es selbstredend möglich, diese beiden Situationen aufeinander zu reduzieren: im Regen einen dünnen Fluss, im Fluss einen dichten Regen zu sehen. (Den Prozess als einen Partikelstrom, das Partikel als einen Prozessaspekt, die Reihe als Serie von Punkten, den Punkt als Element der Reihe). Aber damit ist der radikale Umbruch in der Stimmung nicht beseitigt worden: Sobald wir uns nicht mehr historisch (alphanumerisch), sondern komputatorisch (digital) befinden, gewinnt unser Leben eine neue Färbung. Es soll nun versucht werden, dies in den Griff zu bekommen.

Leute (zum Beispiel unsere Enkel) sitzen vor einer Computertastatur, drücken auf Taste nach Taste, Punkt nach Punkt erscheint auf einem Schirm, und es entstehen Bilder. Diese Bilder werden auf praktisch ewig in einem Gedächtnis gelagert, kön-

nen aber durch Kabel oder andere Mediation weitergesandt werden, um von anderen (Menschen oder künstlichen Intelligenzen) umgestaltet und, derart verändert, wieder rückgesandt werden. Wozu machen das diese Leute?
Hier die Antwort, die wahrscheinlich ein historisch, linear Denkender geben würde: Die Bilder, die diese Leute herstellen, sind Abbilder von Kalkulationen und können als Vorbilder zum Verändern der Welt dienen. Zum Beispiel machen diese Leute Bilder von Brückenkalkulationen, und Roboter können nach diesen Bildern tatsächliche Brücken bauen. Diese Leute sind an einem Dialog betreffs Weltveränderung beteiligt, und ihre Computer sind Instrumente, welche das Ausarbeiten immer neuer Modelle der Weltveränderung aufgrund eines sich immer neu herstellenden Konsensus gestatten. Was hier vor sich geht, kann so formuliert werden: Menschen wollen (müssen) die Welt verändern und damit sich selbst verändern. Zu diesem Zweck sind sie zuerst von der gegenständlichen Welt zurückgetreten, um sich davon ein Bild zu machen (der Fall des Ponys). Dann haben sie dieses Bild einer linearen Kritik unterzogen (der Fall der alphanumerischen Erklärung). Dann haben sie diese lineare Kritik kalkuliert (der Fall der numerischen Analyse). Und jetzt verfügen sie über eine neue Einbildungskraft, die ihnen erlaubt, bereits völlig durchkritisierte und durchanalysierte, nämlich synthetische Bilder zu projizieren. Dadurch haben die Leute das Ziel erreicht, wonach sie seit Beginn der Menschheit strebten: Der digitale Code ist die perfekte Methode, die Welt nach Herzenswunsch zu verändern (perfekt, Ponys zu jagen).
Das ist aber wahrscheinlich nicht die Antwort, die unsere Enkel auf diese Frage geben werden. Hinter der Tastatur, auf deren Tasten sie drücken, befindet sich ein Schwarm von Teilchen, und dieser Schwarm ist ein Feld von zu verwirklichenden Möglichkeiten. Dank jedem Tastendruck kann in das absurde Chaos dieses »1-O«-Zufalls eine Form hineingedrückt werden, es kann informiert werden. Die derart herausgeholte Information kann gespeichert und dialogisch uminformiert werden. Das alles geschieht mit großer Geschwindigkeit, sodass die Menge der erzeugten Informationen sehr groß ist, und einige darunter sind völlig unerwartet. Ein Abenteuer nach dem anderen taucht aus dem Chaos auf und erscheint im Schirm. Es geht also nicht nur um eine fortschreitende Verwirklichung von im Chaos beinhalteten Virtualitäten, sondern vor allem darum, von Überraschung zu Überraschung, von Abenteuer zu Abenteuer zu schreiten, und dies mit anderen. Es ist zwar wahr: Automatische Maschinen können einige der so geschaffenen neuen Informationen aus dem Gespräch hinausprojizieren und damit das Möglichkeitsfeld »Welt« verändern. Aber der schöpferische Taumel, der einen bei diesem reinen Spiel erfasst, ist nicht auf diese Applikabilität des Dialogs zurückzufüh-

ren. Er ist, im Gegenteil, ein Symptom dafür, dass sich der Spielende dabei selbst verwirklicht, und dies gemeinsam mit anderen. Unsere Enkel werden also wahrscheinlich sagen: Wir machen dies, weil wir uns dadurch intersubjektiv realisieren und somit unserem absurden Leben einen Sinn verleihen.

Die Absicht der hier unterbreiteten Überlegungen war nicht, irgendeiner telematischen, auf digitalen Codes beruhenden Utopie das Wort zu sprechen. Es ist nicht sehr wahrscheinlich, dass die sich in Krise befindende historische, okzidentale Kultur tatsächlich von so einer Utopie abgelöst wird, wenn einmal der alphanumerische Code seine Vorherrschaft verlieren sollte. Was hier beabsichtigt war, ist eine dem landläufigen Kulturpessimismus entgegenlaufende Sicht vorzuschlagen: Kein Zweifel, dass wir mit dem linearen Code, mit dem historischen, prozessualen, kritischen Denken vieles verlieren würden. Beinahe alles, womit wir uns identifizieren. Aber es kämen dann andere Fähigkeiten ins Spiel, die wir bisher nicht ausgewertet haben. Die Krise der Linearität, deren erste Phasen wir miterleben, ist daher vor allem eine Herausforderung an uns: Wir sollten die neu auftauchende Einbildungskraft mobilisieren, um die Krise in uns und um uns herum zu überwinden. In diesem Sinn, als Experiment mit einer neuen Einbildungskraft, will diese Überlegung aufgenommen werden.

VILEM FLUSSER
RUA SALVADOR MENDONÇA, 76
SÃO PAULO
BRASIL

Die Situation des zwanzigsten Jahrhunderts.

I. Politisch
1.) Westrom
2.) Byzanz
3.) ~~Sassaniden~~ Babel
4.) Indien
5.) Ostasien

II. Sozial (vom europaeischen Standpunkt, da der Rest erobert)
1.) ~~Roemer und Barbaren - Feudalismus~~ Sprache
2.) ~~Technik~~ Stände

III. Kunst
1.) Archaismus
2.) Figurative Kunst
3.) Naturalismus
4.) Ornamentalismus - abstrakte Kunst

1.) Technik 2
2.) Dienende Kunst
3.) Freie Kunst
4.) Herrschende Kunst

IV. Wissenschaft
1.) Magie
2.) Physische Kausalitaet
3.) Mathematische Kausalitaet, Mathematik
4.) Wahrscheinlichkeit, hoehere Mathematik
5.) Indeterminismus, Subjektivismus

1.) Magie
2.) Bild der Wissenschaft
3.) Rundblick
4.) Vedanta
5.) Resumé

V. Philosophie
1.) Objektivismus
2.) Sensualismus, primitiver Materialismus
3.) Skepsis
4.) Kritizismus
5.) Idealismus, aufgeklaerter Materialismus
6.) Logizismus, Grammatikalismus, Hedonismus, Aufloesung

1.) Biographie
2.) Tod
3.) Wahrheit

VI; Religion
1.) Magie, Objektivismus, (siehe Wissenschaft, Philosophie)
2.) Objektive Manifestation (Upanischaden, altes Judentum, Theophanie etc)
3.) Subjektive Manifestation (Christentum, Buddha, Tao, Plato etc.)
4.) Mystik (Vedanta, Christentum 2, Judentum 2, Persien)
5.) Skepsis (Zeno, Epikur, Buddha 2, Renaissance, Aufklaerung)
6.) Pantheismus (Spinoza, Marxismus, Positivismus)
7.) Methodische Auffassung (Vednanta 2, Katholizismus, Buddha 3)

VII. Resumé
1. Theoretisch (Metaphysik, Erkenntnistheorie)
2. Praktisch (Aestetik, Ethik, Prognostik)

Vilém Flussers Reiseschreibmaschine

»Die Absicht des linearen Schreibens ist, die Einbildung zu kritisieren.«

Die Geste des Fotografierens

Ohne Zweifel ist die Erfindung der Fotografie revolutionär zu nennen, denn sie ist eine Methode, welche auf einer zweidimensionalen Oberfläche Subjekte zu fixieren sucht, die in einem vierdimensionalen Zeit-Raum existieren. Diese Methode ist in dem Sinn revolutionär, dass sie den Subjekten – im Gegensatz zur Malerei – erlaubt, selber auf einer Oberfläche eingeprägt zu werden. Eine Fotografie ist eine Art »Fingerabdruck«, den das Subjekt auf einer Oberfläche hinterlässt, und nicht eine Darstellung wie in der Malerei. Das Subjekt ist die Ursache der Fotografie und die Bedeutung der Malerei. Die fotografische Revolution kehrt das traditionelle Verhältnis zwischen dem konkreten Phänomen und unserer Idee des Phänomens um. In der Malerei bilden wir laut dieser Tradition selbst eine »Idee«, um das Phänomen auf eine Oberfläche zu bannen. In der Fotografie dagegen erzeugt das Phänomen seine eigene Idee für uns auf einer Oberfläche. In der Tat, die Erfindung der Fotografie ist eine verspätete technische Lösung der theoretischen Auseinandersetzung zwischen dem rationalistischen und dem empiristischen Idealismus.

Die englischen Empiristen des 17. Jahrhunderts dachten, dass die Ideen sich uns in der Weise von Fotografien einprägen, während ihre rationalistischen Zeitgenossen meinten, dass die Ideen wie Gemälde von uns entworfen werden. Die Erfindung der Fotografie hat den Beweis erbracht, dass die Ideen im Sinn beider Denkrichtungen funktionieren. Sie ist zu spät gekommen, um noch eine Auswirkung auf die philosophische Diskussion haben zu können – in Anbetracht der Tatsache, dass man im 19. Jahrhundert die wechselseitige Implikation der in den beiden Richtungen tonangebenden Ansichten mehr oder weniger allgemein akzeptierte. Das ist ein Beispiel dafür, wie die Technologie der Theorie hinterherhinkt. Gleichwohl ist diese Erfindung revolutionär, sofern sie die Diskussion der Differenz zwischen einem »objektiven« und einem »ideologischen« Denken allein auf der Ebene der Technik gestattet. Die Fotografien gelten dabei als »objektive« und die Gemälde als »subjektive« oder »ideologische« Ideen, die wir im Verhältnis zu den uns umgebenden konkreten Phänomenen haben. Das ist ein Beispiel dafür, wie die Technologie die Theorie hervorbringt. Tatsächlich beginnen wir erst jetzt, mehr als hundert Jahre nach der Erfindung der Fotografie, uns der theoretischen Möglichkeiten zu vergewissern, die sich aus dem Vergleich zwischen Fotografie und Malerei ergeben.

Wenn wir die Tatsache anerkennen, dass Fotografien durch die Phänomene verursacht werden, wogegen Gemälde die Phänomene anzeigen (das heißt, sie bedeuten), können wir den Unterschied zwischen kausalen und semiologischen Erklärungen analysieren. Danach sind die Fotografien erklärt, wenn man die elektromagnetischen, chemischen und sonstigen Prozesse kennt, die ihre Ursachen sind, und die Gemälde sind »erklärt«, wenn man die in ihnen zum Ausdruck kommende »Intentionalität« durchschaut. Doch hat der vorliegende Essay nicht die Absicht, in die Diskussion dieses Problems einzutreten, trotz seiner Faszination. Der Grund dafür ist folgender: Sowohl die Fotografie als auch die Malerei gehen aus sehr komplexen und widersprüchlichen Bewegungen hervor. Es gibt im Akt des Malens objektive und im Akt des Fotografierens subjektive Phasen, und zwar in einem Ausmaß, dass die Unterscheidung zwischen Objektivität und Subjektivität mehr als problematisch wird. Wenn wir die Unterscheidung zwischen Malerei und Fotografie vornehmen wollen, und das müssen wir, wenn wir unser Verhältnis zur Welt verstehen wollen, müssen wir allererst die beiden Gesten untersuchen, die Fotografien und Gemälde hervorbringen.
Die Untersuchung der Geste des Fotografierens scheint ein vorbereitender Schritt zu sein, der für das Studium der Fotografie selbst und deren Vergleich mit der Malerei notwendig ist. Und genau das beabsichtigt der vorliegende Essay zu leisten.
Sobald wir jedoch die Gesten eines Fotografen zu beschreiben versuchen, um sie zu untersuchen, verblüfft uns eine seltsame Tatsache. Was wir tun, scheint ein Versuch, diese Gesten – wenngleich im metaphorischen Sinn – zu »fotografieren«. Eine Fotografie ist die zweidimensionale »Beschreibung« einer Geste, sofern wir unter »Beschreibung« die Übersetzung aus einem Kontext in einen anderen Kontext verstehen. Die Fotografie eines Pfeife rauchenden Mannes ist die Beschreibung seiner Geste des Rauchens durch die Übertragung der Geste aus vier in zwei Dimensionen. Ihre Elemente sind durch die Geste selbst (vereinfacht gesagt, durch das Licht, das die Körper ausstrahlen, die sich im Akt des Rauchens bewegen) »manipuliert«. Die mit der Maschine getippte Beschreibung eines Fotografen hingegen ist aus Elementen (den Lettern der Schreibmaschine) zusammengesetzt, die in keinerlei Kausalbeziehung zu der von ihnen beschriebenen Geste stehen. Deshalb irren wir uns, wenn wir uns zu dem Glauben verleiten lassen, dass wir beim Schreiben über das Subjekt der Geste des Fotografierens in gewisser Hinsicht, wenngleich nur in metaphorischem Sinn, eben dieses Subjekt fotografieren würden. Als Modell für unsere Beschreibung der Geste des Fotografierens muss die Fotografie also verworfen werden. Und das ist bemerkenswert;

denn es ist ein Beispiel dafür, wie die Werkzeuge unser Denken zu formen drohen. Zuerst erfinden wir die Fotografie als Werkzeug eines »objektiven« Sehens. Und danach versuchen wir die Fotografie selbst durch das fotografische Sehen hindurch zu betrachten. Die beklemmende Herrschaft, die das Werkzeug auf unser Denken ausübt, findet auf vielen Ebenen statt, und einige darunter sind weniger offensichtlich als andere. Wir dürfen den Werkzeugen nicht erlauben, im Sattel zu sitzen und uns zu reiten. Im vorliegenden Fall dürfen wir die Geste des Fotografierens nicht so zu betrachten versuchen, als ob wir sie fotografieren würden, sondern müssen sie so ins Auge fassen, als ob uns nichts an ihr bekannt wäre und wir sie ganz naiv zum ersten Mal sähen, wenn wir herausbekommen wollen, was dabei »wirklich« abläuft.

Obwohl das ganz einfach zu sein scheint, ist es doch ein schwieriges Unterfangen. Was wir vor uns haben, ist eine schlecht definierte Situation. Sagen wir, ein Salon. Ein Mann sitzt auf einem Stuhl und raucht eine Pfeife. Dann gibt es noch einen anderen Mann in dem Raum, der einen Apparat hält. Alle beide verhalten sich auf ungewöhnliche Weise, wenn wir unter »gewöhnlich« verstehen wollen: einem Salon angemessen. Der Pfeife rauchende Mann scheint sie nicht des Rauchens wegen zu rauchen, sondern aus einem anderen Grund. Obwohl es uns schwer fällt, Gründe dafür zu nennen, scheint uns doch, dass er das Rauchen »spielt«. Hingegen macht der Mann mit dem Apparat einen sehr eigenartigen Rundgang. Liegt die Beschreibung dieses Gangs in unserer Absicht, wird aus ihm für uns der Mittelpunkt der Szene und aus dem Raucher die Erklärung der Runde, die der Mann mitten auf der Bildfläche dreht. Das ist bemerkenswert, denn es zeigt, dass die Situation nicht so sehr durch die Beziehungen der sie bildenden Elemente, sondern durch die Absicht, die Intention des Forschers strukturiert wird. Es handelt sich also nicht um eine »objektive« Beschreibung, sofern wir damit eine vom Standpunkt des Forschers unabhängige Beschreibung meinen. Ganz im Gegenteil, die hier beschriebene Situation wird durch den Forscher »eingestellt«. Aber das Wort »eingestellt« ist natürlich ein fotografischer Begriff, der beweist, wie schwierig es ist, das fotografische Modell während der Beobachtung beiseite zu lassen. Das impliziert, dass Fotografien keine »objektiven« Beschreibungen sind. Versuchen wir dieses Bild im Gedächtnis zu behalten und das fotografische Modell von neuem zu vergessen.

Mittelpunkt der Situation ist der Mann mit dem Apparat, der sich jedoch bewegt. Es ist indes befremdend, von einem Mittelpunkt zu sagen, dass er sich im Verhältnis zu seiner Peripherie bewege. Wenn sich ein Mittelpunkt bewegt, tut er das relativ zum Beobachter, und die gesamte Situation bewegt sich dann mit. Wir müssen folglich einräumen, dass das, was wir sehen, wenn wir dem Mann mit seinem Apparat zuschauen, eine Bewegung der gesamten Situation ist, die auch den auf seinem Stuhl sitzenden Mann umfasst. Dieses Zugeständnis fällt schwer, da wir zu glauben gewohnt sind, dass jemand sich nicht bewegt, wenn er sitzt, und da wir gewohnt sind, das zu glauben, meinen wir, es zu sehen.

Tatsächlich sehen wir, dass, wenn wir unsere Aufmerksamkeit auf den Mann auf seinem Stuhl konzentrieren, die Situation zum Stillstand kommt, und in ihr bewegt sich der Mann mit dem Apparat; wenn wir unsere Aufmerksamkeit hingegen auf den Mann mit seinem Apparat konzentrieren, gerät die Situation in Bewegung, und der Mann auf seinem Stuhl ist innerhalb einer beweglichen Situation der unbewegliche Teil. Was unter anderem den Gedanken nahe legt, dass die kopernikanische Revolution das Resultat eines Wechsels des Standortes ist und nicht ein »wahreres« Sehen als das vom ptolemäischen System nahe gelegte. Mit anderen Worten, der Mann mit dem Apparat bewegt sich nicht, um den besten Standort zum Fotografieren einer feststehenden Situation zu finden (obwohl er denken mag, dass er das tut). In Wirklichkeit sucht er nach einem Standort, der am besten seiner Intention entspricht, eine bewegliche Situation zu fixieren.

Dennoch besteht folgendes Problem: Der Mann mit seinem Apparat befindet sich nur für uns, die wir ihn beobachten, im Mittelpunkt der Situation, jedoch nicht für sich selber. Er glaubt sich außerhalb der Situation, denn er beobachtet sie. Für ihn ist der Mann auf dem Stuhl Mittelpunkt der Situation, denn er steht im Zentrum seiner Aufmerksamkeit. Und auch wir, die wir uns in dem Raum befinden und den Mann mit dem Apparat beobachten, bilden für ihn einen Teil dieser Situation.

Das könnte uns zu dem Glauben verleiten, dass es sich um zwei unterschiedliche Situationen handelt. Eine Situation, in welcher der Mann mit seinem Apparat den Mittelpunkt bildet und wir ihn transzendieren, und eine andere Situation, in welcher der Mann auf seinem Stuhl den Mittelpunkt darstellt und in die wir einbezogen sind. Zwei unterschiedliche, aber einander durchdringende Situationen. In Wirklichkeit handelt es sich jedoch um eine einzige Situation. Wir können dies feststellen, weil wir die Möglichkeit haben, uns von unserer Beobachterrolle zu lösen und uns selber als einen Teil der Situation zu betrachten, und der Mann mit dem Apparat kann das ebenso. Wenn wir dessen Gesten beobachten, können wir in der Tat bemerken, dass bestimmte seiner Bewegungen gleichsam Griffe hinter sich selbst sind.

Diese Sicht auf uns selbst in einer Situation (dieses »reflexive« oder »kritische« Sehen) ist charakteristisch für unser In-der-Welt-Sein: Wir sind in der Welt und sehen es, wir »wissen« davon. Aber um es noch einmal zu sagen: Es gibt darin

nichts »Objektives«. Die Geste, mit der wir uns aus der Befangenheit in einer Rolle lösen und die genauso dem Mann mit dem Apparat offen steht, bleibt bezogen auf einen »Ort«, von dem aus wir angeben können, dass wir ein und dieselbe Situation zweifach erleben. Dieser »Ort« ist die Grundlage für einen Konsens, für das intersubjektive Erkennen. Wenn wir selber und der Mann mit dem Apparat uns auf dieser Grundlage begegnen, sehen wir die Situation nicht »besser«, wir sehen sie nur intersubjektiv und wir sehen uns intersubjektiv.
Der Mann mit dem Apparat ist ein Mensch, das heißt, dass er nicht einfach in der Situation steht, sondern ihr gleichfalls reflektiert gegenübersteht. Wir wissen, dass es sich um einen Menschen handelt, und das nicht nur, weil wir eine Form sehen, die wir als menschlichen Körper identifizieren. Wir wissen es ebenso und in noch bezeichnenderer Weise, weil wir Gesten sehen, die sehr klar eine auf den Mann auf dem Stuhl gerichtete Aufmerksamkeit, aber auch die reflexive Distanz von ihr »anzeigen«. Wir erkennen uns in diesen Gesten wieder, weil es unsere eigene Seinsweise in der Welt ist. Wir wissen, dass es sich um einen Menschen handelt, weil wir uns in ihm wiedererkennen. Unsere Identifizierung eines menschlichen Körpers ist ein sekundäres Element dieses unmittelbaren und konkreten Wiedererkennens. Wenn wir bloß dieser Identifizierung Vertrauen schenkten, könnten wir uns täuschen. Wir könnten ja eine kybernetische Maschine sehen, die menschliche Gesten simulieren würde. Aber unser Wiedererkennen in einer Geste kann nicht getäuscht werden. Nur deshalb, weil wir uns selber in ihr wiedererkennen, handelt es sich um eine menschliche Geste.
Weil der Mann mit dem Apparat ein Mensch ist und niemand existiert, den man einen »naiven Menschen« nennen könnte (das ist ein Widerspruch in sich), kann es folglich keine »naive Fotografie« geben. Der Mann mit seinem Apparat weiß, was er macht, und wir können es wahrnehmen, wenn wir seine Gesten beobachten. Das ist der Grund dafür, weshalb es notwendig ist, seine Gesten in philosophischen (reflexiven) Begriffen zu beschreiben. Jede andere Beschreibungsweise wäre unbeholfen, da sie die reflexive und selbstbewusste Essenz der Geste nicht erfassen würde. Das gilt für jede menschliche Geste, aber es trifft insbesondere auf die Geste des Fotografen zu. Die Geste des Fotografen ist eine philosophische Geste, oder anders gesagt: Seitdem die Fotografie erfunden wurde, ist es möglich geworden, nicht bloß im Medium der Wörter, sondern auch der Fotografien zu philosophieren. Der Grund dafür ist, dass die Geste des Fotografierens eine Geste des Sehens, also dessen ist, was die antiken Denker »theoria« nannten, und dass daraus ein Bild hervorgeht, das von diesen Denkern »idea« genannt wurde. Im Gegensatz zur Mehrzahl der anderen Gesten ist die Geste des Fotografierens

nicht direkt darauf aus, die Welt zu verändern oder mit den anderen zu kommunizieren, sondern zielt darauf ab, etwas zu betrachten und das Sehen zu fixieren, es »formal« zu machen. Das viel zitierte marxistische Argument, wonach die Philosophen sich darauf beschränken, die Welt zu erklären (soll heißen, sie zu betrachten und darüber zu plaudern), wogegen es darauf ankomme, sie zu verändern – dieses Argument ist nicht sehr überzeugend, wenn es auf die Geste des Fotografierens angewendet wird. Die Fotografie ist das Ergebnis eines Blicks auf die Welt, und gleichzeitig eine Veränderung der Welt, eine neuartige Sache. Dasselbe gilt für die traditionelle Philosophie, obwohl die Ideen, die sich aus ihr ergeben, nicht ebenso greifbar wie Fotografien sind. Die Greifbarkeit der Fotografie ist unzweifelhaft ein Moment, das sie den Ergebnissen der traditionellen Methoden in der Philosophie überlegen macht.

Was der Mann mit dem Apparat anstellt, ist eine so komplexe Geste, dass sie wahrscheinlich eine exakte Zerlegung in einzelne Phasen verbietet. Dies ist auch gar nicht meine Absicht, denn für meine Zwecke genügt es zu sagen, dass man dabei drei Aspekte unterscheiden, aber nicht voneinander trennen kann. Ein erster Aspekt ist die Suche nach einem Standort, nach einer Position, von der aus die Situation zu betrachten ist. Einen zweiten Aspekt bildet die Manipulation der Situation, um sie dem gewählten Standort anzupassen. Der dritte Aspekt betrifft die kritische Distanz, die den Erfolg oder das Scheitern dieser Anpassung zu sehen gestattet. Ganz offensichtlich gibt es einen vierten Aspekt: die Betätigung des Auslösers. Aber dieser Vorgang steht in gewisser Hinsicht außerhalb der wirklichen Geste, denn er ergibt sich mechanisch. Weiterhin gibt es noch die komplexen elektromagnetischen, chemischen und mechanischen Techniken im Inneren des Apparats und das gesamte Verfahren des Entwickelns, des Vergrößerns, des Retuschierens, die allesamt in einem Bild kulminieren. Aber obwohl diese Techniken einen entscheidenden Einfluss auf das Ergebnis der Geste haben und ihre Analyse faszinierend ist, befinden sie sich außerhalb der Situation, die wir gegenwärtig beobachten. Wir beabsichtigen nicht, Fotografien zu analysieren, wofür eine Analyse jener Techniken unerlässlich wäre, sondern uns liegt an der Betrachtung der Geste des Fotografierens, so wie wir sie im Salon beobachten können.

Die drei erwähnten Aspekte der Geste sind nicht in derselben Weise offensichtlich und haben innerhalb der Geste nicht dieselbe Bedeutung. Der erste Aspekt der Geste, die Suche nach einem Standort, ist der auffälligste, und es könnte der Eindruck entstehen, dass die beiden anderen ihm untergeordnet wären. Doch bringt eine aufmerksame Prüfung an den Tag, dass der zweite Aspekt, die Manipulation der Situation, deren Betrachtung beabsichtigt ist, sie noch stärker als Geste kennzeichnet. Obwohl er nicht so offensichtlich wie der erste Aspekt ist und obwohl es vom Fotografen nicht so leicht zugegeben wird, steuert gerade die Manipulation die Suche nach dem Standort. Was den dritten, den selbstkritischen Aspekt betrifft, so kann er dem Beobachter nicht als entscheidend erscheinen, und doch wird eben dieser Aspekt das Kriterium an die Hand geben, um die »Qualität des Bildes« zu beurteilen.

Was soeben über die Geste des Fotografierens gesagt wurde, kann mit einigen Abwandlungen gleichermaßen über die Geste des Philosophierens gesagt werden. Wenn wir diese Geste untersuchen, werden wir vermutlich dieselben drei Aspekte entdecken, die in ähnlicher Weise aufeinander bezogen sein werden. Womit gesagt sein soll, dass Fotografieren eine Geste ist, die philosophische Einstellungen in einen neuen Kontext übersetzt. In der Philosophie wie in der Fotografie ist die Suche nach einem Standort der offensichtliche Aspekt. Die Manipulation der zu belichtenden Szene wird nicht immer leichthin zugestanden, aber gleichwohl charakterisiert sie die verschiedenen Bewegungen in der Philosophie, und der selbstkritische Aspekt ist derjenige, der uns zu beurteilen erlaubt, ob die Manipulation gelungen ist oder nicht. Der Eindruck, dass die Geste des Fotografierens eine philosophische Entwicklung im Rahmen des Industriezeitalters ist, verstärkt sich noch, wenn wir diese drei Aspekte möglichst präzise beobachten.

Die Suche nach einem Standort fällt an den Körperbewegungen des Fotografen auf. Doch wenn man sein Hantieren mit dem Apparat beobachtet, tritt eine weniger offensichtliche Dimension hervor. Der Standort, den der Fotograf sucht, ist ein Punkt innerhalb des Zeit-Raums. Der Fotograf stellt sich die Frage, von wo aus und für wie lange er das Bildmotiv belichten muss, das er gerade auf eine Oberfläche zu bannen versucht. Den Mittelpunkt des Motivs bildet in unserem Beispiel ein Mann, der Pfeife rauchend in einem Salon auf einem Stuhl sitzt. Dieser Satz ist selber eine Beschreibung der Situation, so wie sie von einem bestimmten Standort aus gesehen wird, nämlich dem eines Beobachters, der von irgendeinem metaphysischen Kran über den Salon gehievt und aus der Zeit, in der das Ereignis stattfindet, herausgehoben wurde. Die Gesten des Fotografen zeigen, dass er nicht glaubt, ein solcher Standort sei erreichbar, und selbst wenn er es wäre, dann nur durch eine geheimnisvolle Evidenz, die ihm vor allen anderen Standorten den Vorzug gäbe. Tatsächlich zeigen diese Gesten, dass er den besten Standort hinsichtlich jener Situation nicht kennt und meint, jede Situation erlaube mancherlei Standorte und deren »Qualität« hänge sowohl von der Situation selbst als auch von der Absicht des Beobachters ab. Konkret muss, wenn ich genau den Augenblick auf der Fotografie festhalten will, da der Rauch aus der Pfeife steigt, ein ausgezeichneter Blickwinkel existieren, der mir durch die »Gestalt« der Pfeife aufgedrängt wird. Wenn ich dagegen auf der Fotografie den Ausdruck des Genießens festhalten will, wie ihn der Geschmack des Tabaks auf dem Gesicht des Rauchers auslöst, muss es einen vom ersten verschiedenen, vorzüglichen Blickwinkel geben, der aber gleichermaßen von der »Gestalt« der Situation aufgenötigt wird. Der Fotograf muss demnach ein Ziel haben, um die Situation wahrzunehmen, ehe er einen guten Standort suchen kann. Allerdings zeigt die Beobachtung seiner Gesten, dass diese Ansicht theoretisch ist in Anbetracht dessen, dass er im Verlauf seiner Suche sein Ziel in jedem Moment ändern kann. Er wollte den aus der Pfeife steigenden Rauch fotografieren und wurde, während er nach einem passenden Blickwinkel dafür suchte, durch den Ausdruck auf dem Gesicht des Rauchers überrascht. In der Tat spielt sich hier eine doppelte Dialektik ab: zum einen zwischen Ziel und Situation und zum anderen zwischen den unterschiedlichen Gesichtspunkten auf die Situation. Die Gesten des Fotografen zeigen die Spannung dieser beiden intervenierenden Dialektiken. Mit anderen Worten: Die Geste des Fotografierens, die eine Bewegung der Positionssuche ist und eine innere wie äußere Spannung enthüllt, welche die Suche vorantreibt – diese Geste ist die Bewegung des Zweifels. Die Geste des Fotografen unter diesem Aspekt zu beobachten, heißt der Entfaltung des methodischen Zweifels zuzusehen. Und dieser ist die philosophische Geste par excellence.

Die Bewegung setzt sich in dem fort, was wir für gewöhnlich die vier Dimensionen des Zeit-Raumes nennen. In einer ersten Dimension nähert sich der Fotograf der Situation und entfernt sich von ihr. In einer zweiten Dimension betrachtet der Fotograf die Situation unter verschiedenen horizontalen und in einer dritten unter verschiedenen vertikalen Blickwinkeln. In einer vierten Dimension schließlich manipuliert der Fotograf seinen Apparat, um die Situation mit unterschiedlichen Längen der »Belichtung« zu erfassen. Die vier Dimensionen überlagern sich auf sehr komplexe Weise, und die Zeitdimension hat einen sich von den anderen abhebenden Charakter, da sie die Bedienung des Apparats miteinschließt.

Die vier Dimensionen überschneiden sich, die Suche des Fotografen scheint eine verschwimmende, schwer zu fassende Bewegung innerhalb des Zeit-Raumes zu sein. Dennoch kann eine detailliertere Beobachtung aufweisen, dass es in diesem Zeit-Raum so etwas wie Barrieren gibt, über die der Fotograf während seiner Suche springen muss, als ob der Zeit-Raum situativ in einzelne Felder eingeteilt wäre. Eines von ihnen für die Vogel-, ein anderes für die Froschperspektive, ein Feld, um aus dem Augenwinkel zu schauen, ein weiteres, um ganz archaisch mit weit aufgerissenen Augen den Blick auf etwas zu richten. Es hat den Anschein, dass es kein stufenloses Gleiten zwischen der Nah- und der Panoramaaufnahme gibt, sondern nur einen Übergang vom einen ins andere der voneinander unterschiedenen Felder. Das trennt die fotografische Geste vollständig von der kinematografischen; die Kamera »fährt« nicht. Diese Geste ist aus einer Serie von Sprüngen über unsichtbare Hindernisse und aus Entscheidungen zusammengesetzt. Die Suche des Fotografen ist eine Serie abrupter Entscheidungsvorgänge. Der Fotograf durchzieht den Zeit-Raum, der aus unterschiedlichen Bereichen des Sehens, aus unterschiedlichen »Weltanschauungen« also, und aus Hindernissen besteht, die diese Sehfelder trennen. Der Quantencharakter der Geste des Fotografierens (die Tatsache, dass es sich dabei um eine »clara et distincta perceptio« handelt) macht ihre Struktur als eine philosophischen Geste aus, wogegen die Geste des Filmens diese Struktur auflöst. Der Grund für diese Differenz ist offensichtlich technischer Natur: Der Fotograf schaut – ebenso wie der Philosoph – durch einen »kategorialen« Apparat und verfolgt damit das Ziel, die Welt als eine Serie distinkter Bilder (bestimmbarer Begriffe) zu erfassen. Der Filmemacher schaut durch einen »prozessualen« Apparat, mit dem Ziel, die Welt als einen Strom ununterscheidbarer Bilder (unbestimmbarer Begriffe) einzufangen. Diese »technische« Differenz zwischen den beiden Apparaten ist für die Differenz in der Strukturierung der beiden Gesten verantwortlich. Die Aussage, dass der Fotoapparat eine Erweiterung und Verbesserung des menschlichen Auges sei, ist also nur eine Redensart. In der fotografischen Geste wird der menschliche Körper derart mit dem Apparat zusammengeschweißt, dass es nahezu sinnlos ist, einem von beiden eine besondere Funktion zuweisen zu wollen. Wenn man das Instrument als einen Körper bestimmt, der in Abhängigkeit von einem menschlichen Körper bewegt wird (wenn man sagt, dass innerhalb der Beziehung »Mensch/Werkzeug« der menschliche Körper konstant und das Werkzeug variabel sei), dann ist es nahezu sinnlos, den Apparat als das Werkzeug des Fotografen zu bestimmen. Genauso adäquat wäre die Behauptung, dass der Körper des Fotografen bei der Suche nach einem Standort das Werkzeug des Fotoapparats sei. Die Beobachtung der Geste des Fotografierens erlaubt, die Umkehrbarkeit dieser Beziehung in einem spezifisch para-industriellen Kontext konkret zu sehen. In der Automobilindustrie impliziert der Umstand, dass der Arbeiter eine Funktion der Maschine wird, tatsächlich den Verlust seiner selbst (seiner Würde als eines freien Wesens), kurz Selbstentfremdung. Bei der Geste des Fotografierens dagegen impliziert der Umstand, dass der Fotograf sich dem Apparat anpassen, beispielsweise seinen Standort je nach der Skala des »Timing« seines Apparats bestimmen muss, gerade keine Selbstentfremdung, im Gegenteil, der Fotograf ist frei, und das nicht trotz, sondern wegen der zeitlichen Determination des Apparats.

Wenn man sich darauf einlässt, die Gesamtheit an Werkzeugen »Kultur« zu nennen, muss man zugeben, dass sich die Geste eines Arbeiters in einer Fabrik in einem anderen Kontext abspielt als die eines Fotografen. Was die sozialistischen Revolutionen als Ziel anstreben müssten, wäre also die Beseitigung aller Gesten vom Typus des Arbeiters aus unserem kulturellen Umfeld. Es besteht kein Zweifel, dass der bisher untersuchte Aspekt der fotografischen Geste, die Suche nach einem Standort, eine äußerst gründliche Beobachtung erfordern würde, um völlig erfasst zu werden. Für den Zweck des vorliegenden Essays genügt es zu sagen, dass es sich um eine Serie von theoretischen Entscheidungen handelt, die auf die Prüfung der Situation bezogen sind, dass sie folglich die konkrete Bewegung des methodischen Zweifels ist, und dass ihre Struktur sowohl durch die betrachtete Situation als auch durch den Apparat wie durch den Fotografen in einer Weise bestimmt wird, die jede Isolierung eines einzelnen der genannten Faktoren verbietet. Gleichwohl handelt es sich um eine Bewegung der Freiheit, denn die Geste ist eine Serie von Entscheidungen, die nicht trotz, sondern wegen der bestimmenden Kräfte getroffen werden, die dabei im Spiel sind.

Um den zweiten Aspekt – den der Manipulation – zu betrachten, müssen wir alle objektive Erkenntnis vergessen, die wir über den Akt des Fotografierens besitzen. Diese Erkenntnis besagt, dass es im Salon Objekte gibt, darunter auch einen Mann, der auf einem Stuhl sitzt und Pfeife raucht. Diese Objekte seien »Phänomene« in dem Sinn, dass sie im Experiment optisch bewiesen werden können, denn sie reflektieren die auf sie einfallenden Lichtstrahlen. Was der Mann mit dem Apparat anstelle, sei der Versuch, diese Strahlen einzufangen, um auf einem empfindlichen Filmmaterial spezifische chemische Änderungen hervorzurufen. Eine derartige objektive Beschreibung, die man »wissenschaftliche Beobachtung« nennen kann, reduziert die Geste des Fotografierens auf eine Operation im Labor. Sie ist zu vergessen, nicht weil sie »falsch« wäre, sondern weil sie nicht das erfasst, was wir von der Geste sehen.

Der Mann mit dem Apparat ist nicht auf der Jagd nach reflektierten Lichtern, sondern er wählt unter einem ihm verfügbaren Parameter spezifische Lichtstrahlen aus. Und er wählt sie nicht passiv wie ein Filter aus (obwohl man sogar bezweifeln kann, dass ein Filter passiv ist). Er greift aktiv in den optischen Prozess ein. Bestimmte Bündel von Strahlen schließt er aus, zum Beispiel, indem er die Vorhänge ein wenig zuzieht. Er dreht seine Objekte so ins Licht, dass sie bestimmte Strahlen und keine anderen reflektieren (er sagt zum Beispiel: »Lachen!«). Er führt seine eigenen Lichtquellen ein (zum Beispiel Blitzlichter). Er taucht die Situation in die Farben seiner Wahl. Er manipuliert den Apparat mit Spezialfiltern. Er wählt ein Filmmaterial, das geeignet ist, bestimmte Lichtstrahlen einzufangen und andere abzuwehren. Das Bild, das aus dieser Operation hervorgeht, wird nicht die Wirkung von Strahlen sein, wie sie durch die Objekte reflektiert worden wären, wenn der Fotograf nicht da gewesen wäre. Dennoch wird es die Wirkung von Strahlen, die von den Objekten reflektiert worden sind, und in diesem Sinne objektiv sein. Man kann sich fragen, ob das nicht der einzige wirkliche Sinn des Begriffs »objektiv« ist. Denn alles in allem ist das, was sich während der Operationen im Labor (während der wissenschaftlichen Beobachtung) abspielt, nicht sehr verschieden von dem, was bei der Geste des Fotografierens geschieht, und in diesem Sinne zweifeln wir nicht an der Objektivität der Fotografie. Wir zweifeln an einem bestimmten Sinn des Begriffs Objektivität in der Wissenschaft. Natürlich ist das Problem in der Fotografie komplexer als in der Wissenschaft (außer vielleicht in der Anthropologie), besonders wenn es sich darum handelt, Personen zu fotografieren. Das Objekt reagiert auf die Manipulation, denn es ist kein wirkliches Objekt, sondern jemand, der mit dem Fotografen dieselbe Situation teilt. Zwischen dem Fotografen und seinem Bildmotiv etabliert sich ein komplexes Gewebe aus Aktion und Reaktion (aus Dialog), obwohl die Initiative natürlich aufseiten des Fotografen liegt und der fotografierte Mensch der geduldig (oder auch ungeduldig) Wartende ist. Auf seiner Seite führt dieser zweifelhafte Dialog zu jener Mischung aus Befangenheit und Exhibitionismus (dem Produkt des Umstands, der Mittelpunkt einer objektivierenden Aufmerksamkeit zu sein), die eine »aufgesetzte Haltung« zur Folge hat (der Wartende erschwindelt das Motiv). Das führt aufseiten des handelnden Fotografen zu jener seltsamen Empfindung, zugleich Zeuge, Ankläger, Verteidiger und Richter zu sein, einer Empfindung des schlechten Gewissens, die sich in seinen Gesten widerspiegelt. Deshalb versucht er, sein Motiv in einem unbewachten Moment zu überraschen, um es in ein Objekt zu verwandeln. In Anbetracht dessen, dass Fotografieren ein Scheindialog ist, erschwindelt auch er das Motiv. Die Geste des Fotografierens ist eine Kunstform.

Doch die Tatsache, dass der Fotograf die Situation manipuliert und das Motiv erschwindelt, bedeutet nicht, dass die Fotografie kein objektives Bild ergeben würde. Es heißt noch weniger, dass er ein objektiveres Bild erhalten würde, wenn er auf Manipulation verzichtet hätte. Und auch nicht, dass die Reaktion des »Motivs« auf seine Manipulation durch den Fotografen irgendwelchen Einfluss auf die Objektivität der Fotografie hätte. Es bedeutet im Gegenteil, dass eine Situation zu beobachten heißt, sie zu manipulieren, oder anders gesagt, die Beobachtung verändert das beobachtete Phänomen.

Gleichermaßen gilt, dass eine Situation zu beobachten heißt, eben dadurch verändert zu werden, die Beobachtung verändert den Beobachter. Wer die Geste des Fotografen betrachtet, braucht weder Heisenbergs Unbestimmtheits-Theorem noch die psychoanalytischen Theorien zu kennen, er sieht das konkret. Der Fotograf kann nicht anders, als die Situation zu manipulieren, seine bloße Anwesenheit ist eine Manipulation. Und er kann nicht vermeiden, durch die Situation modifiziert zu werden, die bloße Tatsache, sich darin zu befinden, hat ihn verändert. Die Objektivität eines Bildes (einer Idee) kann gar nichts anderes als das Ergebnis der Manipulation (der Beobachtung) irgendeiner Situation sein. Jede Idee ist insofern falsch, als sie das von ihr Erfasste manipuliert, und in diesem Sinn ist sie »Kunst«, das heißt Fiktion. Dennoch gibt es in einem anderen Sinn wahre Ideen, nämlich dann, wenn sie das von ihnen Betrachtete wirklich erfassen. Das wollte Nietzsche vielleicht sagen, als er behauptete, dass die Kunst besser sei als die Wahrheit.

Der Fotograf kann nicht umhin, die Situation zu manipulieren, denn seine Suche ist eng mit dieser Manipulation verbunden. Suche und Manipulation sind zwei Aspekte ein und derselben Geste. Aber der Fotograf wird das nicht immer sofort zugeben. Er wird sagen, dass einige seiner Fotografien Situationen wiedergeben, die weder manipuliert noch überhaupt manipulierbar sind, zum Beispiel Landschaften. Er wird zugestehen, dass Porträtfotos immer das Resultat einer Manipulation sind, weil das fotografierte Subjekt die Gegenwart des Fotografen spürt und darauf reagiert (zumindest so, dass es überrascht wurde, weil es zuvor nichts von dieser Gegenwart wusste). Er wird aber behaupten, dass Landschaften die Anwesenheit des Fotografen nicht bemerken. Dennoch irrt er sich. Als Beispiel können hier die Fotografien im Bereich der archäologischen Forschung angeführt werden. Ganz offensichtlich bedeutet es eine klare und eindeutige Manipulation, wenn man Infrarotstrahlen benutzt, um die Formen einer archäologischen Schicht hervortreten zu lassen. Dennoch ist es eine Tatsache, dass bei Sonnenuntergang aufgenommene Fotografien Formen enthüllen, die im Licht des Mittags nicht wahrnehmbar sind, und das scheint keine Manipulation zu sein. Mittag und Sonnenuntergang scheinen Bestandteile einer gegebenen Situation zu sein. Aber die Wahl, dem Sonnenuntergang vor dem Mittagslicht den Vorzug zu geben, stellt eine Manipulation des Faktums der Landschaft dar, da ja die Landschaft durch diese Wahl einer Absicht dient. Jede Fotografie ist ein Porträt in dem Sinn, dass jede Situation »sich dessen bewusst« zeigt, fotografiert zu werden. Auch unter diesem Gesichtspunkt gleicht das Fotografieren dem Philosophieren; man kann keinen Standort wählen, ohne die Situation zu manipulieren, auch wenn einige Philosophen das nicht zugeben wollen.

Der dritte Aspekt der Geste, derjenige der Selbstkritik, steht in Zusammenhang mit dem, was man in der Philosophie »Reflexion« nennt. Das ist offenkundig ein der Optik entlehnter und dadurch selbst eng mit der Fotografie verknüpfter Begriff. Die Kamera besitzt einen Spiegel, und wenn ihn der Fotograf betrachtet, so sieht er, wie das Bild sein könnte. Er sieht die möglichen Bilder und wählt bei diesem futurologischen Sehen unter den verfügbaren Bildern das seine aus. Er verwirft alle sonst möglichen Bilder außer einem und verbannt infolgedessen alle anderen möglichen Bilder, außer diesem einen, in den Bereich der verlorenen Virtualitäten. Auf diese Weise erlaubt uns die Geste des Fotografierens, konkret zu sehen, wie die Wahl als Projektion in die Zukunft funktioniert. Diese Geste ist ein Beispiel für die Dynamik der Freiheit. Denn sie zeigt, dass die Kritik (die Anwendung von Maßstäben auf Möglichkeiten) diese Dynamik der Freiheit verkörpert.

Doch ist es nur eine der Bedeutungen des Begriffs »Reflexion«, ein Spiegel zur Beurteilung der Möglichkeiten der Zukunft zu sein. In einer anderen Bedeutung ist die »Reflexion« ein Spiegel, um uns selbst zu sehen, wenn wir unsere Entscheidungen treffen. Ich weiß nicht, ob es Kameras mit solchen Spiegeln gibt, aber es wäre einfach, sie zu konstruieren. Denn einige der Bewegungen des Fotografen vermitteln den Eindruck, als ob er sich in einem derartigen Spiegel betrachten würde. Dank dieses Spiegels (sei er nun materiell oder immateriell) sieht er sich beim Fotografieren. So bezieht er sich selbst mit in die Situation ein.

Die Geste des Fotografierens zeigt konkret, um welche Art des Sehens es sich dabei handelt. Es ist nicht mit jener Ansicht zu verwechseln, wie sie die Verwendung eines Selbstauslösers wiedergibt. Die Geste des Fotografierens zeigt den Fotografen nicht als passives Objekt (wie es die anthropologischen Wissenschaften tun). Sie spiegelt das aktive Subjekt (wie es das Ziel einiger Philosophien ist). Solche Spiegel müssen – sofern sie existieren – die Kontrolle nicht nur über den Fotografen, sondern auch über die Geste des Fotografierens selbst gestatten. Die Selbstbeherrschung ist eine andere Form der Freiheit.

In der abendländischen Tradition und speziell seit Kant werden wir (und das mit gutem Grund) vor einer Reflexion als reiner Spekulation gewarnt. Denn der Spiegel, von dem ich spreche, erlaubt in endloser Aufeinanderfolge die Konstruktion anderer Spiegel, die sich ineinander reflektieren und daher einen unergründlichen Abgrund auftun. Dieser Abgrund kann eine selbstmörderische Anziehungskraft ausüben, doch würde die Geste des Fotografierens dadurch nicht kontrollierbarer. Die Geste verliert ihre Bedeutung, indem sie sich im Abgrund verliert. Im Gegen-

satz zu anderen Kulturen und aus Gründen, die unter anderem mit der Art und Weise zu tun haben, wie wir unsere Spiegel aufstellen, sind wir Abendländer am Fotografieren interessiert. Darum ist unser Problem nicht die fortdauernde Reflexion, sondern die Entscheidung, an welchem Punkt wir unsere Reflexion anhalten müssen, um zur Handlung überzugehen. Obwohl wir den Abgrund (das »Nichts«) kennen, wollen wir ihn nicht für sich selbst betrachten, sondern um besser fotografieren zu können. Für uns ist die Reflexion eine Strategie und keine Selbstpreisgabe. Der Moment, da der Fotograf aufhört, in den reflektierenden Spiegel (sei es real oder imaginär) zu schauen, ist der Moment, der sein Bild charakterisieren wird. Wenn er zu früh aufhört, wird das Bild oberflächlich sein. Hört er zu spät auf, wird das Bild verworren und ohne Interesse sein. Es wird durchdringend und enthüllend sein, wenn der Fotograf einen guten Moment gewählt hat, um seine Reflexion über sich selbst abzubrechen. Deshalb bildet die Reflexion einen Bestandteil der Suche des Fotografen und seiner Manipulation, sie ist die Suche nach ihm selbst und eine Manipulation seiner selbst. Tatsächlich gehört die Suche eines Standorts zur Suche nach sich selbst und die Manipulation der Situation zur Manipulation seiner selbst. Und umgekehrt. Was aber für die Fotografie gilt, gilt auch für die Philosophie und ganz einfach für das Leben. In der Fotografie jedoch wird das konkret deutlich: Wir können es sehen, indem wir die Geste beobachten.
Diese Überlegungen sind keine ausgeführte phänomenologische Beschreibung der Geste des Fotografierens, sie legen lediglich den Gedanken nahe, dass eine derartige Beschreibung nützlich sein könnte. Aber sie genügen zumindest, um in einem spezifischen Kontext bestimmte Fragen zu stellen. Beispielsweise die, worin die ontologische und epistemologische Differenz zwischen Fotografieren und Malen besteht. Welche Wirkung – wenn es eine gibt – hat die Erfindung der Fotografie auf die Malerei gehabt, und welchen Einfluss wird sie in der unmittelbaren Zukunft haben? Welche Wirkung – wenn es eine gibt – hat die Erfindung der Fotografie auf die Philosophie gehabt, und ist die »Hyperrealismus« genannte Bewegung eine künstlerische oder eine philosophische? Kann man in der Tat nicht sagen, dass dank der Fotografie (aber nicht nur ihretwegen) die Unterscheidung zwischen Kunst und Philosophie durcheinander geraten ist? Welche Auswirkung hat die Erfindung der Fotografie auf das wissenschaftliche Denken (und nicht nur auf die wissenschaftliche Methode) gehabt? Welcher Art ist der Zusammenhang der Fotografie mit neueren und verwandten Methoden des Sehens (wie Diapositiven, Filmen, Videostreifen und Hologrammen)? Kurz und gut, die hier vorgelegten Betrachtungen reichen aus, um Fragen hinsichtlich der Fotografie formulieren zu können, die das Herz des Problems erreichen: die Fotografie als eine Geste des Schauens, der »theoria«.

Die Geste des Filmens

Die Herausforderung, nach der fotografischen die filmische Geste zu untersuchen, stellt ein methodologisches Problem: Ich habe weit öfter Gelegenheit, Fotografen als Filmer zu beobachten, und kann selbst im Notfall fotografieren, hatte aber eine Filmkamera kaum je selbst in Händen. Andererseits habe ich Filme viel intensiver als Fotografien betrachtet, habe mich mit einzelnen Filmen intellektuell auseinander gesetzt und glaube, im Film das gegenwärtige Kunstmedium par excellence sehen zu müssen. Da meine Lage eines fotografierenden Amateurs und filmischen kritischen Rezipienten für viele Menschen gilt, gebe ich in diesem Fall ausnahmsweise die Methode auf, mich in den Gestikulierenden zu versetzen, um seine Geste zu erfassen. Ich werde im Gegenteil versuchen, aus der Betrachtung der Rezeption die Geste des Filmens herauszuschälen.

Es ist banal, im Kino die archetypische Gebärmutter zu sehen, jene fensterlose Höhle, die zugleich Geburt und Tod bedeutet. Wenngleich die auffallende Ähnlichkeit zwischen dem Kino und Platos Höhle mit den bewegten Schatten an der Wand so stark ist, dass man unfähig ist, Platos Mythos zu lesen, ohne an Filme zu denken. Trotz der Banalität des Archetypisierens also gibt die Tatsache, dass Plato der erste Filmkritiker war, zu denken.

Weniger banal, doch ebenso bedeutend ist der Vergleich zwischen Supermärkten und Kinos. Beides sind Basiliken vom Typ des Pantheons in Rom, und sie gehen auf die zweifache Funktion der Basilika als Markthalle (Supermarkt) einerseits und Kirche (Kino) andererseits zurück. Die Markthalle hat einen weiten offenen Eingang und einen schmalen schwierigen Ausgang, ist also eine Falle, wohingegen das Kino einen schmalen Eingang hat, vor dem sich Schlangen bilden, während sich sein Ausgang periodisch sperrangelweit öffnet. Ein anderer Unterschied ist der pseudo-platzartige Charakter des Supermarktes und der pseudo-theatralische des Kinos. Der Supermarkt ist kein Marktplatz, weil die Muße zum Dialogisieren fehlt, und das Kino ist kein Theater, weil die Szene zweidimensional ist und kein Feed-back zwischen Drama und Zuschauer gestattet. Und doch ist die Tatsache, dass man Filme in Basiliken zeigt, also in kirchenähnlichen falschen Theatern, die neben falschen Marktplätzen stehen und bei denen man ein Opfer bringen muss, um hineinzukommen, aus denen man aber periodisch ausgespieen wird, für die Rezeption des Films sehr wichtig.

Man sitzt also in dunkler Höhle auf kartesischen, das heißt geometrisch angeordneten und arithmetisch nummerierten Stühlen und betrachtet riesige Schatten, die sich auf leuchtender Höhlenwand laut sprechend und großsprecherisch bewegen. Hoch über den Köpfen und weit hinten im Rücken befindet sich eine Maschine, welche diese Schattengötter an die leuchtende Wand wirft. Man weiß von dieser Laterna magica, weil sie manchmal nicht funktioniert, weil man sie in Miniaturausgabe von Diapositiven her kennt und weil man selbstredend über die Filmtechnik informiert ist. Trotzdem dreht man aber nie den Kopf nach hinten, um sich, wie der Gefesselte bei Plato, zur Wahrheit zu wenden. Man ist vom Kinoprogramm und von den übrigen Programmen, welche die Massenkultur ausmachen, dazu programmiert, die scheinhaften Götter an der Wand für wahrscheinlich zu nehmen. Die Tatsache, dass der Film die Kunstform der Gegenwart ist, ist also nicht nur aus ihm selbst zu erklären, sondern unsere ganze Kultur programmiert uns dazu, ihn als Schein des Wahren zu akzeptieren.

Es genügt nicht zu sagen, dass auf der Leinwand Schatten von Szenen zu sehen sind, wie im malayischen Schattentheater, sondern die vierdimensionale Szene wird auf der Leinwand visuell auf drei Dimensionen (die beiden der Oberfläche und die dritte des Filmabspulens) reduziert, während die Lautsprecher die auditiven Dimensionen inszenieren. Dass man im Kino in Ton gebadet wird, während man dem Bild gegenübersitzt, ist eine Tatsache, die vom Schlagwort »audiovisuell« verbogen wird. Aber nicht dies ist das Entscheidende und radikal Neue, nämlich »Techno-Imaginäre«, am Film, sondern die Tatsache, dass die Zeitdimension der dargestellten Szene durch das Abspulen des Bandes dargestellt wird. Erst das lässt auf das Wesentliche der filmischen Geste schließen. Es ist jene Geste, welche Bänder erzeugt, die die historische Zeit darstellen sollen. Die Geste, mit der der Filmapparat bewegt wird, ist also nur vorbereitend und provisorisch, gewissermaßen vorfilmisch. Ihre Absicht ist, lange Bänder mit Fotografien und Schallspuren zu füllen. Diese Bänder erst sind das Material, mit dem die eigentliche filmische Geste, die Geste des Schneidens und Klebens, zu tun hat. Man kann diese Geste so bestimmen: Sie behandelt mit Schere und Klebstoff Bänder, welche Spuren von Szenen sind, um ein Band zu erzeugen, das in höhlenartigen Basiliken die Geschichte, das heißt die historische Zeit vorstellt.

Auf diese Geste, und nicht auf das Manipulieren des Filmapparates, ist demnach das Augenmerk zu richten. Nicht als ob dieses Manipulieren gleichgültig wäre: Es ist im Gegenteil wichtig, denn es liefert das Rohmaterial des Filmens. Es sind an ihm alle Probleme der fotografischen Geste wiederzuerkennen, wenn auch auf andere Weise: das Problem des Standpunktes, das der Manipulation der Szene und das der Selbstreflexion. Nur fällt die Wahl des Standpunktes weniger quantisch, also weniger »klar und distinkt« aus, weil der Filmapparat erlaubt zu schwanken (er »travelled«). Die Manipulation der Szene ist komplexer und daher bewusster, das heißt der Film akzeptiert sich etwas bereitwilliger als die Fotografie als Kunstform. Zudem wird die Selbstreflexion durch Arbeitsteilung dialogischer und kollektiver. Im allgemeinen lässt sich jedoch sagen, dass trotz dieser Veränderungen die Manipulation des Filmapparates nur die fotografische Geste im Dienst der filmischen Geste ist, die sich insofern ändert, als sie jetzt eben im Dienst von etwas anderem steht.

Zur Verfügung stehen dadurch lange Bänder von Fotografien, jedes mit einer Schallspur, welche in einem Projektionsapparat das Auge betrügen können und auf eine solche barocke Weise elysische Schatten auf die Leinwand zaubern. Das ist das filmische Datum. Das Faktum, das die filmische Geste daraus erzeugt, ist eine Geschichte, nicht im Sinn von »Anekdote« (obwohl sie das auch sein kann), sondern im Sinn von »Geschehen«. Mit Schere und Klebstoff erzeugt diese Geste ein Band, das als Ganzes und synchronisch ein Sachverhalt, abrollend und diachronisch hingegen ein Prozess ist. Der Filmemacher steht dem Bandmaterial gegenüber, und aus dieser Transzendenz heraus komponiert er Sachverhalte, welche im Kino als Prozesse erscheinen werden. Für ihn fallen also, wie für Gott, Anfang und Ende zusammen, aber mehr als Gott kann er einzelne Phasen des Prozesses umstellen, kann den Ablauf des Prozesses verlangsamen und beschleunigen, kann Phasen oder den gesamten Prozess zurücklaufen lassen, kann schließlich den gesamten Prozess als im Kreis laufendes Band zur ewigen Wiederkehr verschlingen. Nicht nur also unterscheidet er, wie Gott, zwischen formaler Transzendenz (schöpferischer Komposition) und existenzieller Immanenz (Erleben des Ablaufs), sondern er kann, was Gott nicht kann, den Ablauf des Prozesses selbst in Zeitrichtungen außerhalb der strahlenförmigen Linearität umlenken.

Geschichte hat einen doppelten Sinn: »Geschehen« und »Geschehenes erzählen«. Es scheint, dass an der filmischen Geste nichts außerordentlich Neues ist: Sie erzählt vom Geschehen. Immer schon, jedenfalls mindestens seit Homer und der Bibel, hat der Erzähler mit Schere und Klebstoff das Band des Geschehenen komponiert, wie heute noch der Redakteur einer jeden Zeitung, und die filmische Geste zeigt dieses Wesen des Erzählens nur ein wenig klarer. Aber das ist ein Irrtum: Der Filmemacher erzählt nicht, und das Wort »erzählen« (französisch: »raconter«, englisch: »to tell«) beweist dies. »Erzählen« heißt, das in der Vergangenheit Zusammengezählte neu zählen und dabei natürlich möglicherweise neu ordnen. Der Filmemacher kann dies selbstredend auch tun, und dann ist seine Geste tatsächlich nichts Neues, sondern Hollywood-Kitsch oder Wochenschau. Aber er kann auch noch nicht da gewesene Phänomene auf noch nicht da gewesene Art kombinieren und dann ablaufen lassen. Das heißt, nicht nur Gewesenes oder möglich Gewesenes erzählen, sondern möglich Gewesenes jetzt ablaufen lassen: die Zukunft vorwegnehmen, nicht als Utopie oder Sciencefiction, sondern als gegenwärtiges Geschehen. Er kann also Geschichte dem ersten und nicht nur dem zweiten Sinn nach machen. Nicht nur Geschehenes (Mögliches und Wirkliches) erzählen, sondern (allerdings als Trompe-l'œil auf einer Höhlenwand) geschehen machen.

Das ist eine noch nie da gewesene Geste. Für den historischen Menschen (Juden, Römer und Griechen, kurz Okzidentalen) ist die Geschichte nur von innen heraus, durch Engagement an ihr, zu verändern. Darum nannten die Römer Geschichte »res gestae«, »gemachte Sachen«. Und die historische Erzählung ist selbst ein solches Engagement, eine gemachte Sache. In der filmischen Geste jedoch wird Geschichte von außen und oben her gemacht, ist also nicht eine »res gesta«, sondern eine »res gerentes«. Zwar kann dann der so entstehende Film selbst wieder als gemachte Sache, und also als Engagement an der Geschichte, betrachtet werden, und doch ist die Geste, aus der er entsteht, formal transzendent im Verhältnis zur Geschichte, eine metageschichtliche Geste vom Typ des »historischen Materialismus«, Nietzsches »ewiger Wiederkehr als des Willens zur Macht«, oder neupositivistischer und strukturalistischer Geschichtsanalyse. Nur ist die filmische Geste eben weit konkreter als solche Analysen, denn ihr Werkzeug ist das Filmband und nicht der Begriff, und ihr Werk ist nicht ein Diskurs von Gedanken, sondern von auf die Leinwand geworfenen Schatten.

Die Frage stellt sich, wieso der Filmemacher dies tun kann, dagegen der epische Dichter, der Historiograph oder der Schreiber von Sciencefiction nicht. Es ist die Frage nach dem Unterschied zwischen linearen und zweidimensionalen Codes. Lineare Codes werden gelesen, das heißt ihre Bedeutung wird begriffen. Oberflächencodes dagegen werden durch Imagination entziffert. Die traditionellen Oberflächen, inklusive der Fotografie, sind unbewegt, »anekdotisch«, und in diesem Sinn vorgeschichtlich. Die linearen Codes bestehen aus punktartigen Elementen, zum Beispiel Buchstaben oder Zahlen, und analysieren prozessuell das Geschehen, »erzählen«, und sind daher geschichtlich. Der Film ist der erste Code, bei dem sich Oberflächen bewegen, ein Diskurs von Fotografien, nicht von Zahlen. Er ist, da er »geschieht«, ebenso geschichtlich, wie Zahlen es sind, und da er aus Oberflächen besteht, ebenso imaginär, vorgeschichtlich, wie traditionelle Flächen es sind. Dadurch entsteht ein neues Entziffern: Die Bilder des Films bedeuten nicht wie die traditionellen Bilder eine szenische Wirklichkeit, sondern sie bedeuten Begriffe, welche Szenen bedeuten. Im Film wird nicht, wie im traditionellen Bild, ein Phänomen dargestellt, sondern eine Theorie, eine Ideologie, eine These, welche Phänomene bedeuten. Daher erzählt der Film nicht Geschehen, sondern stellt Geschehen vor und macht es vorstellbar: Er macht Geschichte. Allerdings eben drei Schritte vom konkreten Phänomen entfernt.

Es gibt heute zwei Geschichtsebenen: die vierdimensionale des täglichen Lebens und die dreidimensionale der kartesischen Basiliken. Ein kompliziertes Feed-back verbindet die beiden Ebenen, aber die Tendenz geht dahin, die dreidimensionale Ebene, als Trompe-l'œil, das sie ist, der vierdimensionalen, an der man sich stößt, die einen Widerstand leistet, vorzuziehen. Es ist nicht ausgeschlossen, dass zukünftig die existenziell bedeutende Geschichte vor Zuschauern auf Wänden und TV-Schirmen abrollen wird statt im Zeitraum. Das wäre wirklich Nachgeschichte. Darum ist der Film die »Kunst« unserer Zeit und die filmische Geste die des »neuen Menschen«, eines uns nicht unbedingt sympathischen Wesens.

Vilém Flusser und Bernhard Johannes Blume

Biografie III **Nomadisch**
(1972 – 1980)

Im Mai 1972 nutzen Vilém und Edith Flusser die zur Vorbereitung der »Bienal de São Paulo« vorgesehene Europareise, um aus Brasilien auszuwandern. Europa vermittelte ihm die Vorstellung der »Möglichkeiten größerer Entfaltung«.[1] Schon Ende der 60er Jahre hatte er sich um Lehraufträge oder Gastprofessuren an deutschen und österreichischen Universitäten oder Hochschulen bemüht. Er wandte sich unter anderem an den Rektor der Hochschule für angewandte Kunst in Wien und an Professor Arnold Bode von der Universität Kassel, der die *documenta* ins Leben gerufen hatte – Kontakte, die er bei seinen Europareisen in den späten 60er Jahren gewonnen hatte. »Jedes Mal blieb er etwas länger dort«, schreibt der Paulistaner Freund Milton Vargas, »bis er sich schließlich dazu entschloss, São Paulo zu verlassen«.[2] Obwohl Flusser immer Vorbehalte gegen Deutschland und Österreich artikuliert, hatte er einige Anstrengungen und Mühen auf sich genommen, um dort unterrichten und leben zu können. Die »enormen Leistungen« Deutschlands, wie er sie auf seiner Reise im Jahr 1966 erfährt und in Briefen mitteilt, interpretiert er als »Kompensation eines Schuldkomplexes«. Sie enthüllen »etwas Krankes, eine *fleur du mal*«.

Seine Versuche, durch Lehraufträge oder eine Gastprofessur eine ökonomische Grundlage für sein angestrebtes Leben in Europa zu finden, waren erfolglos geblieben, aber nun wurde wegen der bevorstehenden Biennale ohnedies ein längerer Aufenthalt in Europa notwendig. Das Ehepaar Flusser traf alle nötigen Vorkehrungen, vermietete das Haus in São Paulo und verließ das Land mit dem festen Entschluss, in Europa Fuß zu fassen. An Alex Bloch schreibt Flusser: »Wir gedenken, definitiv in Europa zu bleiben (wobei das Wort ›definitiv‹ provisorisch zu lesen ist).« Seinen brasilianischen Pass behält er. Mit ihm reist er bis zu seinem Lebensende. Ebenso bleibt er Mitglied des Brasilianischen Instituts für Philosophie und der Brasilianischen Gesellschaft für Wissenschaftsgeschichte.

In Genf angekommen, nimmt Flusser im Mai 1972 zusammen mit dem dortigen brasilianischen Konsulat die Vorbereitungsarbeiten für die Biennale auf. Kurzfristig scheint es, als wäre aus dem Vorwand der Reise, für die Biennale zu recherchieren, tatsächlich eine Aufgabe geworden. Überraschenderweise werden fast alle Vorschläge Flussers angenommen. Noch vor Ende des Jahres ist allerdings von dieser anfänglichen Euphorie nichts mehr übrig. Einem Freund in São Paulo berichtet er: »Mein Engagement an der Biennale droht, im administrativen Schlamm zu verlaufen.«

Bereits im Oktober und November 1972 hält er hingegen erste Vorträge am Institut de l'Environnement in Paris und knüpft weitere Kontakte: Er begegnet zum ersten Mal Louis Bec (Institut Scientifique de Recherche Paranaturaliste), mit dem er sich über die Jahre immer enger anfreundet und später intensiv zusammenarbeitet. Er lernt Künstler, Kommunikationswissenschaftler und Kunstkritiker kennen, darunter Abraham Moles, Fred Forest, Weng-Ying Tsai und Alexandre Bonnier, die seine Arbeit und sein Denken beeinflussen und motivieren. Auch für seine Einschätzungen der Relevanz der Videotechnik für Kunst und Kommunikation bringen die Begegnungen in dieser Zeit wichtige Impulse. Nachdem er in New York mit der Gruppe »Video Kitchen« Bekanntschaft gemacht hatte, formuliert Flusser in einem Brief an Abraham Moles die Bedeutung dieser Technik und beschwert sich, dass »alle diese Leute« sich für Künstler halten, und kein bisschen die Möglichkeiten spüren, die dieses Medium für philosophische und wissenschaftliche Anliegen haben kann. »Hast du je daran gedacht«, fragt er Moles, »die neuen Kommunikationstechnologien zur Artikulation deines Denkens (nicht dazu, es anderen zu ›vermitteln‹) zu verwenden?«

Im Oktober des Jahres 1972 lassen sich Edith und Vilém Flusser in Meran nieder. Sie leben in einer Mietwohnung in der Via Halser 4 und planen für die nächsten Jahre, die Monate von Herbst bis Frühling in Meran zu verbringen und die Sommermonate über zu reisen. Für Flusser beginnt in dieser ersten Zeit in Europa eine sehr produktive Phase des Schreibens. Und wie immer liest er, sobald er sich von seinem Schreibtisch erhebt, seiner Frau vor, was er geschrieben hat. Flusser entwirft philosophische Skizzen über »Natur und Kultur«, die 1979 in Brasilien unter dem Titel *Natural:mente* als Buch veröffentlicht werden. Auf Deutsch erscheinen sie erstmals 2000 mit dem Titel *Vogelflüge*. Die unter dem Titel *Ça existe, la nature?* geplante französische Publikation dieser Essaysammlung kam nicht zustande.

Fast alle Korrespondenz in dieser Zeit (und auch in den folgenden Jahren) beginnt mit dem Satz: »Bei Rückkehr aus [...] finde ich Ihren Brief vom [...]«. Flusser ist viel unterwegs, reist, immer in Begleitung seiner Frau, um Vorträge zu halten, Veranstaltungen zu besuchen, und nicht zuletzt, um seine neue Umgebung zu erkunden. Neben dem Reisen listet er in einem Brief an einen brasilianischen Freund folgende Aktivitäten auf, denen er eine beachtliche Menge an Beispielen folgen lässt: »(a) Schreiben«, »(b) Vorträge«, »(c) Lesen«, »(d) Genießen« und »(e) Gegend«. In den Miniaturen zu Natur und Kultur finden das Reisen und die »Gegend« mit dem Genießen und dem Schreiben zusammen. Flussers Themen sind »Wege«, »Berge«, »Täler«, »Vögel«, »Kühe«, »Finger«, »Der falsche Frühling«, »Mond«. In »Wege« heißt es: »Zwei Erlebnisse haben in mir einen Wirbel von Überlegungen provoziert. [...] Zum einen meine erste und die letzte Fahrt über den Ofenpass, der das Engadintal mit den Tälern des Alto Adige (Etschtal) an der Grenze zwischen Italien, Österreich und der Schweiz verbindet. Zum anderen meine Reise, die ich vor kurzem in die Bretagne unternommen habe. [...] Der Ofenpass ist eine technisch besser ausgeführte Straße als die Transamazonica, die auf großen Strecken eine Landstraße ist. In diesem Sinn ist der Ofenpass ›künstlicher‹, ist mehr Kultur, weniger Natur. Die Transamazonica dagegen [...] verschlingt den Wald, während ihn der Ofenpass betont. In diesem Sinn ist die Transamazonica viel ›künstlicher‹ [...].«[3]

Die neuen Eindrücke in den Alpen und seine ausgedehnten Fahrten und Ausflüge regen Flusser zu diesen Essays an. Edith Flusser schildert ihre Erinnerungen an ihren Mann in dieser Zeit: »Er hat tatsächlich sehen gelernt und war maßlos begeistert.« Flusser hatte nach seiner Ankunft in Europa für die erste französische Publikation *La Force du Quotidien*[4] eine Auswahl jener Essays über Allerweltsdinge in seiner Umgebung zusammengestellt, die nach und nach in den späten 60er Jahren vor allem im *O Estado de São Paulo* erschienen waren.[5] Abraham Moles hatte den Kontakt zum Verlag Mame hergestellt und ein Vorwort verfasst. Flusser lieferte sein Manuskript einer Auswahl von Essays unter anderem über »Flaschen«, »Wände«, »Teppiche«, »Töpfe«, »Automobile« und »Das Bett« in englischer Sprache ab, da er sich im Französischen noch nicht sicher genug fühlte. Schon mit diesen Texten hatte er – auf dem Umweg über die Kommunikationstheorie – zur Phänomenologie zurückgefunden. Bei dieser Zusammenstellung (und Übersetzung) der Essays war ihm aufgefallen, dass es sich scheinbar ausschließlich um kulturelle Dinge handelte, über die er geschrieben hatte, »als ob es die Natur für mich gar nicht gegeben hätte«. Flusser führt diesen Ausschluss der »Natur« nicht nur auf sein Leben als städtischer Intellektueller zurück. Er findet, dass seine Beobachtungen auch auf eine generelle Veränderung des Begriffs der »Natur« schließen lassen und beginnt, sich mit den neuen Essays »zuerst gewollt und später spontan für die Erfahrungen mit der Natur, im traditionellen Sinn des Wortes, zu öffnen«.[6] Für die Essays, die er nun schreibt, nimmt er an, dass Natur und Kultur nicht unterschieden werden können. Diese angenommene Ununterscheidbarkeit versucht er, an verschiedenen Fällen durchzuspielen und zu unterwandern.

Für seine Betrachtungen des Mondes erlaubt er sich eine provokante Umkehrung herkömmlicher Relationen: »Woher wissen wir, dass [den Mond] jemand berührt hat? Dieses Ereignis haben wir im Fernsehen gesehen und haben darüber in Zeitungen gelesen. Bilder vom Mond sind zu bezweifeln, [...] die Glaubwürdigkeit von Zeitungen ist keineswegs absolut. Wir können also bezweifeln, dass der Mond berührt wurde. Dieser Zweifel ist noch unvernünftiger als der andere: Gibt es den Mond wirklich, oder ist er nur eine Fiktion? [...] Methodisch die Natur zu bezweifeln ist vernünftig, weil dieser Zweifel zur Naturwissenschaft führt. Wogegen die Kultur zu bezweifeln (Fernsehen und Zeitung) scheinbar zu nichts führt.«[7]

Beim Schreiben musste er erfahren, so heißt es in seinen Schlussfolgerungen, dass die betrachteten Phänomene, mit der Alternative von Gegebenem und Gemachtem konfrontiert, die klare Antwort »ja« oder »nein« verweigerten. Er resümiert: »Die Phänomene gaben mir überraschende Antworten, verwirrten die Fragen und brachen meine Vorurteile entzwei.«[8]

Flussers phänomenologischer Blick, der sich in diesen Essays eindrucksvoll mitteilt, bildet die Voraussetzung für seine medientheoretischen Entwürfe, mit denen er später in Europa und vor allem in Deutschland Bekanntheit erlangt. Den Abstand und die Indifferenz, die für phänomenologische Betrachtungen notwendig sind, hat Flusser aus seinen Lebenserfahrungen gewonnen: »Wenn die Bodenlosigkeit die Hierarchien der Weltordnungen und die sie stützenden Ideologien oder Weltbilder einreißt, dann stößt man überall auf etwas, anhand dessen sich philosophieren lässt«, meint Florian Rötzer zu *Dinge und Undinge*. Für ihn ist der Blick Flussers nicht messianisch, auratisierend oder nostalgisch, »auch wenn sich solche Stimmungen gelegentlich bei Flusser zeigen«, sondern er ist »vielmehr kühl und entdeckend selbst dort, wo man den Untergang einer vertrauten Welt und den Aufgang einer neuen, noch unbekannten feststellt«.[9]

1973 beginnt Flusser außerdem an seiner philosophischen Autobiografie zu arbeiten. Der Manuskripttitel lautet »Zeugenschaft aus der Bodenlosigkeit«. Sein Verleger vom Verlag Mame in Paris und vor allem seine Frau Edith hatten diese Rückschau angeregt. Eine französische Publikation kommt allerdings nie zustande. Das Buch liegt bis heute nur in deutscher Sprache vor. Es erschien 1992 mit dem Titel *Bodenlos* und wurde im Abschnitt »Reflexionen« durch später entstandene Texte ergänzt. Für die Kapitel, die Flusser Anfang der 70er Jahre plant und größtenteils auch schreibt, teilt er sein bisheriges Dasein – gegliedert in die Abschnitte »Monolog«, »Dialog« und »Diskurse« – nach seinen »Gestimmtheiten« auf. In einer Skizze mit Organigramm für den Verlag Mame schlägt er folgende Einteilung vor: »passivité« für die Kindheit und Jugend in Prag, den Einmarsch der Nazis und seine Erfahrungen in England, »disponibilité« für die Anfänge in Brasilien, seine Beschäftigung mit dem Orient und die ersten Dialoge, »engagement« beinhaltet seine universitären Anstrengungen, seine Beschäftigung mit der portugiesischen Sprache und die meisten seiner Dialoge. Für das »dégagement« bleiben die Dialoge mit Miguel Reale, Mira Schendel und Romy Fink und ein Bericht über die XII. Biennale von São Paulo, den Flusser, wie einige der im Entwurf gelisteten Texte, nie schreibt.

Im August 1973 besucht Milton Vargas die Flussers, die von Mai bis Oktober an der Loire in der Nähe von Saumure leben. Nicht nur Vargas, auch Tsai Weng-Ying, ein befreundeter Künstler, und Jonathan Benthall kritisierten sein Manuskript. Es sei zu subjektiv und zu wenig intersubjektiv. Flusser hegt nun große Zweifel an seiner Autobiografie, unterbricht sein Schreiben und bittet Moles um Rat. Er kann, so klagt er in einem Brief an Moles, bei einer phänomenologischen Schau von Menschen die Emotionen einfach nicht ausklammern: »I see them in emotion«. Bis er im Dezember des Jahres seine Arbeit an *Bodenlos* wieder aufnimmt, gibt es heftige Auseinandersetzungen mit seinen brasilianischen Freunden. Milton Vargas hatte ein Manuskript nach São Paulo mitgenommen. Der Hauptteil »Dialoge« ist Flussers brasilianischen Freunden gewidmet, die zum Teil sehr getroffen sind von seinen Beschreibungen. Vor allem der Text zu dem 1963 verstorbenen Philosophen Vincente Ferreira da Silva, von dem Flusser sagt, er habe den Denker geliebt und sein Denken gehasst, verletzt Dora Ferreira da Silva, dessen Witwe. Zurück in Meran, rechtfertigt Flusser die geplante Wiederaufnahme seiner Arbeit an der »Zeugenschaft«. Er schließt einen Brief an Vargas mit den Worten: »Mein lieber Milton, ich habe dir ein bisschen mein Herz geöffnet. Ich brauche dich, das ist wahr. Ich will jenen, mit denen ich lebe, nützlich sein und sie nicht verletzen. Ich kann aber nur auf meine Weise nützlich sein und nicht auf ihre Weise. Zum Beispiel kann ich mich über die bürgerliche, sich brüstende Revolution in dem Land meiner Wahl nicht freuen. Ebenso wenig wie über die Missverständnisse, die infolge der physischen Entfernung zwischen meinen Freunden und mir entstehen. Wenn ich aber glaube, dass es für meine Aufgabe nützlich ist, muss ich es annehmen. Das ist der Preis, den ich zahle.« Milton Vargas und Vilém Flusser bleiben bis zu Flussers Tod enge Freunde.

Im Mai 1973 liest Flusser wieder am Institut de l'Environnement in Paris. Das Transskript seines Vortrags »Le Monde Codifié« (»Die kodifizierte Welt«) wird einschließlich der Diskussion, die dem Vortrag folgt, als Monografie herausgegeben. Flusser bemüht sich, in der Abteilung für Informatik des Institut de l'Environnement eine Stelle für seinen Sohn Miguel zu finden, jedoch ohne Erfolg. Noch im selben Monat nimmt Flusser gemeinsam mit Abraham Moles und Alexandre

Bonnier an einem Round Table des Institut de l'Environnement teil, die Gespräche werden 1975 in dem Buch *Technologie et Imaginaire* veröffentlicht.

Publikationen in deutschen und brasilianischen Zeitschriften und Zeitungen sind in diesen Jahren selten. Die Reihe »Posto Zero« in der *Fôlha de São Paulo* war schon vor der Ausreise Flussers eingestellt worden, obwohl noch weitere Texte vorgelegen hatten. In Deutschland gibt es nur vereinzelt Publikationen, dafür erscheinen ab 1972 erste Beiträge auf Englisch u.a. in *Main Currents in Modern Thought* (New York). In Frankreich finden Flussers Texte vor allem in Fachzeitschriften wie *Communication et langages* und *ARTitudes internationales* Platz. Flusser hält Gastvorlesungen und Vorträge unter anderem in Lausanne, Tours, Straßburg und Paris. Doch nicht immer scheinen ihm die universitären Sitten und Gebräuche zu bekommen. In einem Brief an einen brasilianischen Freund wettert er Ende 1973 gegen die »Simplifikationsbarbarei« und die »Scheinkomplexität der falschen Gelehrsamkeit«.

Anfang 1974 reist Flusser – wie immer in Begleitung seiner Frau – nach New York, hält Vorträge an der Columbia University und in Buffalo und nimmt an einem Kongress über die Zukunft des Fernsehens im Museum of Modern Art in Manhattan teil. An der Fairleigh-Dickinson University in New Jersey spricht er über »audiovisuelle Kommunikation«. Er lernt den Künstler Dan Stacy persönlich kennen, mit dem er seit einiger Zeit korrespondiert und der ihm einige seiner Vorträge für diesen Aufenthalt vermittelt hatte, und wird vom Herausgeber von *Main Currents* eingeladen, weitere Publikationsbeiträge zu liefern.

Von April bis Oktober 1974 bewohnen Vilém und Edith Flusser das Erdgeschoss eines großen Hauses mit Garten in Fontevraud. Vilém genießt die abendlichen Spaziergänge an der Loire – soweit ihm Zeit dafür bleibt. Denn während die Arbeit an der »Zeugenschaft« fortgesetzt wird, beginnt er, ein neues Projekt voranzutreiben, mit dem er sich jahrelang befassen wird: eine Phänomenologie der menschlichen Gesten.

Besonders der Text »Finger« in *Vogelflüge* deutete diese erweiterten phänomenologischen Versuche Flussers bereits an: »Ich versuche, meine Finger zu beobachten, während sie diesen Text schreiben. [...] Ich stelle indessen konkret fest, dass ich frei bin zu schreiben. [...] Die Kultur kann zur Natur des Menschen werden. Die Kultur als Natur des Menschen ist das Feld der Freiheit. Dort können die Finger zeigen, was sie können. Die Beobachtung meiner Finger, während sie diesen Text tippen, beweist es.«[10] An Dan Stacy schrieb er: »Nun stellt sich mit der *Natur* sofort das Problem des Körpers. Was ist mein Körper? Es stellt sich die Frage der Unterscheidbarkeit einerseits zwischen ›mir‹ und ›meinem Körper‹

und andererseits zwischen ›meinem Körper‹ und ›meiner Welt‹.« Die phänomenologischen Skizzen aus der brasilianischen Zeit über Dinge aus der Umgebung und die Texte zu Natur und Kultur zeigen den Umbruch zur »Nachgeschichte« weniger augenscheinlich auf als Artefakte neuerer Technologien. »Jenseits der Maschinen« werden die Geste des Schreibens, des Fotografierens, des Filmens, des Telefonierens und des Video in Flussers phänomenologischen Versuchen durch die Gesten des Liebens, Zerstörens, des Musikhörens und durch die Geste des Suchens ergänzt. Flusser arbeitet an einer neuen Kulturkritik, bei der es um das leibliche Dasein geht, das die Dinge durchdringt und von den Dingen durchdrungen wird. Nicht jede beliebige Bewegung des Körpers ist eine Geste. Für Flusser ist die Geste eine Bewegung, »durch die sich eine Freiheit ausdrückt«. Eine Theorie der Gesten sollte, so Flusser, eine »Interface-Theorie« sein, das heißt – in Flussers Verständnis des Begriffs Interface – eine Theorie, in der sich mehrere Disziplinen verbinden. Diese Theorie wäre antiideologisch. Sie würde Methoden miteinander verschränken, die »ihre Theorie zum Spielen bringen würden«.[11]

Für die Geste des Sprechens, von der Flusser sagt, in ihr wäre jene des Schweigens verborgen, hieße dies, Gedanken lesen zu können: »Schweigen ist selbstredend nicht Stille, sondern es ist jene Geste, welche das Wort aufhält, bevor es in den Mund kommt. Schweigen heißt, dass das Wort zu Wort kommt, statt in den Mund zu kommen.«[12] Für eine Untersuchung der Geste des Sprechens wäre es außerdem nötig, sowohl die Codes der Botschaft des Senders als auch jene der Botschaft des Empfängers zu entziffern. An dieser Stelle wendet sich Flusser explizit gegen McLuhan: »Dabei würde sich sofort zeigen, dass der Satz ›der Ausdruck (das Medium) ist die Botschaft‹ auf einer Verwechslung der Codes beruht, welche unmöglich wäre, wäre die Kommunikationstheorie einer allgemeinen Theorie der Gesten zugeordnet«.[13]

Weniger aber die allgemeine Theorie als die konkreten Anwendungsbeispiele zeigen den Reiz und die Schärfe dieser Analyse. Als Theo Spanudis, ein Paulistaner Freund, Flussers Arbeiten zur Geste mit den Schriften von Hermann Schmitz vergleicht, empört sich Flusser über diese Anmaßung und legt dabei Grundlegendes über die Praxis seines Schreibens dar: »Seltsam, weil, soweit ich weiß, dieser Schmitz sich mit dem Problem des Leibes und der Leiblichkeit beschäftigt, also mit einem Thema, das mit meiner Problematik der Gestikulation zu tun hat. Ich habe versucht, eins seiner zahllosen Bücher zu lesen, aber es ist mir leider nicht gelungen. Vielleicht, weil für mich die Zeit der Traktate, der langen und breiten Bücher, des epischen Ausführens, der ›pensée-fleuve‹, vorbei ist. Ich glaube, wir müssen uns mit Essays, mit kurzen und eng gestrafften Artikeln, mit lyrischem Einführen, mit ›Gedankenblitzen‹, begnügen. Weder Dostojewski noch ›Einleitung in die Allgemeine Theorie von Elefantenrüsselspitzen‹ also, sondern eher Short Story und ›Phänomenologie des Rüsselspitzenwackelns‹. Allgemeine Theorien sind nicht mehr zu lesen, sondern zum Kotzen. Was halten Sie davon?«

Für seine »Allgemeine Theorie der Gesten« formuliert Flusser die Notwendigkeit, vom konkreten Phänomen der einzelnen Geste auszugehen. Als der Videokünstler Fred Forest die Flussers 1975 besucht, filmt er Viléms »Gesten des Professors«. Der Film *Les Gestes du Professeur* bleibt ein einzigartiges, kaum gezeigtes Dokument.

Edith und Vilém Flusser verbringen den Sommer 1975 in der Provence und ziehen aufgrund von Flussers Lehraufträgen das erste Mal seit ihrer Rückkehr nach Europa im Herbst nicht wieder nach Meran. Flusser hört in diesem Sommer unter anderem John Cage in Aix, Konzerte mit experimenteller und elektronischer Musik, ein Pianokonzert mit Stücken von Mozart und Schubert, die Bach-Fugen. Er besucht das Cello-Festival in Aix und die Festspiele für Malerei in Marseille. Er hält in Marseille einen Vortrag über die Geste des Malens und spricht am Internationalen Foto-Kolloquium in Arles über die Geste des Fotografierens. Der Kurs über »Gesten« wird fixer Bestandteil der Lehrtätigkeit Flussers. Im Wintersemester hält er erneut einen Kurs am Institut de l'Environnement in Paris, im Jahr 1977 hält er Vorlesungen über die Phänomenologie der Gesten an der École d'Art d'Aix-en-Provence.

Zusätzlich gibt Flusser im Wintersemester 1975/76 einen Kurs über »Phänomene der Kommunikation« am Théâtre de Centre in Aix-en-Provence. Im Sommer besuchen Edith und Vilém das erste Mal seit ihrer Rückkehr nach Europa Brasilien. Auf seiner dritten Brasilienreise, wie immer anlässlich einer Vortragsreihe an verschiedenen Universitäten in São Paulo, resümiert Flusser 1979 in einem Gespräch mit dem Kulturkritiker José Carlos Ismael seine Brasilienbesuche: »Ich beobachte jedenfalls zwei Tendenzen in der Beziehung zu meinen Paulistaner Freunden, die für mich der Kern der brasilianischen Wirklichkeit sind. Die Gebiete meiner Interessen neigen sukzessive dazu, sich von den Interessen meiner Freunde zu distanzieren [...], die Art und Weise, wie meine Freunde die unmittelbaren Probleme, die sie angehen, zerreden, lässt mich verzweifeln, weil das auf eine unerträgliche Entfremdung hinweist. In dieser Hinsicht ist jede Rückkehr schmerzlicher als die vorangegangene.«[14]

Die Vorlesungen im Wintersemester 1976/77 an der Maison de la Culture in Aix-en-Provence mit dem Titel »Comment notre crise existentielle se manifeste« und zur Kommunikationstheorie an der Ecole d'Art et d'Architecture in Marseille-Luminy nimmt Flusser zum Anlass eines neuen Buchprojektes. 1977/78 verfasst er seine Schrift zum »Umbruch der menschlichen Beziehungen« erst auf Deutsch und Englisch, später auch Französisch. Sie erscheint 1996 gemeinsam mit den Vorlesungsmanuskripten »Kommunikationstheorie Luminy« unter dem Titel *Kommunikologie*. Flusser versteht die menschliche Kommunikation als »künstlichen Vorgang«, der in der Absicht geschieht, »die Sinnlosigkeit und Einsamkeit eines Lebens zum Tod zu vergessen«.[15] In seiner Analyse präsentiert Flusser die Strukturen und Codes der menschlichen Kommunikation vom Amphitheaterdiskurs bis zum Technobild. Er beschreibt die Technoimagination und ihr verändertes Raum- und Zeiterleben als nachgeschichtlich und konstatiert: »Es kann kein Zweifel darüber bestehen, dass die Bewusstwerdung des technoimaginären Weltbildes das Ende des Humanismus bedeutet.« Der Verfall des Dialogs, verstanden als Anerkennung des anderen und Verantwortung ihm gegenüber, als Austausch von Information im Hinblick auf die Erzeugung neuer Information, ist für Flusser ursächlich für die gegenwärtige Krise. Flusser fordert eine Subversion der totalitären Massengesellschaft, in der Netzdialoge nicht länger die »amphitheatrischen« Programme verstärken.

In seinen kommunikationstheoretischen Vorlesungen beklagt er beispielhaft das Fehlen einer »Untersuchung der Post im Sinne von Untersuchungen, die den Marktplatz als Kommunikationsmedium betreffen«. Für ihn »eröffnet sich hier ein ganzes und gewaltig großes Feld für künftige Forschung«, zu dem er meint: »Ein Sokrates des Telefonnetzes ist gefordert.«[16]

Wenige Wochen nach der Fertigstellung des Manuskripts »Umbruch der menschlichen Beziehungen« in Englisch und Deutsch schreibt Flusser an Alex Bloch: »Jetzt, da die Kirschblüte vorbei ist, die Apfelbäume immer noch rosa, aber die Wiesen schon nicht nur gelb, sondern auch blau und stellenweise rot sind, da die Heiden nach Rosmarin duften und von Hummeln summen, da die Luft zwar noch scharf, aber Mittagstemperaturen schon bis 16 Grad steigen, da uns das unvergleichliche provenzalische Licht noch nicht wie van Gogh, sondern wie Cézanne schimmert, da auf den Steinen der Ruinen zwar schon die violetten typischen Blüten, aber noch nicht die Schlangen wimmeln, ist die beste Zeit, durch die Gegend zu ziehen, in der Hoffnung, man werde ein Restaurant erreichen, dessen Menü von F 25.– eine gute Paté de Grive und einen Plateau de fromages enthält, welche die Mühe des Spazierens lohnen. [...] Das konkrete, riechbare, schmeckbare, sehbare, hörbare Erlebnis (Lesen, Musikhören, Gehen, Sich-Sonnen, aber glauben Sie mir, auch Schreiben) ist Leben und alle Versuche, es zu ›erklären‹, sind Epiphänomene.«[17]

1979 schickt Flusser das Manuskript »Mutations in Human Relations« ans MIT, Boston, und an die Editions du Seuil, Paris. Mr. Kaplan, der Lektor vom MIT verlangt von Flusser ein »Re-Styling«. Selbst als sich Flusser beschwert, vom MIT hingehalten zu werden, kann er sich nicht entschließen, das Buch zurückzuziehen. Die deutsche Veröffentlichung bleibt bislang die einzige.

Anfang des Jahres 1980 kaufen Edith und Vilém Flusser ein Haus in Robion und planen, ihr Leben zwischen der Provence, »um zu unterrichten«, und London – bei ihrer Tochter Dinah –, um »mit der Welt in Kontakt zu bleiben«, zu verbringen. Dem Freund Zygfryd Frank schreibt Flusser nach São Paulo:« [...] es handelt sich [...] um die Herausforderung, den letzten Teil des Lebens würdig vorauszusehen und zu führen. ›Würdig‹ heißt für uns beide nicht: von anderen ›geehrt‹, (das was Sie die Gesellschaft nennen), sondern es heißt: frei von Motiven des Geldes, der Macht und des Ruhmes etwas zu leisten.«

(Silvia Wagnermaier)

Anmerkungen

1 Brief an seinen Cousin David Flusser.

2 Milton Vargas, »Vilém Flusser in Brasilien«, in: *Bodenlos*, S. 286.

3 *Vogelflüge*, S. 7 – 12.

4 *Die Macht des Alltags*, 1973.

5 in der erweiterten deutschen Fassung *Dinge und Undinge* 1993, *Choses et non-choses*, 1996.

6 *Vogelflüge*, S. 120 – 121.

7 *Vogelflüge*, S. 63.

8 *Vogelflüge*, S. 123.

9 Florian Rötzer, »Von Gesten, Dingen, Maschinen und Projektionen«, in: *Dinge und Undinge*, S. 142.

10 *Vogelflüge*, S. 56, 61 u. 62.

11 Der Anhang »Für eine allgemeine Theorie der Gesten« findet sich ab der 2. Auflage in: *Gesten. Versuch einer Phänomenologie*, hier. S. 217 f.

12 *Gesten*, S. 44.

13 *Gesten*, S. 225.

14 »São Paulo 1979«, Gespräch mit José Carlos Ismael, in: *Zwiegespräche*, S. 17.

15 »Umbruch der menschlichen Beziehungen«, in: *Kommunikologie*, S. 10.

16 *Kommunikologie*, S. 298.

17 *Briefe an Alex Bloch*, S. 114 – 115.

»Will man den Apparaten auf die Schliche kommen, muss man versuchen, ihre sture Absurdität gegen sie selbst auszuspielen,

das heißt aus dem allgemeinen Rhythmus auszubrechen – unter der Gefahr, zentrifugal ins Nichts geschleudert zu werden.«

Diskursive Medien

Die letzten beiden Vorträge[1] verfolgten die Absicht, die Frage der Kodifikation und die Frage nach einer möglichen Orientierung innerhalb der uns umgebenden und uns programmierenden Codes skizzenhaft zu erhellen. Es ist nun möglich geworden, sich die Frage nach der Methode zu stellen, mit der uns die Codes programmieren. Es bedeutet, die Situation, in der wir uns befinden, von ihrer Dynamik her zu untersuchen und zu fragen, wie Codes funktionieren.

Dieser Kurs hat bislang versucht, das verharmlosende und idiotisierende Modell des Kommunikationsprozesses, das in populären Schilderungen verbreitet wird, zu vermeiden. Nach diesem Modellchen kann am Kommunikationsprozess immer Folgendes unterschieden werden: ein »Sender« (das Mikrophon), ein »Empfänger« (der Hörer), ein »Kanal« (die Drähte dazwischen), und auf anderer Ebene ein »Code« (die Sprache, in der man zum Beispiel telefoniert), eine »Botschaft« (was gesagt wird) und »Geräusche« (was die Übertragung der Botschaft stört und in diesem Sinn hinzukommt). Es wird bei diesem Modell nicht klar, wie die beiden postulierten Ebenen sich zueinander verhalten. Man kann zwar auf Französisch oder Englisch telefonieren, aber nicht mit Bildern oder Gesten, und man kann zwar durchs Telefon singen, aber der Genuss des Empfängers wird nicht sehr groß sein. Die Ebene der Hardware wurde zwar in Funktion eines Codes entworfen (das Telefon in Funktion der gesprochenen Sprache), der Code aber muss sich irgendwie dieser Hardware anpassen (man kann nicht singend telefonieren).

Das Telefon-Modell ist verharmlosend, weil es die Gewalt der Medien über uns verbirgt, und es ist idiotisierend, weil es das existenziell Fundamentale an der Kommunikation mit einem Gadget verbindet. Aber es hat noch einen grundlegenderen Fehler: Es verwischt den Begriff »Medium«, der alle Überlegungen hinsichtlich Kommunikation heutzutage verpestet, und trägt dadurch zu einer Vertuschung der Probleme der Kommunikation bei. Denn was ist das »Medium« – die Vermittlung zwischen Sender und Empfänger – im Fall des Telefons: die Drähte oder die Sprache? Um eine solche, vollkommen irreführende Fragestellung zu vermeiden, wurde hier auf dieses Modell verzichtet. Und doch lässt es sich nicht ganz ignorieren. Denn die wirklich interessante Frage nach der Funktionsweise von Codes kann nicht ohne Berücksichtigung von Gadgets wie dem Telefon beantwortet werden. Die französische Sprache funktioniert anders am Telefon, anders im Radio und wieder anders in der Tagespresse. Diese Überlegung erlaubt, dem leider unvermeidlich gewordenen Begriff »Medium« einen Sinn zu geben. Folgende Definition sei bis auf Widerruf vorgeschlagen: Medien sind Strukturen (materielle oder nicht, technische oder nicht), in denen Codes funktionieren. Danach sind Telefon und Schulklasse, der Körper und der Fußball Medien: Sie erlauben, den Codes zu funktionieren, und zwar jedes Medium auf seine spezifische Weise. An Kommunikationsschulen bilden die sogenannten *Media Studies* den Kern des pädagogischen Programms, denn sie führen von der allgemeinen Theorie zur spezialisierten Praxis. Selbstverständlich können nicht alle Medien untersucht werden, und das Auswahlkriterium der unterrichteten Medien richtet sich nach den späteren Berufschancen des Studenten. Dieser Umstand übt einen verderblichen Einfluss auf die Theorie aus, denn sie konzentriert sich auf die Analyse solcher Medien, anstatt die gesamte Szene der Medien ins Auge zu fassen. Also werden das Fernsehen, die Presse, das Plakat, das Marketing oder die »grande surface« viel gründlicher untersucht als weit bezeichnendere Medien wie das Wartezimmer beim Zahnarzt oder die Küche. In dem hier unternommenen Kurs kann selbstverständlich nicht auf *Media Studies* eingegangen werden. Aber es muss doch versucht werden, sich in der unübersichtlichen Menge der uns umgebenden Medien zu orientieren. Zu diesem Zweck wird als Kriterium weder die Attraktivität der Medien für künftige Berufstätigkeit noch ihre größere oder kleinere Wirkung auf uns vorgeschlagen, sondern die Dynamik, die sie dem Codefluss zwischen Sender und Empfänger auflegen.

Nach diesem Kriterium kann man zwei große Klassen von Medien unterscheiden: solche, in denen die kodifizierte Botschaft vom Sendergedächtnis zum Empfängergedächtnis strömt, und solche, in denen kodifizierte Botschaften zwischen verschiedenen Gedächtnissen ausgetauscht werden. Die erste Klasse kann man die diskursiven Medien, die zweite die dialogischen Medien nennen. Beispiele für die erste Klasse sind Plakate und Kinos, für die zweite Börsen und der Dorfplatz. Diese Beispiele wurden gewählt, um sofort die Fragwürdigkeit des Kriteriums ins Auge springen zu lassen. Plakate können dialogische Medien werden, wenn man sie mit Graffiti bekritzelt, und Kinos, wenn man die Leinwand mit Eiern bewirft; andererseits können Börsen zu diskursiven Medien werden, wenn man nicht bietet, sondern die Preistafeln liest, und Dorfplätze, wenn man nicht zum Plaudern hingeht, sondern um sich einen Politiker anzuhören. Also hängt die Funktion des Codes nicht von einem metaphysischen Code des Mediums ab (wie McLuhan zu meinen geneigt ist), sondern davon, wie man das Medium handhabt. Nichtsdestoweniger ist das Kriterium fruchtbar, und zwar gerade weil es Fragen aufwirft. Man stellt fest, dass viele Medien ausschließlich diskursiv verwendet werden (zum Beispiel eben Plakate und Kinos), und fragt sich, was geschähe, wenn man sie systematisch auch dialogisch verwendete. Das Kriterium ist strategisch fruchtbar und soll hier daher angewandt werden.

Es sollen zuerst die diskursiven Medien besprochen werden, also solche, die vor allem für Übertragungen von kodifizierten Botschaften von Sendergedächtnissen in Richtung auf Empfängergedächtnisse verwendet werden. Dies erfordert eine einleitende Bemerkung. Die Unterscheidung zwischen Sender und Empfänger ist nur bei diskursiven Medien nützlich und wird bei dialogischen zu Unfug. Aber selbst bei diskursiven kann der Empfänger zum Sender werden und den Sender zum Empfänger machen. Für diskursive Medien ist charakteristisch, dass die Empfängerposition nicht innerhalb des Mediums selbst umschlagen kann, sondern der Empfänger zu einem anderen Medium greifen muss, wenn er zum Sender werden will. Auf Zeitungen kann man nicht in derselben Zeitung antworten, sondern muss zum Brief greifen in der Hoffnung, dass dieser in einer späteren Ausgabe dieser Zeitung abgedruckt wird. Also charakterisiert das unmittelbare und mittelbare Antwortenkönnen und nicht das Antworten- oder Nichtantwortenkönnen den Unterschied zwischen dialogischen und diskursiven Medien; und es ist wichtig, dies im Auge zu behalten, weil es den Begriff der »Verantwortung« erhellt, der beinhaltet, Antworten auf empfangene Botschaften zu geben.

Der Zweck der diskursiven Medien ist, Informationen, welche in einem gegebenen Gedächtnis gelagert sind, in andere Gedächtnisse zu übertragen. Es handelt sich um eine negativ entropische Absicht. Nach dem Diskurs ist die Summe der Information größer, weil sie verteilt wurde. Der Sender verliert keine Information, aber der Empfänger gewinnt sie. Allerdings ist dies nur ungefähr richtig. Das Problem des Geräusches, also der in jeder diskursiven Übertragung einer Botschaft auftretenden Interferenz, soll später besprochen werden. Wichtig hingegen ist jetzt schon festzustellen, dass beim Diskurs keine neue Information entsteht, außer man betrachtet die Interferenz als informatorischen Beitrag. Der Zweck des Diskurses ist nicht wie der des Dialogs, neue Information herzustellen, sondern bestehende zu verteilen. Darin besteht die dynamische Pulsation des Kommunikationsprozesses: Im Dialog werden Informationen hergestellt, die im Diskurs so verteilt werden, dass deren Empfänger in künftigen Dialogen daraus wieder neue Informationen herstellen können. Die verschiedenen Medien sind miteinander synchronisiert und aufeinander geeicht, und es hängt von dieser Koordination der Medien ab, wie die Kommunikation als Ganzes vor sich geht. Herrschen Diskurse vor (wie heute), dann wird die Kommunikation immer informationsärmer;

herrschen hingegen Dialoge vor (wie im 18. Jahrhundert), dann stauen sich Informationen in geschlossenen Kreisen und können explodieren.
Es gibt verschiedene Methoden, wie Information verteilt wird – also verschiedene Diskursstrukturen –, und einige davon sollen besprochen werden. Aber allen ist gemeinsam, dass die zu verteilende Information irgendwie erhalten werden muss, indem sie verteilt wird. Mit anderen Worten: Die im Gedächtnis des Empfängers aufgehobene Information muss irgendwie dieselbe sein wie die ausgesandte. Dieser konservative Charakter ist allen Diskursen gemeinsam, selbst wenn er nicht immer allen bewusst ist. Da Diskurse die Informationen eindeutig fließen lassen (vom Standpunkt des Senders aus nach vorne), haben sie funktionell einen progressiven, manchmal einen violent progressiven Charakter. Es scheint, als ob Fortschritt und Diskurs beinahe synonym wären, so nämlich, dass man die Geschichte als einen Diskurs betrachten kann, in welchem die Informationen von einer Generation auf die nächste übertragen werden. Betrachtet man jedoch den Diskurs vom Standpunkt der Information aus, dann wird sein konservativer Charakter im Vergleich zum Dialog deutlich. Das ist eine wichtige Erkenntnis. Vom Standpunkt der Information sind diskursive Medien Informationskonserven, und die weitgehend von diskursiven Medien gespeiste Massenkultur ist eine konservative Gesellschaft. Revolutionär wäre, solche diskursiven Medien zu dialogischer Funktion umzuwandeln. Meiner Meinung nach ist dies die heute noch einzig mögliche Form einer revolutionären Aktion in der Konsumgesellschaft.
Unter den vielen Diskursstrukturen, welche unsere Situation charakterisieren, sollen hier nur vier besprochen werden, weil sie unser Problem beleuchten. Dabei handelt es sich, wie immer in diesem Kurs, um die didaktische Schematisierung eines in Wirklichkeit äußerst komplexen Ineinandergreifens von Strukturen. (1) Es gibt Medien, durch welche Informationen stufen- oder schrittweise verteilt werden, und zwar so, dass bei jedem Schritt die Zahl der Empfänger ansteigt. Man kann sie die *pyramidalen Medien* nennen. (2) Es gibt Medien, durch die Informationen durch Verästelung aufgespalten werden, um so portionsweise verteilt zu werden. Man kann sie die *baumartigen Medien* nennen. (3) Es gibt Medien, durch die Informationen an Empfänger verteilt werden, welche um den Sender einen Halbkreis bilden. Man kann sie die *theatralischen Medien* nennen. (4) Es gibt Medien, durch die Informationen im ganzen Umkreis des Senders verteilt werden. Man kann sie die *amphitheatralischen Medien* nennen. Beispiele für (1) sind Kirche und Betriebsorganisation, für (2) wissenschaftliche Institute und öffentliche Ämter, für (3) Volksschulen und Kinos und für (4) Zirkus und Fernsehen. Es ist klar, dass sich McLuhan irrt, wenn er meint, amphitheatralische Medien wie

Presse oder Fernsehen könnten die Menschheit in ein kosmisches Dorf verwandeln: Sie verwandeln sie in einen kosmischen Zirkus.
Pyramidale Medien haben einen Sender an der Spitze, welcher vom Standpunkt der Empfänger aus der Autor der verteilten Information ist. Von diesem Autor fließt

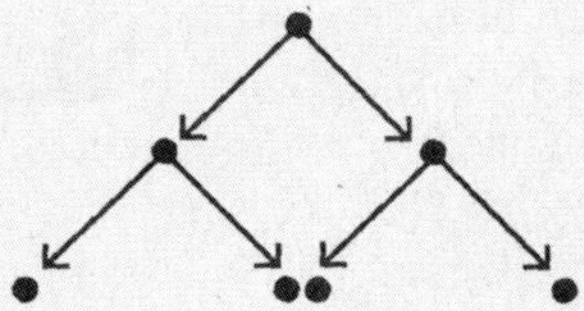

die Information sozusagen bergab in Richtung von Überträgern (Relais), deren Funktion es ist, stufenweise die Information zu de- und rekodifizieren, um sie von in den Kanälen wirksamen Interferenzen freizuhalten. Dank dieser Relais wird an der Basis die Information relativ unverfälscht von einer manchmal großen Zahl von Empfängern erhalten. Der Zweck der pyramidalen Medien ist also, eine möglichst große Treue der ursprünglich zu verteilenden Information zu erhalten. Ein Modell für solche Systeme bietet die Stromverteilung vom Elektrizitätswerk bis zur Glühbirne. Pyramidale Medien erwiesen sich in der Geschichte häufig als die entscheidenden Kommunikationsstrukturen und sind im Fall der Administration der Römischen Republik sehr klar ersichtlich. An der Spitze der Pyramide steht der mythische Autor der Information, Romulus, und seine Botschaft (zum Beispiel die *duodecim tabularum*). Diese Botschaft wird durch eine spezifische Methode *(traditio)* an Relais übermittelt, die dadurch zu Autoritäten werden. Diese Autoritäten funktionieren ministerial, indem sie die Botschaft dekodieren (interpretieren) und magistral, indem sie die Botschaft rekodieren (in gereinigter Form ihrerseits weitergeben). Die solcherart doppelte Hierarchie der Minister und Magister, zum Beispiel der Zensoren einerseits und der Pontifizes andererseits, ist dank *traditio* mit der Basis der Pyramide, den Empfängern, und durch *religio* mit dem Scheitel, dem Autor, permanent relaisartig verbunden. Die Religion scheidet Geräusche aus, die Tradition erhält Informationen.
Dieses Beispiel erlaubt, andere pyramidale Medien zu analysieren, und nicht nur solche wie die katholische Kirche oder die westlichen Armeen, welche Rom als bewusstes oder weniger bewusstes Modell benutzen. Allen pyramidalen Medien ist der autoritäre Charakter, die hierarchische Organisation, die traditionelle und religiöse Methode der Übertragung und der Unterschied zwischen magisterieller und ministerieller Funktion gemeinsam. In der Kirche entspricht Romulus Gott, den *duodecim tabularum* die Bibel, Tradition und Religion funktionieren wie in

Rom, die hierarchischen Relais sind in magisterielle, zum Beispiel katechetische, und ministerielle, zum Beispiel sazerdotale Funktionen gespalten, und das Ziel ist, die ursprüngliche Information so ursprünglich wie möglich an eine größtmögliche Zahl von Empfängern zu verteilen. Bei den Armeen entspricht Romulus dem Volk, den *duodecim tabularum* die Verfassung, Tradition und Religion funktionieren wie in Rom, nur heißen sie Disziplin und Patriotismus, die hierarchischen Relais sind in magisterielle, zum Beispiel ausbildende, und ministerielle, zum Beispiel taktische Funktionen gespalten, und das Ziel gleicht dem Roms und der Kirche. Weitere Analysen ähnlicher pyramidaler Medien (zum Beispiel von Banken, politischen Parteien, industriellen Konzernen usw.) würden vergleichbare Resultate liefern. Gegenwärtig sind solche Medien zwar noch immer sehr wichtig, spielen aber eine geringere Rolle als früher. Das kann sich jedoch ändern, wenn man bedenkt, dass die Kommunistische Partei ein besonders beeindruckendes Beispiel für ein pyramidales Medium bietet.

Baumartige Medien unterscheiden sich von pyramidalen (denen sie sonst ähneln) vor allem in zwei Aspekten: Sie haben keine Spitze und daher keinen ursprüng-

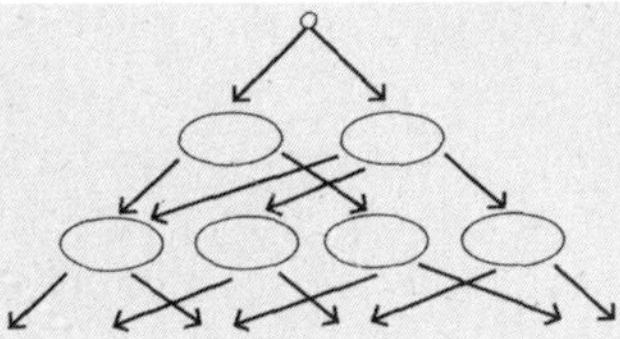

lichen, mythischen Autor, und die Zwischenstufen der Übertragung werden nicht von Relais, sondern von dialogischen Verarbeitungsstellen gebildet. Der Diskursprozess geht etwa folgendermaßen vor sich: Irgendein Dialog hat eine wichtige, zu verteilende Information zur Folge. Diese Information fließt sozusagen bergauf in Richtung von Empfängergruppen, die untereinander dialogische Medien benutzen. Diese Komitees verarbeiten die empfangene Botschaft, indem sie sie analysieren, zersetzen. Die so entstandenen Informationsbrocken werden auf die gleiche Weise an weitere Gruppen übertragen, um neuerdings analysiert und auf diese Weise übertragen zu werden. Die Empfänger dieser Diskursart, sozusagen die Krone des Diskursbaums, können in ihren Gedächtnissen nur Informationsbrocken lagern, und die zu einer Synthese führende Wiedervereinigung der Brocken kann nicht innerhalb des Baummediums selbst geleistet werden. Das ist auch nicht sein Zweck, der darin besteht, die anschwellende Flut von Informationen, welche in den geschlossenen Kreisen der verarbeitenden Dialoge entstehen, diskursiv zu strukturieren, das heißt, unnötige Redundanzen zu vermeiden, widersprüchliche Informationen zu vergleichen und überhaupt die unübersichtliche Informationsmenge zu systematisieren. Das Hauptproblem dieses Diskursmediums ist die Begrenztheit menschlicher Gedächtnisse, sowohl was die Speicherung von Information als auch was die Schnelligkeit der Datenverarbeitung betrifft, und das erklärt, warum in solchen Medien immer deutlicher neben menschlichen auch kybernetische Gedächtnisse mitwirken.

Vergleicht man baumartige mit pyramidalen Medien, dann kann man an den baumartigen ihren pyramidalen Ursprung gerade noch erkennen. Tatsächlich sind baumartige Medien vor nicht allzu langer Zeit aus pyramidalen, und zum Teil als Verneinung der pyramidalen Medien entstanden. Auch sie haben autoritären Charakter, wenn auch beispielsweise eine wissenschaftliche Autorität mit einer militärischen nicht alle Aspekte gemeinsam hat, weil in den Baumstrukturen die Übertragung nicht durch Tradition und Religion, sondern durch Kritik und Analyse geschieht. Dadurch gewinnen Autorität und Hierarchie in der Baumstruktur einen Aspekt der Widerrufbarkeit, der sie aber im Gegensatz zur pyramidalen nicht schmälert. Der entscheidende Unterschied, der bei einem solchen Vergleich ins Auge fällt, ist, dass es bei baumartigen nicht wie bei pyramidalen Medien um Treue zur Information, also um »fides« geht, sondern um Zersetzung und Neubearbeitung der Information, also um Zweifel. Betrachtet man unsere Szene flüchtig, dann lässt sich der Eindruck gewinnen, dass baumartige Medien die pyramidalen weitgehend ersetzt haben und die Szene beherrschen, vor allem in Form der wissenschaftlichen Institute und Publikationen, der technischen und technologischen Laboratorien, in Gestalt der Technokratien und überhaupt der sich immer weiter verzweigenden Spezialisierung. Ein solcher Eindruck erfasst aber nur eine und nicht die wichtigste Seite der Kommunikationsszene, in der wir leben.

Trotzdem ist das von Baummedien gestellte Problem – nämlich zerbröckelnde Informationsinflation, verbunden mit Unfähigkeit zur Synthese – tatsächlich gegeben. Es ist einer der Aspekte unserer Krise. Es gibt aber Symptome, welche andeuten, dass dieser Aspekt im Begriff ist, gelöst zu werden, und zwar dank der Kommunikationstheorie – durch kybernetische Gedächtnisse und neue Codeformen, vor allem aber dank neuer Diskursstrukturen, den sogenannten *Interface Studies*.

Bei *theatralischen Medien* befindet sich der Sender den Empfängern gegenüber, und zwar so, dass die Botschaft vom Sender in einem Halbkreis gegen die Empfänger ausgestrahlt wird. Im Rücken des Senders befindet sich eine Wand, welche die Situation abschirmt, hingegen ist die Situation im Rücken der Empfänger offen. Die Halboffenheit der theatralischen Medien, das heißt die Abschirmung

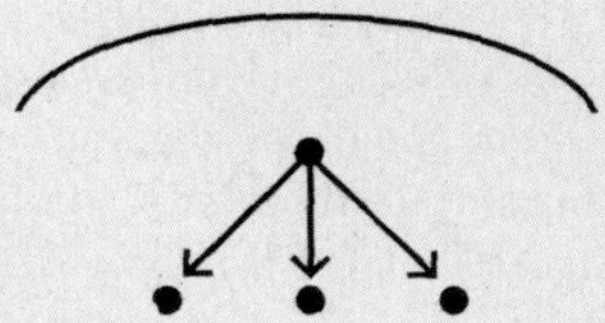

des Senders und gleichzeitig die Unbegrenztheit der Empfänger, ist für diesen Medientyp wesentlicher als andere Aspekte. Zum Beispiel können dabei die Empfänger unbewegt wie in der Schulklasse oder bewegt wie in einer Bilderausstellung dem Sender entgegensehen, oder der Sender kann die Botschaft als Original wie bei einer Vorlesung oder als Multiple wie im Kino aussenden. Das Entscheidende für dieses Medium ist nicht dies, sondern die Wand, und die daraus folgende Tatsache, dass die Empfänger sich zu einer Wand wenden müssen, um die Botschaft zu empfangen.

Vom Standpunkt des Empfängers ist diese Funktion klar: Die Wand ist eine Aufforderung an den Empfänger, sich zum Sender zu wenden. Diese Aufforderung kann marktschreierisch sein wie bei Plakaten, gewohnheitsbedingt wie beim Lehnstuhl der märchenerzählenden Großmutter, vom Gesetz unterstützt wie bei Volksschultafeln oder heimtückisch wie bei bekritzelten Klosettwänden – immer ist eine Wendung des Empfängers zur Wand hin und in diesem Sinn also eine Bereitschaft des Empfängers nötig. Und das ist auch tatsächlich das Klima theatralischer Medien: Es sind Diskurse, die nur empfangen werden, wenn sich der Empfänger dazu entschließt, sie zu empfangen. Selbstredend kann die Wand so konstruiert sein, dass ihr Imperativ für den Empfänger unvermeidlich und in diesem Sinn kategorisch wird, und zwar entweder, wie im Fall der Schultafel, durch äußeren Zwang oder, wie im Fall des Plakats, durch subliminale Manipulation, aber dennoch ist eine Öffnung des Empfängers zum Sender hin für dieses Medium charakteristisch.

Vom Standpunkt des Senders ist die Funktion der Wand weniger klar, aber ebenso wichtig. Sie deckt dem Sender den Rücken, und das in mindestens zwei Bedeutungen dieses Ausdrucks. Sie schützt ihn und bewirkt daher, dass das theatralische Medium nicht im offenen, politischen Raum steht wie die Pyramide, der Baum und das Amphitheater. Und sie funktioniert wie eine Muschel im Rücken des Senders und verhütet daher, dass sich die Botschaft richtungslos im Raum verliert. Dank der Wand ist das theatralische Medium eine Art von Trichter, bei dem Botschaften aus dem geschlossenen Raum in den offenen in spezifischer Richtung, mit spezifischer Adresse also, ausgesandt werden.

Theatralische Medien dienen der Verteilung von Informationen, die sich in privaten Gedächtnissen befinden, an solche Empfänger, welche zum Empfang aufgerufen wurden. Es handelt sich um gerichtete Publikationen, um Expositionen im weiten Sinn, also um ein Engagement eines Senders in Richtung spezifischer Empfänger. Die private Information, welche dabei verteilt wird, kann natürlich ihrerseits einem vorhergehenden Diskurs entstammen (wie im Fall der märchenerzählenden Großmutter oder des Volksschullehrers), und doch ist diese Information privat in einem Sinn, wie es bei pyramidalen, baumartigen und amphitheatralischen Medien nicht der Fall ist: Sie ist dem offenen, politischen Raum entzogen worden. Theatralische Medien dienen der öffentlichen Verteilung von Informationen, deren Ziel es ist, im Privaten zu funktionieren.
Theaterdiskurse vermitteln einem das Gefühl, dass sie seit jeher dem Weitergeben von Informationen gedient haben (beispielsweise der mythenerzählende Alte am Lagerfeuer oder der Wandmaler in Altamira). Im Vergleich zu ihnen erscheinen alle übrigen Diskursformen wie spätere Techniken, und obwohl es sich dabei wahrscheinlich um eine irrtümliche Ansicht handelt, muss man der gegenwärtigen Dekadenz dieser Form seine volle Aufmerksamkeit schenken. Es genügt nicht, die sogenannte Krise der diskursiven Schule oder das Zerbrechen der Familienstruktur (die theatralisch ist) durch das Fernsehen festzustellen, um dann einen Vergleich zwischen theatralischen und amphitheatralischen Medien aufzustellen. Es genügt nicht, das Ende der Museen und der Kinos mit deren Ersetzung durch Bildbände und Fernsehprogramme zu erklären, und dann die Probleme der amphitheatralischen Medien auseinander zu setzen. Theaterdiskurse sind die Struktur unserer *Paideia*. Sie, und nicht irgendeine Dialogform, bildet die Kette der Generationen. Sollte diese zersprengt werden, dann verschwinden Eltern und Kinder, und wir gehen tatsächlich der Brüderlichkeit, das heißt dem Zirkus entgegen.
Zur genaueren Erklärung der theatralischen Medien kann das griechische Theater als Modell dienen. Vor der Wand befindet sich ein Halbkreis, die Skene. Es ist der Ort des Senders. Das Senden selbst ist eine Tätigkeit (Drama) und der Sender ein Akteur (Drontes). Über ihm hängt eine Maschine, aus der ein Gott auf die Szene herabstürzen wird, um die Sendung entscheidend zu beenden. Um die Skene herum befindet sich ein weiterer Halbkreis (das Proszenium), auf dem sich die Chöre befinden. Sie sind eine Art Mittelwelt zwischen Sender und Empfänger: Sie begleiten die Sendung mit Kommentaren, welche zwar auf die Sendung selbst keinen Einfluss haben, aber vom Empfänger mitempfangen werden. Die Chöre haben Führer (Koryphäen) und sind in zwei Strophen gespalten: die Anastrophe

und die Katastrophe. Die Empfänger sitzen in konzentrisch aufsteigenden Erweiterungen des Proszeniums, sind also erweiterte, aber gegen den Horizont immer stummer werdende Chöre und können sich dementsprechend mit ihnen, und zwar entweder mit dem anastrophischen oder dem katastrophischen Aspekt der Sendung, identifizieren. Das griechische Theater ist ein Ort der Betrachtung (Theoria) im spezifischen Sinn einer beteiligten Beobachtung eines Dramas. Wichtig an diesem Modell ist das scheinbar dialogische Element zwischen Akteur und Chor (zwischen erzählender Großmutter und Enkel, zwischen Film und grölendem Publikum, zwischen Demagogen und Beifall brüllender Masse). Es kann sich dabei um keinen echten Dialog handeln, weil die Informationen vom Sender in Richtung Empfänger strömen (ohne damit leugnen zu wollen, dass zahlreiche Theatermedien einen Dialog gestatten – nur handelt es sich dabei nicht um das für das Theater Wesentliche). Aber obwohl kein echter Dialog stattfindet, ist die aktive Beteiligung des Empfängers am Diskursprozess gegeben. Sie ist eine Folge seiner Öffnung zur Wand hin und verleiht dem Theaterdiskurs im Vergleich zum amphitheatralischen seinen spezifischen Charakter. Der Empfänger fühlt sich angesprochen. Der Theaterdiskurs macht zwar nicht verantwortlich in dem Sinn, dass er unmittelbare Antwort herausfordern würde, aber sein Ziel ist auch nicht, wie beim Amphitheaterdiskurs, unverantwortliche Empfänger herzustellen. Die Massifizierung, die von manchen (nicht von allen) Theaterdiskursen angestrebt wird, ist nicht dieselbe wie die der Amphitheaterdiskurse. Es lässt sich daher bei theatralischen Medien, selbst bei solchen wie Kino oder Demagogie, nicht in einem exakten Sinne von echten Massenmedien sprechen. Manche theatralischen Medien können Methoden der Massenmedien verwenden, sind aber nicht selbst Verantwortungslosigkeit herstellende Diskurse. Die Tatsache, dass theatralische Medien als grundlegend oder »natürlich« angesehen werden, erklärt sich daraus, dass die bürgerliche Familie bis vor kurzem diesem Medientyp angehört hat und dass wir dazu tendieren, die bürgerliche Familie als grundlegend oder »natürlich« zu betrachten. Zumindest der Ideologie nach war die Familie in Sender und Empfänger geteilt (Mutter und Kinder). Die Theaterwand war etwa der traute Kamin im Rücken der erzählenden, belehrenden und Vorbild gebenden Mutter. Die Kinder empfingen im Halbkreis, waren der Mutter gegenüber offen, bildeten kommentierende Chöre, die pseudo-dialogischen Charakter besaßen, und die Botschaft durchlief den politischen Raum der Familie, um von den Kindern privatisiert zu werden. Theoretisch kommt der Familie aufgrund des patriarchalischen Aspekts eine Pyramidenstruktur zu (mit Autorität, Hierarchie, Tradition usw.), in welche die Mutter-Kinder-Struktur des Theaters nur eingebaut ist. In der Praxis jedoch ist der Vater ein Fremdkörper in der bürgerlichen Familie, eine ideologische Figur, die nur sporadisch in die Wirklichkeit einbricht, wie der Gott in der griechischen Theatermaschine. Hier muss offen bleiben, inwieweit das griechische Theater Modellfunktion für die Familie hat (mit dem Ödipuskomplex als Repertoire) oder ein früherer, uralter Familientypus das Modell für das griechische Theater selbst abgibt. Festzuhalten bleibt, dass das theatralische Medium deshalb für uns so wichtig ist, weil die bürgerliche Familie ihrer Ideologie nach einen solchen Medientyp darstellt.

Die bürgerliche viktorianische Familie war selbst schon eine Dekadenzerscheinung der ursprünglichen mittelalterlichen Bürgerfamilie, bei der nicht die Mutter, sondern die pensionierten Großeltern die Sender waren. Der theatralische Charakter der Familie als Kommunikationsmittel, als Paideia, war damals weit klarer: die Familie als Erhalterin und Verteilerin öffentlicher Informationen von Privatem ins Private. Die Tatsache, dass die idealisierte viktorianische Mutter aus Büchern vorliest und vom Blatt singt, während die mittelalterliche Großmutter Märchen erzählt und Volkslieder singt, beweist den Einbruch amphitheatralischer Medien schon um die Jahrhundertwende. Aber das Aufbrechen der Familie in einen Zirkus, das Niederreißen der Wand durch die Television, die Verbrüderung der Eltern und Kinder durch Fußball und Freizeit, der Kinder untereinander durch Gangs und der Erwachsenen untereinander durch Massenkultur ist doch eine junge Erscheinung.

Was die *amphitheatralischen Medien* in ihrer potenziell universalen Funktion, Botschaften gegen praktisch unbegrenzte Horizonte auszusenden, überhaupt erst

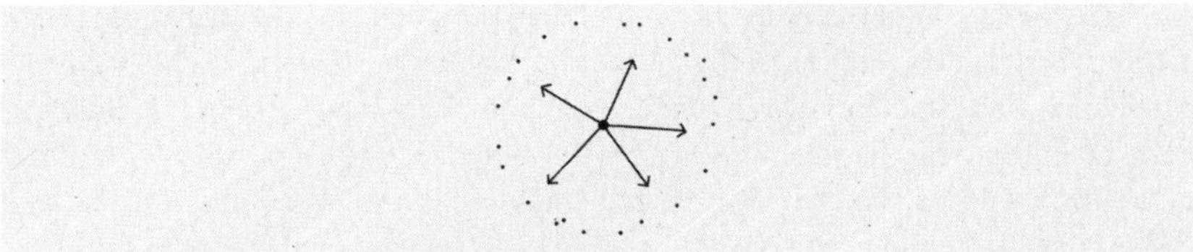

ermöglicht, ist ihre technische Vervollkommnung. Nicht, dass es nicht schon immer Amphitheaterdiskurse gegeben hätte. Sie sind wahrscheinlich ebenso alt wie theatralische, und wenn wir uns ursprüngliche Kommunikationsmittel vorstellen, dann denken wir genauso an Jagdtanz und Regenzauber wie an Wandmalerei und Mythenerzählung. Und doch ist es andererseits richtig, in den heutigen Massenmedien nicht nur hohe Entwicklungsstufen von Regenzauber (oder des römischen Zirkus bzw. mittelalterlicher Hexenverbrennung) zu sehen, sondern ein neuartiges Medium – ein technisch hochentwickeltes Rundfunken.

Bei den amphitheatralischen Medien lassen sich, im Gegensatz zu allen anderen, Sender und Empfänger getrennt betrachten, und die Übertragung der Information zwischen beiden ist nur Endprodukt eines lange vorbereiteten Prozesses. Bei pyramidalen Medien ist es seine Stellung im Medium, die den Sender bestimmt, bei Baummedien ist die Funktion von Sender und Empfänger durch die Dynamik des Mediums gegeben, und bei theatralischen Medien wenden sich Sender und Empfänger einander zu. Bei keinem der drei sind demnach Sender und Empfänger unabhängig voneinander denkbar. Bei den amphitheatralischen Medien hingegen scheint der Sender von der Existenz des Empfängers keine Notiz zu nehmen: Er ist für ihn nicht ein Kommunikationspartner, sondern ein zu fütterndes Gedächtnis, eine Sache. Der Empfänger seinerseits ist in einander kreuzende amphitheatralische Medien getaucht und empfängt von allen Seiten Botschaften, die zu ihm dringen, oft ohne dass er sich dahinter einen Sender vorstellt. Der Sender ist an einem beliebigen Ort im offenen Raum positioniert und »rundfunkt« Botschaften in diesen Raum, welche mehr oder weniger zufällig (oder scheinbar zufällig) auf Empfänger stoßen. Die Empfänger befinden sich in einem offenen Raum, durch welchen diese Botschaften schwirren, und fangen sie auf, nur weil sie sich dort befinden.

Das Prinzip der amphitheatralischen Medien ist das adressenlose Rundfunken von Botschaften dem Horizont entgegen, und ihr Motiv ist, alle erreichbaren Gedächtnisse mit dem Sender gleichzuschalten – totale Kommunikation zwischen Sender und Empfänger bei totaler Kommunikationsunmöglichkeit zwischen den einzelnen Empfängern herzustellen. Dass diese totale und totalitäre Kommunikation nur durch die Synchronisation aller amphitheatralischen Medien möglich ist, nachher aber notwendig wird, und dass dabei alle Codes ineinander übersetzbar werden, ist eine Einsicht, die wir erst in neuester Zeit errungen haben, seit amphitheatralische Medien wie Presse, Radio, Fernsehen, die ins Haus gelieferten Waren, die Warenhäuser, der Tourismus und überhaupt das, was man Massenmedien nennt, richtig zu funktionieren begannen.

Das afrikanische Tamtam, das in einem totalen Schallraum ziellos Töne kodifiziert, um die ganze Welt zu informieren (und das heißt, unter seine Macht zu zwingen), ist strukturell nicht nur mit dem Radio, sondern auch mit der Presse identisch, die ihre kodifizierten Nachrichten im alphabetischen Raum verteilt, und gleichermaßen mit dem römischen Zirkus, welcher zwischen Regentanz und Radio eine Mittelstellung einnimmt. Nur darf man bei der Anwendung des Modells nicht vergessen, dass hinter dem amphitheatralisch funkenden Sender nicht irgendein mythisches Prinzip steht – wie uns manche Kommunikologen, die

die Massenmedien autonomisieren, glauben machen möchten. Vielmehr steht hinter dem Sender die Absicht, durch Irradiation der Botschaft auf alle erreichbaren Empfänger ein bestimmtes Verhalten zu provozieren. Alle amphitheatralisch ausgesandten Botschaften sind Imperative. Das gilt für die Uraltmedien wie die Magie ebenso wie für die ganz neuen Medien wie das Fernsehen und macht diesen Typ von Medien »magisch«. Nur ist die Absicht hinter den modernen Massenmedien weit leichter zu entdecken als hinter den traditionellen, obwohl sie sich gleichermaßen zu tarnen versuchen, um wirken zu können. Das Fernsehen ist ein gutes Beispiel für amphitheatralische Medien, und für Massenmedien im besonderen, weil es das Charakteristische am Zirkus heraushebt: das Massifizierende, die falsche Freiheit, die Verantwortungslosigkeit, die Unmöglichkeit zu dialogisieren, die Passivität der schwarzen Kiste gegenüber, die magische Gewalt dieser Kiste, die ontologische Verfremdung mit ihren ästhetischen, erkenntnistheoretischen und politischen Folgen und das programmierte Verhalten. Es ist auch ein gutes Beispiel für die Ambivalenz derer, die Kommunikologie betreiben: Sie können das Fernsehen immer besser programmieren oder aber seinen Code entziffern. Sie können in ihm sein oder hinter ihm sein. Was ihnen allerdings schwer fällt, ist vor ihm zu sitzen.

Anmerkung

[1] Den Vortrag »Diskursive Medien« hielt Flusser an der Univeristät Marseille-Luminy im Rahmen seiner Vorlesungen zur Kommunikationstheorie, ebenso den Vortrag »Dialogische Medien«.

Dialogische Medien

Definiert man den Dialog als jenen Prozess, bei dem auf verschiedene Gedächtnisse aufgeteilte Informationen zu einer neuen Information synthetisiert werden, und stellt man dann die Frage, welche Medien diesem Kommunikationsprozess dienen, so wird man feststellen, dass diese Frage auf zwei Arten formuliert werden kann: (a) Welche Medien können dem Dialog dienen, und (b): Welche dienen ihm tatsächlich? Auf (a) erhält man die etwas überraschende Antwort, dass die meisten technoimaginären Medien ursprünglich als dialogische Medien gedacht waren – Radio und TV sind dafür Beispiele. Der diskursive Gebrauch des Radios war seinen Erfindern völlig unvorstellbar, denn sie glaubten, drahtlose Telefone erfunden zu haben, und die Erfinder des Fernsehens glaubten, grenzenlose audiovisuelle Dialoge ermöglicht zu haben. Die gegenwärtige diskursive Funktion der technischen Medien, ihre Verwandlung in Massenmedien, ist also nicht eine Folge ihrer Bauart, sondern einer Entscheidung ihrer Besitzer. Fragt man jedoch, welche Medien heute tatsächlich dem Dialog dienen, so erhält man die Antwort, dass es sich fast ausschließlich um vortechnische Medien wie Kaffeehäuser, Klubräume, Wohnzimmer und Sitzungssäle handelt. Obwohl gelegentlich technische Medien wie Walkie-Talkies, Videos und Magnetophone in den Dienst des Dialogs treten und obwohl die beiden staatlichen dialogischen Netze, das Post- und das Telefonsystem, sich technischer Einrichtungen bedienen, scheint es nicht im Interesse der die Entscheidungen treffenden Elite zu sein, die kommunikologische Revolution dem Dialog freizugeben.
Unsere Dialoge gehen so archaisch vor sich wie vor der Industriellen Revolution, und mit Ausnahme des Telefons dialogisieren wir eigentlich noch genauso wie zur Zeit Roms, während die uns berieselnden Diskurse sich der letzten Errungenschaften der Wissenschaft bedienen. Jede Hoffnung auf Verhütung der totalitären Gefahr der Massifizierung durch programmierende Diskurse aber ist in der Möglichkeit zu suchen, die technischen Medien dem Dialog zu öffnen.
Während wir zwar noch ungefähr genauso wie die Alten dialogisieren, hat die Kommunikationsrevolution unsere Dialoge jedoch aus dem Zentrum in die Ecken verschoben. Das herausragende Medium des traditionellen Dialogs ist der Marktplatz als der Brennpunkt der Gesellschaft. Dieser Marktplatz steht uns nicht mehr zur Verfügung. Die Industrielle Revolution hatte das Zersprengen der Kleinstädte

und Dörfer zur Folge, in denen der Marktplatz als dialogisches Zentrum fungierte. Die Zusammenballungen der Großstädte und die Zerstreuung der Vorstädte sind Strukturen, die einen Dialog auf traditionelle Weise unmöglich machen. Wo es aber noch Marktplätze gibt oder wo solche durch ähnliche Medien (etwa Foyers, Kulturzentren usw.) ersetzt werden, erschweren diskursive Invasionen wie Lautsprecher, Plattenspieler, Kinowände oder TV-Kisten den Dialog oder machen ihn unmöglich. Eine wichtige Funktion der diskursiven Medien ist, dass sie ihre Empfänger etwa wie Rauschgifte programmieren: Sie sind »habit-forming«. Das erklärt, warum Menschen, die zum Beispiel ins Kaffeehaus gehen, also an Orte des Dialogs, dort entweder Zeitungen lesen oder Musik hören, das heißt Diskurse empfangen, welche andere Menschen, die dialogisieren wollen, gerade daran hindern. Unsere Methoden des Dialogisierens sind zwar dieselben wie bei den Alten, aber die meisten unserer Dialoge werden von einem Hintergrundgeräusch der immer gegenwärtigen Diskurse begleitet. Und doch ist der Marktplatz, dieses traditionelle dialogische Medium par excellence, noch immer das beste Mittel, um das Wesen des Dialogs zu erfassen.

Grundsätzlich verfügen wir über zwei dialogische Strukturen: über *Kreise* und über *Netze*. Bei der Kreisstruktur sind die am Dialog beteiligten Partner um eine

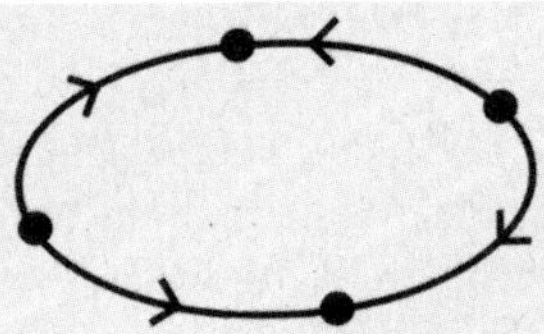

leere Mitte versammelt, in der sich die neu zu bildende Information aufstellt. Beispiele für die Kreisstruktur sind nicht nur der Marktplatz, sondern der Runde Tisch, das Parlament, das Laboratorium usw. Die leere Mitte ist für diese Struktur charakteristisch und wird als Konsensus, als gemeinsamer Nenner, als *raison d'état*, als Arbeitshypothese usw. bezeichnet. Bei Netzstrukturen bildet jeder am Dialog

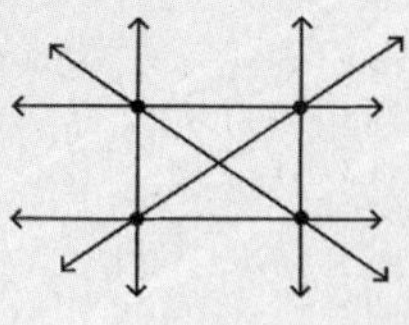

beteiligte Partner das Zentrum, und die Synthese der Informationen erfolgt durch Diffusion im Bereich des gesamten Netzes. Beispiele für die Netzstruktur sind die

Post, das Telefon, das Video, die Computersysteme. Der grundlegende Unterschied zwischen Kreisen und Netzen besteht in der Tatsache, dass es sich bei Ersteren um geschlossene und bei Letzteren um offene Systeme handelt. Angesichts der demographischen Explosion ist klar, dass nur Netzsysteme den Massenmedien die Stirn bieten könnten. Kreissysteme werden von diskursiven Medien aufgesogen und entweder in deren Dienst gestellt oder verschlungen. Das ist übrigens ein struktureller Aspekt der sogenannten »Krise der Künste»: Sie befinden sich in der Krise, weil sie geschlossene Kreisdialoge sind.
Das Wesentliche am Dialog, der Austausch bestehender Informationen mit dem Zweck der Ausarbeitung von neuen, geht aus beiden Strukturen, aus Kreis wie Netz, hervor. Selbstredend wird bei der Besprechung der Netze immer betont werden müssen, dass es sich um eine neue Dialogstruktur handelt und dass daher die traditionellen Kategorien, so wie sie seit der griechischen Philosophie ausgearbeitet wurden, angepasst werden müssen. Zum Beispiel kann die Kategorie »Politik« nicht ohne weiteres vom Marktplatz auf das Video übertragen werden, und sollte es daher gelingen, den Prozess der Entpolitisierung durch die Massenmedien zu stoppen, so wird die Politik der Zukunft sicher eine Netzstruktur und nicht mehr eine Kreisstruktur haben. Und doch ist der Marktplatz ein ideales Modell für den Dialog, eben weil man sich mit ihm seit Menschengedenken auseinander gesetzt hat.
Der griechische Marktplatz, die Agora, als Zentrum des Dorfes, der Polis, ist das Thema und zugleich der Ort der sokratischen und nachsokratischen Philosophie und somit eine der Wurzeln unseres Denkens. Es ist ein Platz, der dem Austausch dient, und das in einem doppelten Sinn dieses Wortes. Einerseits tauschen dort die Bewohner des Dorfs Dinge untereinander und andererseits tauscht das Dorf dort seine eigenen gegen fremde, hereinkommende Dinge. Der Kreis des Marktplatzes ist also relativ offen: Dinge kommen per Wagen, zu Schiff oder zu Pferd von überall her an, um ausgetauscht zu werden. Und doch ist der Raum des Marktplatzes, der »politische Raum« kein tatsächlich offener Raum wie etwa der Hafen. Denn nicht jeder hat das Recht, am Tausch auf dem Markt teilzunehmen (zum Beispiel nicht Frauen, nicht Sklaven und nicht Barbaren). Dass der »politische Raum« nicht offen sein kann, ohne seinen dialogischen Charakter zu verlieren und also ohne aufzuhören, »politisch« zu sein, ist eine Überzeugung, die besonders von Plato ausgearbeitet wurde. Wären nämlich auch Sklaven zum Tausch berechtigt, dann wären nicht etwa alle Menschen »frei« (am politischen Raum beteiligt), sondern alle Menschen wären Sklaven (es würde keinen politischen Raum mehr geben).

Der Marktplatz ist von Privathäusern (Oikai) umgeben, in denen die private Ordnung (Oikonomia) vorherrscht. Frauen, Kinder und Sklaven erzeugen Dinge, um sie zu verbrauchen, und verbrauchen Dinge, um andere erzeugen zu können. Dieser absurde Kreis der Ökonomie, dieser sinnlose Zyklus von Tag und Nacht, Saat und Ernte, Geburt und Tod, hat aber doch einen Sinn: Er erlaubt dem Hausherrn zu verbrauchen, ohne zu erzeugen. Dieser kann, anstatt zu schuften, überflüssige Dinge machen, um sie nach Fertigstellung auf den Markt zu tragen. In diesem Sinn ist die Ökonomie die Basis der Politik: Weil es Sklaven gibt, können Herren frei sein, auf den Markt zu gehen und überflüssige Dinge zu tauschen.

Das Machen von überflüssigen Dingen (Techne) hat nicht die Zirkelstruktur, welche die Ökonomie kennzeichnet, sondern es besitzt die lineare, gerichtete Struktur des Pfeils. Es beginnt mit der Wahl eines Materials für eine spezifische Form und endet, wenn das Material zur Form umgeformt wurde. Daher unterscheidet sich der Künstler vom Sklaven durch seinen Lebensrhythmus: Der Sklave lebt im Rhythmus des Tiers, er erzeugt, verbraucht und erzeugt, isst, um zu verdauen, und verdaut, um zu essen, arbeitet, um zu schlafen, und schläft, um arbeiten zu können, wird geboren, um zu sterben, und stirbt, um in seinen Kindern weiterzuleben. Der Künstler, der Meister, der Bürger hingegen lebt im Rhythmus der Freiheit, er erzeugt, um ein überflüssiges Werk zu schaffen, und wenn es fertig ist, hat er Muße, sich der Betrachtung des Werks hinzugeben. Diese Muße (Schole) und die Betrachtung (Theoria) sind das Ziel seines Lebens, und die erzeugende Phase kann daher »Fehlen von Muße« (Ascholia) genannt werden.

Während der Mußezeit verlässt der Meister den privaten Raum seines Hauses, um sich in den öffentlichen Raum des Markts zu begeben. Dort begegnet er anderen ebenso müßigen Bürgern, und man kann daher den politischen Raum und die Schule (Polis und Schole) als Synonyme betrachten. Jeder der müßig auf dem Markt schreitenden Meister trägt gleichsam das gerade fertiggestellte Werk unter dem Arm, um es den anderen zu zeigen (es zu publizieren). Die Absicht dieses Herausstellens des Werks aus dem privaten in den politischen Raum besteht darin, es mit anderen Werken zu vergleichen. Dieses Vergleichen ist ein Tauschen, denn dabei stellt sich heraus, wie viel ein Werk im Vergleich zu einem anderen wert ist. Im Tausch wird der Wert (Norma) aller ausgestellten Werke festgestellt. Dieses Herausstellen der Werte, dieses Normieren (was die Römer »legislatio« nannten) ist eine Steuerung (kybernein), denn es bietet eine Orientierung zum Handeln.

Das Entscheidende an diesem dialogischen Prozess ist aber nicht nur, dass er Privates publiziert, dass er Werte feststellt und so die Polis informiert und regiert und dass er sich in der müßigen Theorie abspielt. Noch wichtiger ist, dass er die Wahrheit entschleiert (A-letheia). Wir können selbstredend nicht mehr mit Plato glauben, dass die Ideen ewig sind und dass sie während des Dialogs auf dem Markt ins Gedächtnis zurückgerufen werden. Für uns sind Ideen nicht übermenschliche Gegebenheiten, sondern von Menschen erzeugte Informationen. Und doch können auch wir die epistemologische Funktion des Dialogs, ganz wie die Griechen, erkennen. Normierung durch Vergleich ist nicht nur das Zurückführen von verschiedenen Meinungen (Doxai) auf den kleinsten gemeinsamen Nenner, wie Rousseau meinte. Der Dialog ist nicht notwendigerweise eine Verarmung der vorher privaten Informationen, sondern es kann sich dabei sprungartig eine neue Information auf »höherer Ebene« ergeben. Der dialektische Charakter des Dialogs ist im Grunde die Legitimation des politischen Lebens: Durch den Tausch, intersubjektiv, kommen die Menschen der Wahrheit immer näher. Dank der dialogischen Methode ist Politik ein schrittweises Überwinden von Meinungen und ein Erreichen der Weisheit (Sophia). Das meinte Plato mit seiner Forderung, dass die Könige Philosophen zu sein haben.

Die Werke, die auf dem Markt ausgetauscht werden, müssen nicht unbedingt materiell sein. Es kann sich auch um Gedanken, Wünsche oder Gefühle handeln. Im Grunde handelt es sich immer um »Werte« (Logoi) im griechischen Sinn dieses Wortes, nämlich um geordnete Modelle, die in verschiedenen Codes übermittelt werden. »Normieren« heißt im Grunde, diese geordneten Modelle miteinander zu vergleichen, zum Beispiel Schuhe mit Töpfen oder Gedanken mit Gedanken. Das ist, was die Griechen den Dia-logos, den Austausch von Logoi, nannten. Es ist auch der Grund, warum sich der Dialog auf dem Markt im Kreis um eine leere Mitte herum abspielt: Es ist ein Kreisen um die nie zu erreichende, wenn auch immer näher gebrachte Wahrheit.

Den griechischen Marktplatz als Modell für dialogische Kommunikation wird man heute noch in elitären Kreisen, etwa in Ausstellungen, wissenschaftlichen Laboratorien, Unternehmensverwaltungen usw. wiedererkennen. Das Klima der Theorie, das Publizieren von Privatem und sein Austausch, die Suche nach Leitfäden für Entscheidungen und die Suche nach Wahrheit können in höherem oder minder höherem Grad in solchen abgeschlossenen Kreisen festgestellt werden. Man könnte also glauben, dass wir uns in einer mit den Griechen vergleichbaren Situation befinden: einerseits die Masse der Produzenten und Konsumenten, welche Diskurse empfangen und weder die Muße haben zu dialogisieren noch über Methoden verfügen, aus dem privaten Raum in den politischen vorzustoßen, weil für sie der politische Raum überall von Diskursen besetzt ist; und andererseits eine Elite, Herren, Bürger, Techniker, Künstler, welche Muße haben (Schulen besuchen), um miteinander zu dialogisieren und neue Informationen auszuarbeiten.

Eine solche Ansicht aber wäre ein Irrtum. Die elitären Dialoge der Gegenwart sind ebenso wenig mit den griechischen zu vergleichen wie die Pseudodialoge der Masse beim Fest oder Camping. Die Masse dialogisiert nicht im griechischen Sinn, weil sie ständig von Diskursen berieselt wird und daher nur über Informationen verfügt, die für alle ausgestrahlt wurden. Und auch die Elite dialogisiert nicht im griechischen Sinn, weil sie nicht auf einem für die ganze Gesellschaft gemeinsamen Marktplatz versammelt, sondern auf eine große Zahl miteinander nicht kommunizierender Kreise verteilt ist. Jeder Dialog bedient sich eines spezifischen Codes, und diese Spezialisierung verzweigt sich in der Baumstruktur des elitären Diskurses. Man kann also von einer »Normierung« bei der heutigen Dialogsituation nicht sprechen, sondern muss zugeben, dass sich paradoxerweise alle Dialoge, inklusive der sogenannten »politischen«, entpolitisiert und somit ihr Wesen verloren haben.

Auf der Ebene der Masse hat die Kommunikationsrevolution den Dialog durch die Ausarbeitung der Massenmedien vernichtet, und auf der Ebene der Elite hat sie ihn durch die Ausarbeitung der Baumdiskurse in kleine geschlossene und daher verfremdete Kreise zerrieben. Die einzige mögliche Kommunikation zwischen den uns lenkenden Dialogen ist deren Übersetzung in hochabstrakte Codes, beispielsweise die Computercodes, und darum gewinnt heute das Wort »kybernein« eine neue und unpolitische Bedeutung. Noch wichtiger aber ist die Tatsache, dass jeder nur im Bereich seiner eigenen Spezialisierung am Dialog beteiligt ist. Im Bereich aller anderen Informationen ist er ein Empfänger von Diskursen wie alle anderen. Die sogenannte »Krise der Werte«, von der so viel die Rede ist, lässt sich von hier aus verstehen. Zwar gibt es eine ganze Reihe von Spezial-Normen, die in geschlossenen Kreisen ausgearbeitet werden, aber es kann keine allgemeingültigen Normen geben, wo ein echter Dialog im griechischen Sinn nicht die Möglichkeit hat, sie herauszustellen. Von Griechenland aus gesehen, sind wir bereits eine amorphe Masse von Sklaven, welche ein ökonomisches, das heißt privates, »idiotisches Leben« führen, entpolitisiert sind und sich immer mehr von der Wahrheit entfernen, indem sie zum Spielball von verschiedenen Orthodoxien werden, welche Spezialisten und vergleichbare Idioten ausarbeiten.

Wie gesagt kannten die Griechen nicht die Netzstruktur der Dialoge – nicht nur, weil sie keine Telefone besaßen, sondern auch, weil ihnen der Begriff des »Du«, des im Dialog angesprochenen Partners, fremd war. Sie waren keine Juden. Da-

rum ist unsere Lage nicht nur von Griechenland aus zu betrachten, sondern auch von der Bibel her.
Von der sokratischen Philosophie an hat der Kreisdialog in der westlichen Tradition tief schürfende Untersuchungen erfahren. Der Netzdialog hingegen ist in unserer Tradition kein Thema. Das erklärt sich aus der untergeordneten Rolle, die er vor der Erfindung des Telegrafen, vor der wirksamen Organisation der Post und vor allem vor der Errichtung des Telefonnetzes gespielt hat. Hingegen gibt es eine implizite Analyse des Dialogs in der jüdisch-christlichen Tradition, welche in Bubers *Dialogischem Leben* ganz explizit wird und in überraschender Weise das dem Netzdialog inhärente existenzielle Problem beleuchtet.
Die eigenartige Ontologie, welche das Judentum zumindest seit der Prophetie von allen uns bekannten Weltanschauungen unterscheidet und in der jüdischen Tradition die »Auserwähltheit« genannt wird, hat mit dem sogenannten »Monotheismus« wenig zu tun. Nicht nur hat es überall, und vor allem bei sogenannten »Primitiven«, immer Monotheismen gegeben, sondern die angebliche Kontradiktion zwischen dem Monotheismus der Juden und dem Polytheismus der sogenannten Heiden beruht auf einer propagandistischen Demagogie der Propheten und der frühchristlichen Agitatoren. Nicht in der Behauptung eines »einzigen Gottes« ist die Einzigartigkeit der jüdischen Ontologie und infolgedessen der westlichen Zivilisation zu suchen, sondern in der Art, wie dieser Gott »geglaubt« wird – nicht als ein Objekt des Glaubens, sondern als Stützpunkt des Vertrauens (wie man etwa glaubt, dass der Freund nicht lügt oder dass einem eine Frau treu bleibt). Nicht »Credo in unum Deum« charakterisiert die jüdische Ontologie, sondern »Er ist mein Schild«.
Man kann den Unterschied zwischen einer solchen Ontologie und der griechischen Tradition als den Unterschied zwischen der zweiten und dritten grammatikalischen Person, zwischen »du« und »er«, bezeichnen. Für die griechische Ontologie (und für alle außer der jüdischen) ist der Mensch ein Subjekt der Welt, und die Welt ein Objekt des Menschen. Der Mensch erkennt sich als ein »Ich«, indem er sich der Welt als seinem »Es« entgegenstellt. Diese Dialektik zwischen Mensch und Welt verleiht allen Ontologien außer der jüdischen jenen metaphysischen Charakter, der beispielsweise aus dem Widerspruch zwischen Idealismus und Realismus klar hervorgeht. Für die jüdische Ontologie hingegen ist der Mensch ein »Ebenbild« Gottes. Er erkennt sich als ein »Ich«, weil ihn Gott als ein »Du« anspricht. Und ebenso wie seine Existenz, sein »Ichsein«, darin besteht, von Gott als »du« angesprochen zu werden, so besteht die Existenz Gottes in der Antwort des Menschen auf diesen göttlichen Anspruch. Auch Gott ist wie der Mensch ein

»Ich« (und nicht ein »Es«, wie es die Welt ist), und zwar ist Gott ein »Ich«, wenn ihn der Mensch als »du« anspricht. Darum kann Angelus Silesius sagen: »Ich weiß, dass ohne mich Gott nicht ein Nu kann leben. Werd ich zunicht, er muss von Not den Geist aufgeben«, und Buber kann sagen: »Fragt man: Gibt es Gott, sage ich: Nein. Fragt man: Glaubst du an Gott, sage ich: Ja«.
Darum ist, laut jüdischer Ontologie, die Seinsbasis des Menschen nicht die Welt, sondern der Anspruch Gottes. Nicht die metaphysische Frage: »Gibt es etwas hinter den Erscheinungen?« ist die Grundfrage der jüdischen Ontologie, sondern: »Hat das menschliche Leben Bedeutung?«
Das alles ist zwar in der jüdisch-christlichen Tradition enthalten, aber nicht klar ersichtlich, weil es von griechischen Kategorien verdeckt ist. Aber immer wieder im Verlauf der okzidentalen Geschichte, und jeweils in anderer Form, bricht diese existenzielle Grundontologie durch die offizielle hindurch, und die Form, die dieser Durchbruch in der Gegenwart annimmt, hat mit Theologie wenig zu tun. Zwar ist Bubers Buch *Ein dialogisches Leben* als ein theologisches Werk anzusehen, aber es spricht nicht »von« Gott, sondern »zu« Gott, und es tut dies, indem es zu uns spricht. Darum lässt sich sagen, dass die jüdisch-christliche Tradition in der Gegenwart nicht als Theologie, sondern als Suche nach zwischenmenschlichen Beziehungen durchbricht. In diesem Sinn ist jeder Versuch, der diskursiven Vermassung die Stirn zu bieten, als ein Durchbruch der jüdisch-christlichen Tradition durch die technologische Oberfläche zu werten.
Wenn der Mensch als der »andere« Gottes und Gott als der »andere« des Menschen angesehen wird, dann versteht es sich von selbst, dass jeder Mensch als »mein anderer« für mich ein Aspekt Gottes ist. Um dies untheologisch zu sagen: In dem Maß, in dem ein anderer »du« zu mir sagt, und nur in diesem Maß, kann ich mich als ein »Ich« annehmen. Daher ist die jüdisch-christliche Religiosität der Ausdruck einer Anthropologie, laut welcher der Mensch erst im Dialog mit anderen Mensch wird. Das meint die Bibel, wenn sie sagt, der Weg zu Gott gehe durch die Liebe zum Nächsten. Es handelt sich hier weder um eine Vermenschlichung Gottes (eine anthropomorphe Theologie) noch um eine Vergöttlichung des Menschen (eine theomorphe Anthropologie), sondern um eine Sakralisierung des anderen.
Entscheidend für die Analyse des Menschen im Judenchristentum ist, sie nicht mit Philantropie oder Humanismus zu verwechseln. Es handelt sich nicht um eine abstrakte Liebe zum Menschen *tout court*, und noch weniger um die Liebe zu allen Menschen, sondern um die Selbsterkenntnis in jenem anderen, der »du« zu mir sagt. Darum spricht die Bibel nicht von Menschenliebe, sondern von der Liebe

zum Nächsten. Daher ist es falsch, den jüdisch-christlichen Begriff der Gesellschaft und des Staates beispielsweise mit dem griechischen gleichsetzen zu wollen. Die Absicht des griechischen Dialogs ist die theoretische Vision der Wahrheit, und die des jüdischen Dialogs die Erkenntnis des anderen und die Selbsterkenntnis im anderen. Das Ziel des griechischen Staates ist das Erreichen der Weisheit durch Überwindung der Meinungen, und das Ziel des jüdischen Staates das »Reich Gottes«, das heißt die eigentliche Menschwerdung. Der Unterschied zwischen Utopie und Messianismus besteht darin, dass das Ziel der Utopie die »Idee« und das Ziel des Messianismus der Mensch ist.

Um diesen Unterschied in die Terminologie der Kommunikationstheorie zu übersetzen: Die griechische Analyse des Dialogs betont den Umstand, dass im Dialog neue Informationen entstehen. Die jüdische Analyse betont, dass weder das Senden noch das Empfangen, sondern das Antworten auf Botschaften der Zweck der Kommunikation ist. Die griechische Analyse hat ein visuelles Modell des Dialogs und die jüdische ein auditives: Für die Griechen ist der Dialog die Methode, eine Idee sichtbar zu machen. Für die Juden ist er die Methode, auf die Stimme des anderen antworten zu können. (Daher der hörbare jüdische Gott und die sichtbaren griechischen Götter.) Anders gesagt: Die Griechen interessieren sich für das Thema des Dialogs, weil sie sich für »Wahrheit« interessieren, und die Juden für den Akt des Dialogisierens, weil sie sich für »Verantwortung« (Freiheit und Sünde) interessieren.

Da es sich hier nicht um einen Widerspruch, sondern um Komplementarität handelt, ist es verwunderlich, dass trotz der zahlreichen Synthesen von Judentum und Christentum nie eine echte Synthese in der Bewertung des Dialogs und damit der Politik als Daseinsform erreicht wurde. Eine mögliche Erklärung für diese Unfähigkeit des Westens, seine jüdischen und griechischen Wurzeln zu vereinen, kann die Kommunikationstheorie bieten, indem sie darauf verweist, dass der vom Judentum analysierte Aspekt des Dialogs in den bisher verfügbaren Medien nicht voll zum Ausdruck kommt. Der Dialog als Anerkennung des anderen und Selbsterkenntnis in anderen ist innerhalb der Kreisstruktur, wie sie der Marktplatz und der Runde Tisch exemplifizieren, nicht völlig realisierbar, sondern bislang nur in ganz engen bi-valenten Strukturen wie Liebe oder Freundschaft. Die jüdische Analyse des politischen Lebens ist nach dieser These nicht verarbeitet worden, weil wir zwar über Medien für utopische, nicht aber für messianische Dialoge verfügen. In Dialogen, wie demjenigen zwischen Liebenden, verwenden wir wie selbstverständlich die Parameter der jüdischen Analyse: Wir interessieren uns für den existenziellen Aspekt und kümmern uns nicht um das Thema des Dialogs. In

Dialogen, wie demjenigen auf dem Markt dagegen, verwenden wir wie selbstverständlich die griechische Analyse: Wir interessieren uns für das Thema, über das dialogisiert wird.

Akzeptiert man die vorgeschlagene These als Arbeitshypothese, dann gewinnt die jüngst entstandene Netzstruktur ein geradezu faszinierendes Interesse. Man kann sich nämlich fragen, ob, und wenn ja, in welchem Maße Netzsysteme wie das Telefon und die Post in den Dienst jenes Aspekts des Dialogs gestellt werden können, den die jüdische Analyse betont und der in den traditionellen Medien zu kurz kommt. Wenn Medien wie Marktplatz und Runder Tisch einer utopisierenden Politik gedient haben, aber es heute nicht mehr tun können, werden in der Zukunft Medien wie Post und Telefon einer messianisierenden Politik dienen? Eine solche Frage ist nicht so absurd, wie sie auf den ersten Blick zu sein scheint. Denn das Charakteristische an der Netzstruktur ist geradezu, dass jeder Partner des Dialogs mit jedem anderen verbunden ist, also »du« zu ihm sagen kann, und dass das Fehlen einer Mitte, wie sie die Kreisstruktur aufweist, das Interesse vom Thema ablenkt und dem dialogischen Prozess selbst zuwendet. Man geht auf den Markt, um etwas zu tauschen, aber man telefoniert, um mit jemandem zu sprechen.

Selbstredend verlangt jede Antwort auf eine Frage dieses Typs eine genaue Untersuchung dessen, was bei Dialogen in Netzstrukturen vor sich geht. Wie eingangs gesagt, ist eine solche Analyse der Netzdialoge in unserer Tradition nicht verfügbar. Zwar gibt es selbstredend Untersuchungen der Korrespondenz zwischen berühmten und weniger berühmten Menschen, und ganz charakteristischerweise gibt es in der jüdischen Literatur eine ganze »Responsenliteratur« genannte Phase, aber eine Untersuchung der Post im Sinne von Untersuchungen, die den Marktplatz als Kommunikationsmedium betreffen, existiert nicht. Es eröffnet sich hier ein ganzes und gewaltig großes Feld für künftige Forschung. Ein Sokrates des Telefonnetzes ist gefordert.

An vielen Orten lassen sich Versuche beobachten, neue Netzstrukturen aufzustellen. Kabeltelevision, programmierte Erziehung, Computerdialoge, Telex einerseits, Videobänder, Graffiti, soziologische Kunst, Gruppentherapie andererseits sind Beispiele für solche Versuche. Auch die chinesischen Wandzeitungen und die Kibbuzim lassen sich in diesem Zusammenhang erwähnen. Man kann den Eindruck bekommen, dass überall das Gefühl wach wird, dass Netzdialoge zu einem politischen Leben in einem neuen, vorher nie verwirklichten Sinn führen können. Aber es lässt sich auch nicht leugnen, dass sich dies alles im Empirischen abspielt. Eine der wichtigsten Herausforderungen an eine tatsächlich wirksame Kommunikationstheorie besteht darin, diese Experimente theoretisch zu stützen.

In Ermangelung einer solchen theoretischen Basis soll hier der Versuch unternommen werden, ganz kurz zu beschreiben, was beim Telefonieren vor sich geht. Eine Untersuchung der Fernsehkiste muss die Absicht verfolgen, auf die Gefahren des diskursiven Totalitarismus hinzuweisen. Die Untersuchung des Telefonapparates muss dagegen darauf zielen, eine mögliche Strategie zur Bekämpfung dieses Totalitarismus vorzuschlagen. Es ist leider charakteristisch für den Zustand der Kommunikationsschulen, dass die Television ein zentrales Thema des Unterrichts darstellt, während das Telefon zwar oft als Ausgangsmodell zur Analyse der Kommunikation überhaupt dient, aber nie oder fast nie als Modell einer möglichen künftigen Kommunikationsform. Die Erklärung dafür lautet nicht nur, dass die Kommunikologen vom diskursiven Apparat verschlungen werden, um ihm zu dienen, sondern auch, dass ihnen der messianische Charakter, der in den Netzstrukturen als Virtualität schlummert, gar nicht bewusst wird. Sie haben die Funktion des »Seelenfangs« von Netzen vergessen oder verwechseln sie mit Gehirnwäsche.
Ein Wort der Warnung muss diesen Vortrag beschließen. Es ist hier nicht etwa beabsichtigt, durch Rückgriff auf Buber und damit auf die dem Judentum und Christentum grundlegenden Kategorien den in den Anfangsstadien stehenden Netzdialogen eine Ideologie unterzuschieben, etwa sie zu messianischen Heilsmethoden zu machen. Die Absicht war im Gegenteil, darauf hinzuweisen, wie wenig die uns zur Verfügung stehenden Medien, inklusive der künftigen Netzmedien, dem tiefen, existenziellen Verlangen des Menschen nach Anerkennung des anderen und Selbsterkenntnis im anderen, kurz der Liebe im jüdisch-christlichen Sinn dienen.
Zu Beginn dieses Kurses wurde behauptet, der Mensch sei ein einsames Tier, das versuche, seine Einsamkeit symbolisch, durch Kommunikation, zu überwinden. An diesem Punkt des Kurses erscheint diese anfängliche Behauptung in einem anderen Licht. An dieser Stelle lässt sich sagen, der Mensch versuche, seine Einsamkeit durch dialogische Erkenntnis des anderen zu überwinden, und dies sei das existenzielle Motiv aller Kommunikationen. Die Betrachtung der Szene, in der wir uns befinden, erlaubt nicht die Behauptung, dass ihm dies gelänge, sondern zwingt im Gegenteil zu dem Schluss, dass sich der Kommunikationsprozess immer mehr des-existenzialisiert. Und doch gibt es gegenwärtig auch Anzeichen für eine Umwendung dieser Tendenz. Inwieweit diese Hoffnung berechtigt ist, lässt sich nicht prognostizieren. Aber es lassen sich die Anzeichen untersuchen.

Edith und Vilém Flusser

Die Geste des Musikhörens

Die Geste des Sehers ist durch Mythos und Tradition so stark stilisiert worden, dass man im Fernsehen und auf Reklamen täglich und überall beobachten kann, wie sie zur Pose wurde. Zum Beispiel die Pose des energisch die Sterne fixierenden Staatsmannes. Die Geste des Denkers ist durch Rodin zu einem Klischee geworden. Die Geste des Hörers hingegen scheint auf den ersten Blick nicht ebenso stereotypisiert zu sein, obwohl sie der des Sehens und des Denkens verwandt ist, insoweit es sich nämlich nicht um eine Bewegung, sondern eine Stellung des Körpers handelt. Wirft man jedoch vom Standpunkt der Gestik einen Blick auf mittelalterliche Ikonographie, dann begegnet man der Geste des Hörens als einem der zentralen Themen. Sie ist die Gebärde Marias bei der Empfängnis, die Gebärde des Befruchtetwerdens durch das Wort (logos). Maria »empfängt«, das heißt, sie hört eine Stimme. Es ist belehrend zu beobachten, wie sich die Geste mit Einbruch der Renaissance ändert. In der Gotik ist es die Geste der überraschten, gerufenen, in der Renaissance die der entschlossenen, horchenden Maria. Wenn es um das Hören von Musik geht, ist die Renaissancegeste für uns von Bedeutung, dann muss man Ghirlandaio und nicht Giotto betrachten.

Und doch ist sofort ein Bedenken anzumelden. Musik wird anders gehört als Stimmen, die sprechen (logoi). Bei sprechenden Stimmen hört man entziffernd, man »liest«, und darum können Taube von den Lippen ablesen. Bei Musik können sie das nicht. Maria hört lesend, und das eben meint »konzipieren«: Sie empfängt begreifend. Beim Musikhören gibt es zwar auch ein Entziffern, denn Musik sind kodifizierte Töne, und darum ist die musikalische Botschaft ebenso logisch wie die der »logoi«. Aber es ist kein »semantisches Lesen«, kein Entziffern einer kodifizierten Bedeutung. Was entziffert wird, wenn Musik gehört wird, darüber ist man sich trotz Jahrhunderte langer Diskussion nicht einig geworden. Eigentlich müsste man dies aber an der Geste des Musikhörens selbst erkennen können. Dazu kann zwar Marias Geste der Empfängnis, wie sie in der Renaissance malend konzipiert worden ist, als Ausgangspunkt dienen, denn Musikhören ist Horchen. Aber man muss im Gedächtnis behalten, dass Maria eben nicht Musik hört, selbst wenn bei der Empfängnis geigenspielende Engel im Himmel die Botschaft begleiten sollten. Bestenfalls könnte man sagen, dass Maria einen musikalischen Grenzfall darstellt, nämlich dass sie ein »Lied« hört.

Gibt man dies zu, beginnt die Verwirrung. Angenommen, Maria hört bei der Empfängnis ein Lied. Dann würde die Geste des Hörens vom Lied abhängen, dem man zuhört. Die Geste, mit der man die Marseillaise oder ein Lied der Rolling Stones hört, ist doch anders als die Geste Marias, und würde man die Marseillaise marienartig empfangen, oder würde Maria bei der Empfängnis marschieren, dann wäre die musikalische Botschaft irgendwie falsch empfangen worden. Was aber für das Hören von Liedern gilt, muss für das Hören von Musik im allgemeinen ebenso gelten können. Die Geste des Hörens ist doch eine andere bei Kammermusik als bei Kinomusik, eine andere bei elektronischer Musik als beim Musizieren mit der Mundharmonika. Hat man aber zugegeben, dass diese Geste von der Botschaft abhängt, die man empfängt, etwa wie die des Fangens vom geworfenen Gegenstand, dann stellt sich die Frage, ob es überhaupt einen Sinn hat, von einer Geste des Musikhörens im allgemeinen zu sprechen.

Nach einiger Überlegung wird sich diese Verwirrung jedoch legen. Denn eben dass die Geste des Musikhörens von der empfangenden Botschaft so stark abhängt (und zwar nicht nur von ihrem Inhalt, sondern ebenfalls davon, was man ihren »Kanal« nennt), erlaubt und fordert zugleich, nach dem allen diesen Gestenformen gemeinsamen Kern zu suchen. Eben weil man Opern anders hört als indische Ragas, und Opern in der Television anders als von Schallplatten, muss man fragen, worin eigentlich die Zuordnung dieser besonderen Formen des Hörens zu so etwas wie Musikhören im Allgemeinen ihre Berechtigung findet. Denn irgendetwas scheint ja die Geste des Hörens einer Oper in der Television und einer Raga von einer Schallplatte ganz wesentlich von anderen Hörgesten zu unterscheiden, selbst wenn diese Gesten in der Nachbarschaft der Musikhörenden zu liegen scheinen. Das Hören einer Oper in der Television steht dem Hören einer Raga von einer Schallplatte näher als dem Hören einer Sportveranstaltung in der Television oder einer politischen Diskussion von einem Tonband. Auf dem – allem Hören von Musik – gemeinsamen Kern und nicht auf die auffallenden Unterschiede zwischen einzelnen Formen des Musikhörens muss sich unsere Aufmerksamkeit richten.

Wenn man bedenkt, dass die Geste des Musikhörens so weitgehend von der empfangenen Botschaft abhängt wie kaum eine andere rezeptive Geste (dass sich das Hören von Opern in der Television weit mehr vom Hören der Marseillaise bei einer politischen Versammlung unterscheidet als das Lesen eines Romans vom Lesen eines politischen Pamphletes), dann liegt es nahe, folgende Hypothese aufzustellen: Das Hören von Musik ist eine Geste, die sich der empfangenen Botschaft anpasst, und eben dass sie ihre Form von Botschaft zu Botschaft wechselt, ist das Wesentliche und allen diesen Formen Gemeinsame, und macht sie zu Gesten des Musikhörens. Die Renaissancegeste der empfangenden Maria bestätigt diese These: Maria horcht, und das heißt gehorcht, sie schmiegt sich der zu empfangenden Botschaft an.

Das provoziert aber mindestens zwei Einwände. Erstens ist, wie schon gesagt, die Geste des Musikhörens keine Körperbewegung, sondern eine Körperstellung, selbst wenn diese Stellung nicht starr ist. Es handelt sich also nicht, wie beim Fangen, um den Versuch, aktiv in den Prozess des Empfangs einzugreifen. Selbstredend kann man gelegentlich beobachten, wie beim Hören der Fuß den Takt schlägt oder die Lippen zu pfeifen scheinen, aber in diesen Fällen handelt es sich, wie bei geflüstertem Lesen, um eine naive Abfuhr einer im Wesentlichen internen Spannung. Also kann von einem Anschmiegen an die Botschaft im gewöhnlichen Sinn, wie beim Fangen oder Tanzen, nicht gesprochen werden. Zweitens aber ist es kennzeichnend für akustische Botschaften, dass sie nicht eigentlich empfangen, sondern weitergeleitet werden. Der menschliche Körper ist für Schallwellen permeabel, und zwar so, dass ihn diese Wellen in Schwingung versetzen, dass sie ihn ergreifen. Zwar gibt es im Körper spezifische Hörorgane, welche die akustischen Schwingungen in andere, zum Beispiel elektromagnetische Schwingungen übertragen, aber Musik bringt nicht nur den Hörnerv, sondern den ganze Körper zum Schwingen. Also kann von einer Anpassung an die Botschaft nicht die Rede sein, wo doch die Botschaft selbst dem Hörer ihre Form aufprägt.

Trotz dieser beiden Einwände kann die Hypothese aufrechterhalten werden, wonach die Geste des Hörens im Wesentlichen ein Anpassen des Körpers an eine akustische Botschaft ist und wonach sie sich darin von anderen Gesten unterscheidet. Und zwar nicht nur, weil sie von den beiden Einwänden nicht widerlegt wird, sondern seltsamerweise auch, weil diese beiden Einwände überhaupt erst zeigen, worum es sich beim Hören als Anpassung an Schallwellen handelt. Darum soll jetzt jeder der beiden Einwände etwas eingehender untersucht werden.

Das Musikhören ist eine Körperstellung, das heißt eine innere Spannung, die sich lockert, also selbst verneint, wenn sie sich als Bewegung äußert. Darin ist die Geste des Musikhörens mit der Habtachtstellung oder mit der Verteidigungsstellung eines Boxers vergleichbar. Wie der Gardesoldat nicht niesen kann, ohne dabei die richtige Stellung einzubüßen, so kann der Musikhörende nur dann gut zuhören, wenn er *sich* »konzentriert«, d. h., seine Muskeln und Nerven irgendwie einstellt. Der Unterschied zwischen Gardesoldat und Boxer einerseits, Musikhörendem andererseits besteht darin, dass Gardesoldat und Boxer nicht auf Empfang eingestellt sind, sondern auf Handlung. Das heißt, sie konzentrieren sich von innen nach außen.

Der Musikhörende dagegen konzentriert sich eigentlich gar nicht, sondern er konzentriert die ankommenden Schallwellen ins Innere seines Körpers. Das bedeutet: Beim Musikhören wird der Körper Musik, und die Musik wird Körper.
Dementsprechend ist die Geste des Musikhörens eine Körperstellung, in der sich die Musik verkörpert. (Charakteristischerweise kann dabei nicht mehr Handlung von Leidenschaft, Aktion von Passion, also Musik von Körper unterschieden werden.) Der Einwand, wonach sich der Hörende der Botschaft nicht anpassen kann, weil er in passiver Stellung ist, ist damit behoben. Da der Hörende beim Hören selbst die gehörte Musik ist, da sein »Selbst« die Musik ist, heißt, sich der Musik anzupassen eben selbst Musik zu werden. Worum es sich dabei handelt (und dass hier in keiner Weise in Romantik verfallen wird), zeigt die Betrachtung des zweiten Einwandes.
Der menschliche Körper ist für Schallwellen permeabel, aber nicht in der gleichen Weise wie für Röntgenstrahlen. Ohne auf physikalische Einzelheiten eingehen zu müssen, ist klar, dass Schallwellen, wenn sie durch den Bauch gehen, dort andere Effekte herbeiführen als Röntgenstrahlen. Man spürt sie, man weiß, dass man sie erleidet. Dieses wissende Erleiden heißt im Griechischen »pathein«. Der Empfang von Musik im Bauch (und in der Brust, im Geschlecht, im Kopf, kurz in allen zur Schwingung disponierten Körperteilen) ist Pathos, und sein Effekt ist Empathie in die Botschaft. Dieser pathetische Charakter ist buchstäblich nur für akustische Botschaften wahr, für alle anderen gilt er nur metaphorisch. Beim Hören von Musik wird der Mensch in ganz physischem (nicht in übertragenem) Sinn von der Botschaft »ergriffen«, er ist in Empathie mit ihrem Pathos. (Man kann dabei selbstredend an Pan und Orpheus denken, aber ebenso gut an Aerodynamik.)
Doch ist die Sache nicht ganz so einfach. Erstens schwingt wahrscheinlich die Leber anders als die Sinushöhle, zweitens ist die Leber auf andere Weise als die Sinushöhle mit dem Nervensystem in Verbindung, und drittens gibt es eben einen auf Empfang von Schallwellen spezialisierten Hörnerv. Demnach ist die Empathie in die Botschaft ein komplizierter Vorgang. Kompliziert vor allem dadurch, dass nicht nur ein kybernetisches Feed-back zwischen den einzelnen Körperschwingungen entsteht, sondern auch, und hauptsächlich, weil im normalen Sprachgebrauch dieses komplizierte pathetische Erleben mit Verben wie »fühlen«, »wünschen«, »träumen«, »denken«, mit Substantiven wie »Glück«, »Liebe«, »Sehnsucht«, »Schönheit«, »Ordnung« benannt wird. Kurz, die Sache mit der Permeabilität des menschlichen Körpers für Schallwellen ist nicht so einfach, weil sie als Glück, mathematische Ordnung und Schönheit erlebt wird.

Kein Erlebnis zeigt so sehr wie das Hören von Musik, dass »Geist«, »Seele« oder »Intellekt« Worte sind, die körperliche Prozesse benennen. Dabei ist das Hören von Musik nicht etwa ein sogenannter »Grenzfall«. Man kann nicht sagen, dass das Musikhören eine Art Massage ist (etwa wie Diathermie), wobei eine Art Geist stimuliert wird. Im Gegenteil, im Musikhören, in dieser akustischen Massage, wird eine der höchsten Formen, wenn nicht überhaupt die höchste Form von Geist, Seele, Intellekt empfangen, und zwar so, dass in dieser akustischen Massage der eigene Geist und derjenige des Senders der Botschaft übereinkommen. Daher wäre eine Untersuchung des Musikhörens vom physiologischen und neurologischen Standpunkt wahrscheinlich eine gute Methode, Vorgänge vom Typ »logisches Denken«, »schöpferische Imagination« oder »intuitives Verstehen« von ihrer körperlichen Seite aus zu begreifen.

Fasst man die beiden erwähnten Einwände gegen die These zusammen, wonach das Musikhören im Wesentlichen eine Geste ist, bei der sich der Körper der Botschaft anschmiegt, so lässt sich sagen: Die beiden Einwände zeigen, was »Körper« und »Anschmiegen« in diesem Kontext bedeuten. Beim Musikhören wird der Körper Musik, und zwar entspricht seine jeweilige Körperstellung in ihrer internen Spannung eben jener Musik, die er im Begriff ist zu empfangen. Und er kann diese Stellung einnehmen, weil er auf äußerst komplexe Art dazu eingestellt ist, im Pathos dieser Musik mitzuschwingen. Diese komplexe Art des Körpers mitzuschwingen nennt man in anderen Kontexten »Fühlen«, »Denken«, »Wünschen«. Anders und radikaler gesagt: Das Musikhören ist eine Geste, bei der durch akustische Massage der Körper zu Geist wird.

Diese Vergeistigung des Körpers durch Akustik (ein mit keinem anderen körperlichen Vorgang vergleichbarer Prozess) ist im Einzelnen vollkommen undurchsichtig: Sie ist, kybernetisch gesprochen, eine sogenannte »schwarze Kiste«. Es ist daher unmöglich, dass ein Komponist sich etwa Folgendes vornimmt: Ich werde die Speicheldrüsen der Hörer so zum Schwingen bringen, dass sie die geometrische Struktur der Fuge, und damit einen logischen Aspekt der Welt überhaupt, denkend und fühlend erfassen. Oder, ich werde die Mundhöhlen der Hörer so zum Schwingen bringen, dass sie die allmenschliche, allumfassende Liebe denkend erleben.

Aber obwohl weder Bach noch Beethoven so haben komponieren können, war es doch ihre Absicht, eben diesen Effekt im Hörer zu provozieren. Sie handelten kybernetisch: Sie behandelten Input und Output der schwarzen Kiste »Körper«. Sie fütterten in sie Schwingungen, welche Logik und Liebe als Output haben, ohne sich um die Vorgänge im Inneren des Körpers zu kümmern. Daher ist die

Beschreibung des Musikhörens als akustische Massage keine Desakralisation des Geistes. Im Gegenteil, sie zeigt erst richtig das Geheimnis des Geistigen im Allgemeinen und der Musik im Besonderen: nämlich die geheimnisvolle Dunkelheit im Inneren der schwarzen Kiste. Erst wenn man Musik auf Akustik zurückführt und den Geist auf Nerven und Muskeln, erblickt man das Geheimnis des Pathos, das orphische Mysterium, den pythagoreischen »Lehrsatz«: die Harmonie, wonach Musik und Mathematik als »perípathein« und »empathein« jene Kunst («techné«) sind, welche zur Weisheit der Schönheit und Güte führt, zur »sophía« der »kalokagathía«.

Musikhören ist eine Geste, in der sich der Körper auf die »mathesis universalis« einstellt. Er kann dies, weil die akustischen Schwingungen die Körperhaut nicht nur durchdringen, sondern sie dabei zum Mitschwingen bringen. Die Haut, jenes Niemandsland zwischen Mensch und Welt, wird dadurch aus Grenze zu Verbindung. Beim Musikhören fällt die Trennung zwischen Mensch und Welt, der Mensch überwindet seine Haut, oder, umgekehrt, die Haut überwindet ihren Menschen. Die mathematische Schwingung der Haut beim Musikhören, die sich dann auf die Eingeweide, aufs »Innere«, überträgt, ist »Ekstase«, ist das »mystische Erlebnis«. Es ist die Überwindung der hegelschen Dialektik. Beim Musikhören findet der Mensch sich selbst, ohne die Welt zu verlieren, und er findet die Welt, ohne sich selbst zu verlieren, indem er sich selbst als Welt und die Welt als sich selbst findet. Denn er findet sich selbst und die Welt nicht als Widerspruch zwischen Subjekt und Objekt, sondern als »reines Verhältnis«, nämlich als akustische Schwingung. Erst im Musikhören erlebt man physisch, konkret, nervlich, buchstäblich, was die Wissenschaft meint, wenn sie von »Feld« und von »Relativität« spricht. Man erlebt, wie im akustischen Feld (das ein Spezialfall des Gravitationsfeldes ist) Mensch und Welt in der reinen Relation, also relativ zueinander, eins werden, »pure Intentionalität«, um mit Husserl zu sprechen. Darum ist das Musikhören das »absolute« Erlebnis, nämlich das Erlebnis der Relativität von Subjekt und Objekt im Feld der »mathesis universalis«.

Musikhören ist die Geste, welche die Haut überwindet, indem sie sie aus Grenze in Verbindung verwandelt. Es ist die Geste der Ekstase. Möglicherweise gibt es andere ekstatische Gesten. Zum Beispiel kann man wahrscheinlich chemisch, durch Drogen, oder mechanisch, durch Yogaturnen, den Körper zu Gesten zwingen, in denen er sich selbst überwindet. Und sicherlich gibt es auch Techniken, durch Autosuggestion körperliche Vorgänge zu provozieren, die zur Ekstase führen. Die Heilige Theresa ist wahrscheinlich so ein Beispiel. Aber Musikhören ist doch von anderer Sorte. Wenn ich Radio France einschalte, um France Musique zu hören, dann vollführe ich eine ganz profane, ganz technische, ganz öffentliche (unhermetische) Geste. Und wenn ich mich richtig einstelle, kann ich das ekstatische Erlebnis haben. Gerade weil die Geste so profan, so technisch, so öffentlich ist, weil es Musikschulen gibt und musikalische Animationen und Happenings, gerade darum ist die Musik das allergrößte, das heiligste Geheimnis. Sie hat nicht nötig, sich zu verbergen, sie ist in ihrer großartigen, superkomplexen Einfachheit, in der mathematischen Einfachheit, dunkel. Wie der Tod und das Leben. Denn sie ist Leben im Tod und Tod im Leben. Um das zu wissen, muss man nicht Schopenhauer gelesen haben. Um das zu wissen, muss man nur versucht haben, richtig Musik zu hören.

»Die Technik ist gegenwärtig eine zu ernste Sache, um Technikern überlassen werden zu können.«

Streuen

Die technischen Bilder stehen im Zentrum der Gesellschaft. Aber da sie penetrant sind, scharen sich die Menschen nicht um sie, sondern sie verkriechen sich, jeder in seinen Winkel. Die technischen Bilder werden ausgestrahlt, und an der Spitze eines jeden Strahls sitzt, einsam in die Enge getrieben, ein Empfänger. Auf diese Weise zerstreuen die technischen Bilder die Gesellschaft zu Körnern. Jedes technische Bild (mit Ausnahme des besprochenen Films) wird als Endpunkt eines Strahls, als ein »Terminal« empfangen. Daher bildet die zerstreute Gesellschaft keinen amorphen Sandhaufen, sondern ihre Körner verteilen sich nach der Struktur der von den Zentren ausgehenden Strahlen. Diese Strahlen (die Kanäle, die Medien) strukturieren die Gesellschaft, etwa wie ein Magnet um sich herum Eisenspäne strukturiert. Die von der magnetischen Faszination der technischen Bilder zerstreute Gesellschaft ist wohl strukturiert, und eine Analyse der Medien bringt diese Struktur zutage. Die Medien bilden von den Zentren, den Sendern, ausgestrahlte Bündel. »Bündel« heißen lateinisch »fasces«. Die Struktur der von technischen Bildern beherrschten Gesellschaft ist demnach fascistisch, und zwar ist sie fascistisch nicht aus irgendwelchen ideologischen, sondern aus »technischen« Gründen. So wie die technischen Bilder gegenwärtig geschaltet sind, führen sie »von selbst« zu einer fascistischen Gesellschaft.
Diese Gesellschaftsstruktur taucht erst seit wenigen Jahrzehnten empor, und sie bricht dabei durch die vorangegangenen Gesellschaftsstrukturen, wie etwa ein Unterseeboot durch eine Eisdecke hindurch emportaucht. Die vorangegangenen zwischenmenschlichen Gesellschaftsgruppen fallen bei diesem Durchbruch zu allen Seiten hin auseinander und zerbröckeln. Familie, Volk, Klasse zerbersten zu Schollen. Und es ist bezeichnend für die meisten Soziologen und Kulturkritiker, dass sie sich für den Zerfall der hergebrachten Gesellschaftsstruktur mehr interessieren als für das Emportauchen der neuen; dass sie mehr auf das Krachen des Eises als auf das emportauchende Unterseeboot achten. Daher sprechen sie von einem Verfall der Gesellschaft, statt von der neuen Gesellschaft zu sprechen. Sie kritisieren die zerfallenden Strukturen, anstatt die neuen zu kritisieren. An der Familie etwa kritisieren sie den phallokratischen Machismus, am Volk den Chauvinismus, an der Klasse den Kampf zwischen Klassen; sie kicken tote Pferde.

Die Erklärung für diese Verblendung der Kritik ist leicht zu finden. Die zerfallenden Gesellschaftsformen sind »interessanter« als die neuen, da sie von Gewohnheit geheiligt sind. Die Familie zum Beispiel ist eine ernste Sache, und die sie ausmachenden zwischenmenschlichen Beziehungen (zum Beispiel die Liebe zwischen Mann und Frau oder zwischen Eltern und Kindern) sind »hohe Werte«. Wenn die Familie auseinander fällt, dann gehen grundlegende Werte verloren. Daher sieht es so aus, als ob eine konstruktive Kritik an der zerfallenden Familie (zum Beispiel das Vorschlagen von alternativen Familienmodellen wie Kibbuz oder Kooperative) ein berechtigtes Engagement wäre. Tatsächlich aber ist jeder Versuch, die Familie vor dem Durchbruch des Fernsehens oder des Computerterminals retten zu wollen, ein verlorenes, »reaktionäres« Unterfangen. Sie ist eine der Eisschollen, die auseinander kollern und zerbröckeln.

Im Vergleich zur Familie sind die neuen Gesellschaftsformen, zum Beispiel »Zeitungsabonnenten«, uninteressante Formen. Sie sind nicht geheiligt. Es ist an der Beziehung zwischen Zeitungsempfänger, Zeitung und Zeitungssender kein »hoher Wert« erkenntlich. Wer sich damit beschäftigt, diese neue Gesellschaftsform zu kritisieren, scheint von Nebensachen zu sprechen. Tatsächlich aber sind es gerade diese neuen Formen, die unsere konzentrierte Kritik erfordern. Denn sie sind nicht nur daran, die alten geheiligten Formen hinwegzufegen, sondern auch, neue Beziehungen zu heiligen und neue Werte aufzustellen. Wenn die Absicht der Kulturkritik ist, die menschliche Freiheit und Würde zu erhalten und zu mehren, dann muss sie sich gerade auf die neuen Formen konzentrieren. Denn nur wenn wir die emportauchenden faschistischen Formen rechtzeitig erkennen, um sie ändern zu können, dürfen wir hoffen, dass die gegenwärtige Revolution der technischen Bilder gegen die hergebrachte Gesellschaftsstruktur eine menschenwürdige Gesellschaft entstehen lässt.

Die gegenwärtige Kulturrevolution ist technisch, nicht ideologisch. Deshalb ist ihr nicht mit hergebrachten politischen Kategorien, wie »liberal« und »sozialistisch«, »konservativ« und »fortschrittlich«, beizukommen. Das mag die Kritiker verwirren. Aber es gilt für alle tatsächlich umwerfenden Revolutionen, dass sie technisch waren. Nehmen wir als Beispiel die gewaltigste uns bekannte Revolution, die des Neolithikums. Sie erwuchs aus den neuen Techniken des Ackerbaus und der Viehzucht. Diese Techniken strukturierten die vorangegangene mesolithische Gesellschaft um und führten zu neuen Familienformen, zum Dorf, zum Krieg, zum Privatbesitz, zur Versklavung. Die neuen Gesellschaftsformen wurden dann, nachträglich, geheiligt und zu Werten erhoben. Nicht die neolithischen Religionsstifter, sondern die »Erfinder« von Kuh und Mehl waren die Revolutionäre. Und hätte

ein damaliger Kritiker vom Standpunkt der vorangegangenen Ideologien kritisiert (zum Beispiel von den Werten des Jägers her), er wäre an der Sache vorbeigegangen. Eine ähnliche Überlegung kann für die erste Industrierevolution gelten. Auch sie war technisch, ihre Revolutionäre waren die Erfinder der Maschinen, und die von ihr hergestellten Gesellschaftsformen (zum Beispiel das Proletariat) sind erst nachträglich von »Religionsstiftern« wie Marx oder Lenin geheiligt worden.
Die gegenwärtigen Revolutionäre sind nicht die Gaddhaffis oder Meinhofs, sondern die Erfinder der technischen Bilder. Nièpce, Lumière, die zahllosen und namenlosen Erfinder der Computertechnik, sie sind es, die die neue Gesellschaftsform zum Emportauchen bringen. Infolgedessen müssen wir uns, wenn wir uns für eine menschenwürdige Gesellschaft engagieren, mit den neuen Techniken auseinander setzen und nicht mit irgendwelchen hohen Werten. Zum Beispiel müssen wir fragen, ob es technisch möglich ist, die faschistische Struktur der Bildausstrahlung umzuformen. Solche technischen Fragen sind gegenwärtig die politisch interessanten. Die nachträgliche Heiligung und Wertung können wir späteren »Religionsstiftern« überlassen. Und wer gegenwärtig »politisch« im Sinne der hergebrachten Kategorien denkt und etwa meint, dass Technik politisch neutral sei, geht an der gegenwärtigen Kulturrevolution vorbei.
Die Zerstreuung der hergebrachten Gesellschaftsgruppen durch die technischen Bilder (zum Beispiel die der Familie durch den Fernsehapparat oder die des Volkes durch Satelliten) sieht, von der Vergangenheit her gesehen, wie Dekadenz aus. Die Gesellschaft zerfällt in Körnerhaufen, in »einsame Masse«, und die zwischenmenschlichen Bindungen, das gesellschaftliche Gewebe gehen in Auflösung über. Die vereinzelt vor Computerterminals sitzenden, einander den Rücken wendenden jungen Kalifornier haben kein soziales Bewusstsein. Sie gehören keiner Familie an und identifizieren sich mit keinem Volk und keiner Klasse. Sieht man jedoch diese Zerstreuung unideologisch, nämlich »phänomenologisch«, dann wird man an ihr das Emportauchen des neuen sozialen Gewebes erkennen. Man wird die Fäden erkennen, welche diese »neuen Menschen« mit den Sendern der technischen Bilder verbinden. Man wird erkennen, dass es sich nicht um »a-soziale«, sondern um ungewöhnlich stark sozialisierte, wenn auch in einem neuen Sinn sozialisierte Menschen handelt. Um derart stark sozialisierte Menschen nämlich, dass wir bei ihnen, trotz ihrer scheinbaren Vereinsamung, um ihre Individualität fürchten müssen. Die vereinsamende Zerstreuung erweist sich bei ihnen als Kehrseite der Münze »Gleichschaltung«.
Beim gegenwärtigen Schaltplan der technischen Bilder ist diese Befürchtung berechtigt. Aber es gibt Anzeichen für eine mögliche Änderung dieses Schaltplans.

Denn die neue Gesellschaftsstruktur ist dynamisch. Die sie ordnenden Fäden »laufen«, und zwar vom Bild zum vereinsamten Menschen und zurück zum Bild. Dieser Verkehr zwischen Bild und Mensch, dieses entropisch zu werden drohende Feed-back bildet den vereinsamenden und vermassenden Kern der Gesellschaft. Aber es gibt Ansätze zu Fäden, welche in einer anderen Richtung »laufen«. Nämlich quer durch die Strahlenbündel, welche Bild und Mensch aneinander binden, und von einem Menschen zum anderen; Ansätze zu »dialogischen« Fäden, welche die »diskursiven« Strahlenbündel der Medien sozusagen horizontal durchqueren. Derartige »dialogische« Fäden (etwa Kabel, Videofone oder »konferenzgeschaltetes« Video) können das faschistische Bündelgewebe der emportauchenden Gesellschaft zu einem Netzgewebe verknüpfen, zu jenem Netzgewebe nämlich, das wir gewohnt sind, »demokratisch« zu nennen. Und wäre ein solches Netz tatsächlich errichtet und wären die Bilder nach einem solchen Schaltplan installiert, könnte selbstredend von Vereinsamung und Gleichschaltung keine Rede mehr sein. Dann nämlich würden in der Zukunft die Menschen in einem Dialog, einem »kosmischen Gespräch« sein.
Ob und wie die dialogischen Fäden gezogen werden können, ist eine technische Frage. Doch das tatsächlich revolutionäre Engagement ist, aus dieser technischen eine politische Frage zu machen. Und das heißt, die Streuung der Gesellschaft durch Umbau des Schaltplans der Bilder in den Dienst der menschlichen Freiheit und Würde zu stellen, damit die Dynamik der emportauchenden Gesellschaft diesen »Werten« dienen möge. Allerdings setzt ein solches Engagement voraus, dass der Umbau des Schaltplans selbst dialogisch vorgenommen wird. Denn wenn, wie gegenwärtig, die dialogischen Fäden von den Sendern, wie Regierungen oder kommerziellen Instituten, eingeführt werden, müssen sie, trotz ihrer dialogischen Funktion, im Dienste der Sender bleiben. Die Netze stützen dann die Bündel. Um die technische zu einer politischen Frage zu machen, muss man sie aus der Hand der Techniker reißen. Die Technik ist gegenwärtig eine zu ernste Sache, um Technikern überlassen werden zu können. Mit anderen Worten: Der revolutionäre Umbau des gegenwärtigen Schaltplans der technischen Bilder in einen dialogischen, demokratischen setzt voraus, dass diesbezüglich ein allgemeiner Konsensus besteht. Die Leute müssen es wollen.
Eben ein solcher Konsensus ist jedoch nicht in Sicht. Im Gegenteil: Es besteht gegenwärtig ein Konsensus zwischen den Bildern und ihren Bündelausstrahlungen einerseits und den Empfängern der Bilder andererseits. Die Leute wollen von den Bildern zerstreut werden, um sich nicht, wie dies bei einem tatsächlichen Dialog der Fall ist, sammeln und versammeln zu müssen. Sie sind froh, dies nicht

mehr tun zu müssen. Früher nämlich, als die Gesellschaft nach zwischenmenschlichen Beziehungen gegliedert war, gab es ein »Außen« und ein »Innen« (Outgroup und Ingroup), es gab ein Öffentliches dort draußen (zum Beispiel außerhalb der Familie) und ein Privates hier drinnen, und man zerstreute sich ins Öffentliche, um sich im Privaten zu sammeln. Hegel nannte dies das »unglückliche Bewusstsein«: Gehe ich hinaus in die Welt, dann verliere ich mich in ihr, und gehe ich in mich, um mich zu sammeln, dann geht mir die Welt verloren. Dieses unglückliche Bewusstsein hat man glücklicherweise nicht mehr nötig. Denn in der zerstreuten Gesellschaft gibt es weder »innen« noch »außen«. Das unglückliche Bewusstsein kommt dort zur Ruhe. Man kann sich dort ruhig zerstreuen, und jeder Dialog ist dort gefährlich, weil er das unglückliche Bewusstsein aus seinem Schlaf wecken könnte. Der Konsensus zwischen Bild und Mensch beruht auf dem Unwillen des Menschen, sich zu sammeln, ebenso wie auf der Absicht der Bilder, die Menschen zu zerstreuen.

Das unglückliche Bewusstsein ist aber die einzige Bewusstseinsform überhaupt, denn das Glück ist bewusstlos. Die Leute wollen sich zerstreuen, um bewusstlos, glücklich zu werden. Die gegenwärtige Streuung der Gesellschaft ist vom allgemeinen Willen zum Glücklichwerden getragen: Wir sind auf dem Weg zur glücklichen Gesellschaft, das Schlaraffenland ist um die Ecke. Jeder ist zugleich Mund, der an den Bildern saugt, und After, der das Gesaugte unverdaut an die Bilder zurückgibt. Die Psychoanalyse bezeichnet dieses Glück als »oral-anale Phase«, die Kulturanalyse nennt dieses Glück »Massenkultur«. Es ist ein Glück, das sowohl intellektuell als auch moralisch und ästhetisch auf dem Niveau der Kinderstube steht. Und die gegenwärtige Streuung der Gesellschaft kann als Tendenz zu eben diesem glücklichen Dämmerzustand angesehen werden.

Die gegenwärtigen Revolutionäre, jene, welche dialogische Fäden quer durch die einschläfernden Diskurse spinnen wollen, lehnen es ab, an diesem allgemeinen Konsensus zum Glück hin teilzunehmen. Sie sind Störenfriede. Sie wollen das dämmernde Bewusstsein wecken, weil sie der Ansicht sind, dass das von den Bildern gespendete Regenwurmglück den Menschen entwürdigt. Das heißt: Die gegenwärtigen Revolutionäre wollen etwas erreichen, das niemand will außer ihnen selbst. Sie engagieren sich gerade gegen den allgemeinen Konsensus zwischen Bildern und Menschen. Und dabei wissen sie, dass sie nichts erreichen können, wenn es die anderen nicht wollen. Sie wissen, dass es technisch nicht schwierig ist, dialogische Fäden wie Kabel, Fernsehtelefone oder Videokreise zu ziehen, dass aber derartige Schaltungen nur bloße Gadgets, nur Krimskrams bleiben, solange der politische Wille fehlt, sie für einen Umbau der Gesellschaft zu verwenden – wie etwa das gegenwärtige pornografische Geschwätz mit den »Minitels« in Straßburg zeigt. Die gegenwärtigen Revolutionäre wissen daher, dass sie einen neuen Konsensus überhaupt erst einmal herzustellen haben. Nicht also gegen die Bilder sind sie engagiert, sondern gegen den zwischen Bild und Mensch gegenwärtig bestehenden Feed-back-Konsensus.

Das ist ein völlig unspektakuläres Engagement, denn wäre es spektakulär (auf Bildern ersichtlich), würde es sich selbst verneinen. Es würde dann lediglich dazu beitragen, die Gesellschaft zu zerstreuen. Die Leute, die gegenwärtig schreien und Alarm schlagen, all die Che Guevaras und Khomeinis, und die als Revolutionäre gelten, sind in Wirklichkeit Entertainer: Sie sind spektakulär, und ihr Spektakel trägt dazu bei, dass uns die Bilder immer besser zerstreuen. Die echten Revolutionäre hingegen erscheinen nicht auf den Bildern. Doch heißt das nicht, dass sie etwa die zerstreute Gesellschaft nicht angehen könnten. Zwar sind sie nicht auf den Bildern, aber sie sind durch sie hindurch ersichtlich; zwar zeigen sie sich nicht auf ihnen, aber sie zeigen sich in der Art, wie sich die Bilder zeigen. Sie manipulieren die Bilder, damit den Leuten zu dämmern beginnt, dass sie sie zu Sprungbrettern in vorher ungekannte zwischenmenschliche Beziehungen umbiegen können. Dass sie sie für Dialoge, für Informationsaustausch und für die Erzeugung neuer Informationen verwenden können. Da die zerstreuenden Bilder die Leute zu langweilen beginnen und ein dialogisches Spiel durch Bilder hindurch mit anderen Menschen spannend und aufregend sein kann, ist es vorstellbar, dass es den Revolutionären gelingt, den Feed-back-Verkehr zwischen Bild und Mensch zu brechen und einen neuen dialogischen Konsensus herzustellen.

Das Engagement der gegenwärtigen Revolutionäre ist nicht gegen die Bilder selbst, sondern gegen ihren Schaltplan gerichtet. Es ist ein Engagement am Dialog, an umgeschalteten Bildern. Die gegenwärtigen Revolutionäre sind Einbildner (Fotografen, Filmer, Videoleute, Computerprogrammierer), und sie sind aus dem Boden der Revolution durch die technischen Bilder gewachsen. Was ihrer Einbildungskraft vorschwebt, ist eine Gesellschaft, in der die Menschen miteinander durch Bilder hindurch dialogisieren, um immer neue Informationen, immer unwahrscheinlichere Situationen herzustellen. Nur dank dieser neuen Einbildungskraft ist eine solche Gesellschaftsform überhaupt denkbar, das heißt: Nicht den Unterbau der sogenannten »Informationsgesellschaft«, sondern ihre Oberfläche wollen sie verändern.

Die eben emportauchende Gesellschaftsstruktur ist die einer Synchronisation von ausgestrahlten Bildern mit an den Terminals dieser Strahlen sitzenden, zerstreuten, einsamen und massifizierten Menschen. Die revolutionäre Einbildungskraft

versucht, diese Struktur durch eine andere zu ersetzen. Nämlich so, dass die Bilder neuartigen zwischenmenschlichen Beziehungen dienen und derart zu neuen, vorläufig namenlosen Gesellschaftsgruppen führen. Eine solche Gesellschaftsform wäre noch immer von den technischen Bildern gekennzeichnet, ja, man könnte sie mit noch größerem Recht als die gegenwärtige eine »Bildkultur« nennen. Doch stünde im Kern einer derartigen Gesellschaft nicht mehr der Verkehr zwischen Bild und Mensch, sondern der Verkehr zwischen Mensch und Mensch durch Bilder. Und erst dann würden die »Medien« ihren Namen verdienen, den sie sich gegenwärtig zu Unrecht anmaßen. Dann erst nämlich würden sie Menschen mit Menschen verbinden, etwa wie die Nervenstränge die Nervenzellen miteinander verbinden. Und dank dieser Verbindungen würde die Gesellschaft immer neue Informationen erzeugen. Das wäre eine Gesellschaftsstruktur, die wohl am besten ein »kosmisches Hirn« zu nennen sein müsste. Es wäre eine menschenwürdige (humane) Gesellschaft, denn die dem Menschen eigene Würde ist ja, Informationen zu erzeugen, weiterzugeben und zu speichern. Das ist, glaube ich, das Engagement der neuen Revolutionäre.
Es ist ein Engagement gegen die gegenwärtige, von diskursiv geschalteten Bildern beherrschte Gesellschaft. Aber es ist in keiner Weise ein Versuch, die vorangegangene Gesellschaftsform wiederherzustellen. Die gegenwärtige Streuung ist nicht rückgängig zu machen, sondern im Gegenteil zu neuer Sammlung zu bringen. Es war höchste Zeit, dass die hergebrachten, geheiligten Gruppen zerfallen. Es waren unheilvolle, ideologisch unterbaute, Unheil stiftende Gruppen. Da sie nun im Begriff sind, zu Staub zu zerfallen, können sie zu neuartigen Gruppen umgeformt werden. Sie können »informiert« werden. Was zu leisten ist, ist eine Integration der zerstreuten Infinitesimale der Gesellschaft. Diese Formulierungen des gegenwärtigen Engagements wollen zeigen, wie sehr sich die gegenwärtigen Revolutionäre bereits auf dem Boden der einbildenden, Bilder erzeugenden Abstraktion, im nulldimensionalen Universum befinden.
Die technischen Bilder mussten zuerst einmal die alte Gesellschaft zerstreuen, damit eine neue emportauchen möge. Nicht Dekadenz ist die Gegenwart, sondern Emergenz einer neuen Gesellschaftsform. Und diese Emergenz kann tatsächlich bereits jetzt beobachtet werden. Die in Entropie verfallende Bild-Mensch-Relation, diese tödliche Langeweile der Bildprogramme, beginnt, einen neuen Konsensus gegen die Massenkultur und zugunsten einer humanen Bildkultur zu gebären. Die gegenwärtige Gesellschaftsstruktur kann, mit einigem Optimismus, als Übergangsstadium zu dieser emportauchenden Kultur angesehen werden.

MITSUBISHI VIDEO PRINTER CP100E
VIDEO VOX 19-02-92

MITSUBISHI VIDEO PRINTER CP100E
VIDEO VOX 19-02-92

MITSUBISHI VIDEO PRINTER CP100E
VIDEO VOX 19-02-92

MITSUBISHI VIDEO PRINTER CP100E
VIDEO VOX 19-02-92

MITSUBISHI VIDEO PRINTER CP100E
VIDEO VOX 19-02-92

MITSUBISHI VIDEO PRINTER CP100E
VIDEO VOX 19-02-92

**»Elektronische Gedächtnisse …
vergessen leichter als Gehirne.**

Die Gültigkeit von Informationen ist zeitlich beschränkt, und die meisten erworbenen Informationen gehen geradezu darauf aus, von neuem überholt zu werden.«

Gedächtnisse

Im Unterschied zu allen bekannten Lebewesen geben wir nicht nur ererbte, sondern auch erworbene Informationen an künftige Generationen weiter. Dabei widersprechen wir der Natur doppelt: Der Zweite Grundsatz der Thermodynamik sagt, dass in der Natur alle Informationen dazu neigen, vergessen zu werden. Lebewesen widersprechen diesem Grundsatz, da sie genetische Informationen speichern und weitergeben. Mendels Gesetz sagt, dass erworbene Informationen nicht von Organismus auf Organismus übertragen werden können. Unsere Spezies widerspricht diesem Gesetz, denn sie speichert erworbene Informationen in einem kulturellen Gedächtnis, zu welchem die aufeinander folgenden Generationen Zutritt haben. Diese doppelte Naturverneinung ist allerdings nur scheinbar: Schließlich werden notwendigerweise alle gespeicherten Informationen in den allgemeinen Strom in Richtung Entropie zurückkehren müssen. Trotzdem ist die doppelte Naturnegation die menschliche Position: Die »Menschenwürde« (das, was uns von den übrigen Lebewesen unterscheidet) kann als die Tatsache definiert werden, dass wir über genetische und kulturelle Gedächtnisse verfügen. Wir sind »historische Wesen«. Elektronische Gedächtnisse sind daran, unser kulturelles Gedächtnis umzuformen. Der Begriff »Menschenwürde« wird daher eine neue Bedeutung gewinnen. Darüber wird dieser Beitrag sprechen.
Gedächtnis kann als Informationsspeicher definiert werden, zumindest in dem Zusammenhang, der hier gemeint ist. So verstanden, sind Gedächtnisse überall in der Natur aufzufinden. Gespeicherte Informationen schweben wie Inseln im allgemeinen Strom zur Entropie hin, sie sind zufällig daraus emporgetaucht und werden notwendigerweise darin wieder untertauchen. Beispiele für derartige Gedächtnisinseln (die beinahe so alt wie das Universum selbst sind) sind Wasserstoffatome und galaktische Systeme. Ein eindrucksvolles Beispiel für einen derartigen negativ-entropischen Epizyklus, der auf der geradlinigen Tendenz zur Entropie aufsitzt, bietet die Biomasse. Sie ist vor einigen Tausenden von Millionen Jahren zufällig auf der Erdoberfläche aus der Entropie aufgetaucht, sie besteht aus kleinen Tropfen, in deren komplexen Molekülen genetische Informationen verschlüsselt sind, und wir selbst sind Auswüchse aus dieser Biomasse. Die in den Tropfen gespeicherte Information wird dank Kopierung weitergegeben, und bei diesem Kopieren entstehen immer wieder Fehler. Die meisten dieser Fehler werden aus dem Gedächtnis der

Biomasse ausgeschieden (»lebensunfähige Mutationen«), einige wenige hingegen verbleiben im Gedächtnis und bilden die »Evolution des Lebens«. Das heißt: Die Biomasse prozessiert die in ihr gelagerten Informationen dank fehlerhaftem Kopieren, und dadurch entstehen neue Informationen. Das ist ein gegenwärtig interessant werdendes Faktum. Die genetische Technik kann als der Versuch angesehen werden, erworbene Informationen in der Biomasse zu speichern. Aus der Biomasse ein kulturelles Gedächtnis zu machen. Falls man diese Technik als eine Kunstform ansieht (und die von ihr hergestellten Chimären als Kunstwerke), dann müssen die künftigen Künstler mit der Tatsache rechnen, dass das Gedächtnis der Biomasse Fehler begeht, dass man ihr nicht vertrauen darf.

Noch weniger Vertrauen verdient allerdings das weit jüngere kulturelle Gedächtnis (das heißt: Die »Menschenwürde« verdient bisher nicht, grenzenlos bewundert zu werden). Die meisten der von uns im Verlauf unserer relativ kurzen Gegenwart hier erworbenen Informationen sind in Vergessenheit geraten. Nicht nur Dokumente zerfallen in Asche und Gebäude in Ruinen, sondern die meisten der uns vorangegangenen Kulturen haben kaum Spuren hinterlassen. Als nämlich die Menschen begannen, kulturelle Gedächtnisse auszuarbeiten (als sie begannen, Menschen zu werden), fanden sie nur zu sehr fragwürdigen Gedächtnisstützen Zugang. (Eine Gedächtnisstütze ist ein Gegenstand, welcher erlaubt, »informiert« zu werden, das heißt: Informationen zu speichern.) Zwei dieser Gedächtnisstützen (Hardware), die seit der beginnenden Menschwerdung herangezogen wurden, müssen angeführt werden: Luftwellen und harte Gegenstände (zum Beispiel Steine und Knochen).

Luft hat den Vorteil, leicht verfügbar zu sein, und außerdem besitzen wir Organe, die scheinbar geradezu dafür gebaut sind, Luftwellen in Symbole umzugestalten (aus ihnen »Phoneme« zu machen). (Die hier auftauchende Frage nach dem verworrenen Verhältnis zwischen ererbten und erworbenen Informationen muss ausgeklammert werden: Die Sprechfähigkeit ist ererbt, aber jede Sprache muss erworben werden.) Aber Luftwellen haben den Nachteil, dass sie für Geräusche offen sind, welche die in ihnen gespeicherte Information zersetzen. Daher muss alle in Luftwellen gespeicherte Information (alle »orale Kultur«) sehr schnell empfangen werden und im Nervensystem des Empfängers gespeichert werden. Dort aber wird diese Information nach noch nicht völlig durchblickten Methoden prozessiert, bevor sie an andere Empfänger weitergegeben wird, und erfährt dadurch eine zusätzliche Verzerrung. Daher ist bei »oralen Kulturen« nur in sehr beschränktem Maß von Geschichtlichkeit (von kumulativer Speicherung erworbener Informationen) zu sprechen.

Harte Gegenstände (Steine und Knochen) haben den Vorteil, die in sie eingetragene Information relativ lange zu speichern. (Ein Steinmesser zum Beispiel kann die darin gespeicherte Information »schneiden« für Zehner von Tausenden von Jahren bewahren.) Der Nachteil ist, dass derartige Gedächtnisstützen auch als Werkzeuge dienen: Die Information »schneiden« wird nicht nur abberufen, sondern das Messer dient auch dem Schneiden. Die Benutzung nutzt die Information »ab« (sie wird vergessen). Die Gesamtheit der informierten harten Gegenstände heißt »materielle Kultur«, und der ihr eigentümliche Gedächtnisfehler (sie nutzt sich ab, wird Abfall) stellt gegenwärtig noch nicht gelöste Probleme, die nach Meinung eigener Kulturkritik das Fortbestehen der Menschheit bedrohen. Daher hat man, seit Anbeginn, neben Werkzeugen auch »reine Gedächtnisstützen« hergestellt, »Monumente« wie Venusse von Willendorf oder Höhlengemälde, welche nicht der Abnutzung, sondern nur dem Zweiten Grundsatz der Thermodynamik ausgesetzt sind. Und das ist ungefähr alles, was wir in Punkto »kulturelles Gedächtnis« bis vor kurzem geleistet haben.

Vor etwa dreitausendfünfhundert Jahren (also kürzlich) wurde ein wichtiger Schritt geleistet: Das Alphabet wurde erfunden. Das ist ein Code, welcher die Phoneme der gesprochenen Sprachen in visuelle Zeichen umkodiert und erlaubt, diese Zeichen in harte Gegenstände zu graben. Somit konnten die Vorteile der oralen Kultur mit jenen der materiellen Kultur verbunden werden, und ein weit funktionelleres kulturelles Gedächtnis wurde möglich. Es konnten »Monumente« hergestellt werden (Texte), welche orale Informationen in Hardware speichern, von dort bequem abberufen werden können, und welche erlauben, kopiert zu werden. Das war eine außerordentlich fruchtbare Erfindung, denn sie gestattete ein relativ verlässliches und diszipliniertes Speichern erworbener Informationen. Geschichte im eigentlichen Sinn wurde möglich. Und das hatte eine radikale Veränderung des Denkens und Handelns zur Folge. Die Linearität des alphabetischen Codes schlug auf das Denken zurück, es wurde selbst linear (fortschrittlich), und geschichtsbewusstes Handeln (also letzterdings Technik) wurde möglich. Die Erfindung des Alphabets ist eine auf dem Weg zur Menschwerdung entscheidende Phase.

Das neue kulturelle Gedächtnis (die Bibliothek) konnte sich nur langsam durchsetzen, denn es hatte gegen das vorangegangene orale Gedächtnis (Mythus) und materielle Gedächtnis (Magie) in komplexem Wechselverhältnis zu kämpfen. Im Verlauf dieses langsamen Durchsetzens kam es zu einer ideologischen Sakralisation der Bibliothek, welche die okzidentale Kultur bis heute kennzeichnet. Man sah die Bibliothek nicht mehr als eine Gedächtnisstütze an, in welche erworbene

Informationen eingetragen werden (durch Schreiben) und von dort abberufen werden (durch Lesen), sondern man begann, sie als eine über den Menschen schwebende (über sie verhängte) Transzendenz anzusehen. Dadurch wurde die kulturelle Funktion der Bibliothek umgebogen: Nicht sie diente dem Menschen in seinem Engagement, erworbene Informationen vor der Entropie zu bewahren, sondern im Gegenteil der Mensch diente ihr, um in ihr vor der Entropie (vor dem Tod) bewahrt zu werden. Diese Umkehrung der Funktion des kulturellen Gedächtnisses ist zwar für das Verhältnis zwischen dem Menschen und seinen Erzeugnissen überhaupt charakteristisch (in der oralen Kultur wurde das gesprochene Wort sakralisiert und in der materiellen das Monument), aber im Fall der Sakralisation der Bibliothek geht es um eine Ideologie, auf welcher in letzter Analyse alle sogenannten »westlichen Werte« beruhen. Aus den verschiedenen, teils konvergierenden, teils divergierenden Formen dieser Ideologie sei die platonische Variante hervorgehoben, weil darin das Wesentliche daran besonders klar zu ersehen ist: Die Bibliothek (das übermenschliche Gedächtnis) ist ein himmlischer Ort (»topos uranikos«), in welchem ewige, unveränderliche Informationen (»Ideen«, »Formen«) nach den Regeln der Logik aufbewahrt werden. Dieser himmlische Speicher ist unsere ursprüngliche Heimat, aus der wir in die Welt der trügerischen Erscheinungen gestürzt sind. Im Sturz haben wir den Fluss des Vergessens (»lethe«) durchkreuzt, aber seine Gewässer haben die Informationen in uns nicht gelöscht, sondern nur zugedeckt, und wir können sie wiederentdecken (»aletheia«). Alle etwa in der Welt der Erscheinungen erworbenen Informationen sind trügerisch (»doxai«), und nur die uns eingeborenen wiederzuentdeckenden Informationen sind gültig (»sophia«). Die Methode des Wiederentdeckens (»theoria«) ist ein Blick mit einem inneren Auge, dank welchem wir die in der himmlischen Bibliothek gespeicherten Informationen kontemplieren und dank logischer Disziplin abberufen können. Tun wir dies, dann gewinnen wir nicht nur die Erkenntnis der ewigen Informationen wieder, sondern wir selbst werden dadurch (in einem allerdings bibliothekarischen Sinn dieses Wortes) unsterblich.
Wir können unschwer an dieser uns gegenwärtig etwas archaisch anmutenden Ideologie eine ganze Reihe von unseren eigenen Kulturemen erkennen. Nicht nur die Grundstruktur des Christentums und aller ihm folgenden Wertsysteme, sondern ebenso die Grundstruktur des modernen wissenschaftlichen Denkens. Hier aber wird beabsichtigt, auf eine noch tiefer greifende Folge dieser Sakralisation der Bibliothek hinzuweisen. Nämlich auf die Tatsache, dass wir uns selbst im Verhältnis zu diesem sakralisierten Kulturgedächtnis überhaupt erst identifizieren. Wir identifizieren uns als »Subjekte« (Untertanen) einer über uns schwebenden

»immateriellen« Bibliothek, als in die Welt der Erscheinungen vorgeschobene Protuberanzen. Auf der einen Seite schwebt die Bibliothek, diese als ein »Ding« ideologisierte Fähigkeit, Informationen zu speichern, und auf der anderen Seite steht die Welt der Phänomene. Als Organismen sind wir Teil der phänomenalen Welt, aber als Protuberanzen der Bibliothek stehen wir der phänomenalen Welt als Subjekte gegenüber. Wir tragen gewissermaßen im Inneren unseres Körpers einen Kern, in welchem Informationen erworben, gespeichert und prozessiert werden, und dieser Kern hat die Funktion, die Informationen an die Bibliothek weiterzuleiten. Dieser Kern trägt im Verlauf der westlichen Geschichte verschiedene Namen (zum Beispiel »unsterbliche Seele« oder »Geist« oder »Intelligenz« oder »Ich« oder »Selbst«), aber, unter welchem Namen auch immer, er charakterisiert beinahe alle Anthropologien der westlichen Gesellschaft. Im Grunde geht es dabei um eine Verdinglichung und Sakralisation der Fähigkeit, erworbene Informationen zu speichern. Um eine Verdinglichung des kulturellen Gedächtnisses, das ins Transzendente projiziert wird. Beinahe alle okzidentalen »ewigen« ontologischen Fragen (etwa die nach dem Verhältnis zwischen »Körper« und »Geist«) und alle »ewigen« epistemologischen Fragen (etwa die nach der Adäquation der »denkenden« an die »ausgedehnte« Sache) sind auf diese ideologische Verdinglichung des kulturellen Gedächtnisses zurückzuführen. Dies alles sind »ewige« Fragen, weil sie falsch gestellt sind. Die Erfindung der elektronischen Gedächtnisse wird dazu beitragen, diesem Unfug ein Ende zu bereiten.

Die elektronischen Gedächtnisse sind Simulationen einiger Gehirnfunktionen. Eine Simulation ist eine Nachahmung, bei welcher einige Aspekte des Imitierten übertrieben und andere verachtet werden. (Zum Beispiel ist der Hebel eine Simulation des Armes: Er übertreibt die Hebefunktion und vernachlässigt alle anderen Armaspekte.) Bei elektronischen Gedächtnissen werden einige übertriebene Gehirnfunktionen aus dem Schädel auf unbelebte Gegenstände hinausprojiziert und können beobachtet und behandelt werden. Die Absicht bei dieser Erfindung ist, die Gedächtnisfunktionen des Gehirns zu verbessern (ins beinahe Unermessliche zu verbessern). Aber eine unbeabsichtigte Folge der Erfindung ist, dass sie uns kritischen Abstand zu diesen Funktionen bietet. Zweifellos wird die Verbesserung der Gedächtnisfunktionen die künftige Kultur verändern. Die unbeabsichtigten Folgen der Gedächtnissimulation werden noch weit tiefer gehende Veränderungen bringen.

Elektronische Gedächtnisse sind bequemer als das zerebrale informierbar, sie haben eine größere Lagerkapazität, sie können die in ihnen gelagerten Informationen besser bewahren, die einzelnen Informationen sind von dort bequemer ab-

berufbar, und man kann unschwer die Informationen von einem Gedächtnis auf ein anderes übertragen. All diese (und andere) Vorteile werden dazu führen, dass künftig die erworbenen Informationen (Daten) nicht mehr in Gehirnen, sondern dort gelagert werden. Dadurch werden die Gehirne für andere Funktionen freigelegt werden. Man wird nicht mehr Daten zu lernen haben, sondern das zweckmäßige Speichern, Abberufen und Variieren von Daten. Nicht mehr das Repertoire, sondern die Struktur von Systemen. Dieses Prozessieren von Daten, das bisher von der Notwendigkeit der Datenerwerbung gebremst war, heißt »Kreativität«, und es ist daher mit einer wahren Explosion der menschlichen Kreativität zu rechnen.
Elektronische Gehirne können mit automatischen Maschinen (mit Robotern) gekoppelt werden. Die in den elektronischen Gedächtnissen gelagerten Informationen können in Bewegung (Gesten) solcher Maschinen transkodiert werden. Das heißt: Die automatischen Maschinen können die in den elektronischen Gedächtnissen gelagerten Informationen auf Gegenstände drücken. Ein solches Drücken von Informationen auf Gegenstände heißt »Arbeit«. (Zum Beispiel ist ein Steinmesser das Resultat von Arbeit, einer Bewegung, welche die Information »schneiden« auf einen Stein gedrückt hat.) Das wird die Menschen von der Arbeit und für das Ausarbeiten von »Programmen« (von automatisch auf Gegenstände zu drückenden Informationen) befreien. Der Mensch wird nicht mehr ein Arbeiter sein (»homo faber«), sondern ein Spieler mit Informationen (»homo ludens«).
Elektronische Gedächtnisse erlauben ein müheloses Löschen der darin gespeicherten Informationen: Sie vergessen leichter als Gehirne. Die Gültigkeit von Informationen ist zeitlich beschränkt, und die meisten erworbenen Informationen gehen geradezu darauf aus, von neuem überholt zu werden. (Das ist die Dynamik des wissenschaftlichen Diskurses, aber im Grunde genommen überhaupt aller Diskurse: erworbene Informationen zu »falsifizieren«.) Menschliche Gehirne sind von falsifizierbaren Informationen belastet. Elektronische Gedächtnisse gestatten ein kritisches Eliminieren solcher Informationen. Sie gestatten ein diszipliniertes, kritisches Sammeln von erworbenen Informationen. Das heißt: »Geschichte« (im Sinn von: Informationsakkumulation) wird künftig ein weit disziplinierterer und kritischerer Prozess sein als vorher.
All diese zu erwartenden Veranderungen in der künftigen Kultur (und andere hier unerwähnt gebliebenen) sind zwar geradezu erschütternd, aber sie gehen noch immer nicht bis zur Wurzel der kulturellen Revolution, deren Zeugen wir sind. Erst wenn wir die kritische Distanz zur Gedächtnisfunktion ins Auge fassen, welche uns von den elektronischen Gedächtnissen geboten wird, können wir beginnen, den Impakt dieser Revolution auf unser Dasein einzusehen.

Die Praxis mit elektronischen Gedächtnissen zwingt uns, aller hergebrachten Ideologie zum Trotz, das Erwerben, Speichern, Prozessieren und Weitergeben von Informationen als einen Prozess zu erkennen, der sich zwar auf Gegenstände (Gedächtnisstützen) stützt (zum Beispiel auf Computerhardware oder auf menschliche Organismen), aber diese Gegenstände gewissermaßen durchläuft (eine Tatsache, die mit dem Begriff »Medium« gemeint ist). Die Praxis zwingt uns, all diese Gegenstände (inklusive unseren eigenen Körper) als Medien des Informationsprozesses zu erkennen. Es ist ein Unsinn, diesen Prozess verdinglichen zu wollen, ihn etwa in irgendeinem Medium lokalisieren zu wollen. Daher sind alle verdinglichenden Begriffe dieses Prozesses (etwa »Seele«, »Geist«, »Identität«, »Ich« oder »Selbst«) im Licht der Praxis mit elektronischen Gedächtnissen aufzugeben. Eine neue Anthropologie muss ausgearbeitet werden: Die eigentümliche Fähigkeit unserer Spezies, erworbene Informationen zu speichern, zu prozessieren und weiterzugeben (die »menschliche Würde«), ist im Licht dieser Praxis zu fassen. Wir haben uns als Knotenpunkte eines Netzes anzusehen, durch dessen Fäden (seien sie materiell oder energetisch) Informationen strömen. In diesen Knoten werden die Informationen gestaut, prozessiert und weitergegeben, aber diese Knoten sind nicht ein Etwas: Entknotet man sie (löst man die Relationsfäden, die sie bilden), dann bleibt nichts übrig (wie bei der sprichwörtlichen Zwiebel). Mit anderen Worten: Wir haben eine Anthropologie auszuarbeiten, welche den Menschen als eine Verknotung (Krümmung) einiger sich überschneidender Relationsfelder ansieht.

Dieser unvermeidlich gewordene Ausbruch aus der ideologischen Verkapselung in der Individualität (Identität, Subjektivität) ist selbstredend nicht allein auf die Praxis mit elektronischen Gedächtnissen zurückzuführen. Er hat sich von langer Hand und auf vielen heterogenen Gebieten vorbereitet. Um nur einige Beispiele dafür anzuführen: Die analytische Psychologie zeigt die individuelle Psyche als Spitze eines Eisbergs, der aus kollektiven, über unsere Spezies hinausgehenden psychischen Prozessen aufgebaut ist. Die Ökologie zeigt die einzelnen Organismen (inklusive unseren eigenen) als Funktionen von komplexen Relationsfeldern (von Ökosystemen). Die Politologie zeigt, dass »Einzelmensch« und »Gesellschaft« Abstraktionen sind und dass die konkrete Tatsache die zwischenmenschlichen Beziehungen sind, welche den Menschen und die Gesellschaft überhaupt erst konstituieren. Diese relationelle (topologische) Sicht unserer Stellung wird von der »anderen Seite« her, nämlich von den physikalischen Wissenschaften, bestätigt. So erscheinen zum Beispiel die physikalischen Objekte als Verknüpfungen (Kerben) von physikalischen Kräftefeldern. Husserls Phänomenologie kann als Artikulation dieser Feldsicht angesehen werden. Sie besagt (stark gekürzt), dass sich die konkrete Lebenswelt nach »phänomenologischer und eidetischer Reduktion« als ein Feld von konkreten Relationen erweist, aus welchem »Subjekte« und »Objekte« extrapoliert werden.

Und doch: Obwohl die relationelle Sicht sich vielerorts seit langem vorbereitet und obwohl die Erfindung der elektronischen Gedächtnisse als eins der Resultate dieser Vorbereitung angesehen werden kann, bleibt unbestreitbar, dass erst die Praxis mit diesen Gedächtnissen uns dazu zwingt, die hergebrachte Ideologie von einem harten Kern (den wir haben oder der wir sind) aufzugeben. Also die Verdinglichung und Sakralisierung unserer Fähigkeit, erworbene Informationen zu speichern, zu prozessieren und weiterzugeben. Die Folgen, die eine derartige Umstellung unseres Denkens (und Handelns) haben muss, sind nicht auszudenken. Aber einiges ist diesbezüglich doch schon jetzt sagbar:

Wir werden viele (vielleicht alle) unserer bisherigen Kategorien umformulieren müssen. Zum Beispiel nur: Wir werden die Kategorie »Subjekt-Objekt« durch die Kategorie »Intersubjektivität« ersetzen müssen. Dadurch wird die Unterscheidung zwischen Wissenschaft und Kunst hinfällig werden: Die Wissenschaft wird als eine intersubjektive Fiktion, die Kunst als eine intersubjektive Disziplin zwecks Erkenntnissuche erscheinen, also die Wissenschaft als eine Kunstart, und die Kunst als eine Variante der Wissenschaften. Zum anderen Beispiel: Wenn »ich« als das erkannt wird, zu dem andere »du« sagen (wenn Selbsterkenntnis als Folge des Anerkennens der anderen erkannt wird), dann wird die Unterscheidung zwischen Erkennen (Kognition) und Anerkennen (Rekognition) hinfällig werden: Kunst und Wissenschaft werden dann als »politische Disziplinen« angesehen werden müssen. Um dies auf die Spitze zu treiben: Wenn wir uns selbst als Funktion aller anderen erkennen und alle anderen als unsere eigenen Funktionen, dann wird »Verantwortung« jenen Stellenwert einnehmen müssen, der bisher von »individueller Freiheit« besetzt ist. Und nicht mehr der Diskurs, sondern der Dialog wird die künftige Kultur strukturieren, also nicht mehr »Fortschritt«, sondern gegenseitige Begegnung.

All dies sind nur Vorahnungen, und sie bergen in sich ebenso viel Gefahr wie Hoffnung. Eins jedoch kann als sicher angenommen werden: Wenn wir, dank unserer Praxis mit elektronischen Gedächtnissen (diesen vorläufig primitiven Simulationen unserer Gedächtnisfunktion), gezwungen werden, unsere Ideologie betreffs unserer Identität aufzugeben, dann wird dadurch unsere negativ entropische Einstellung (unsere »Ek-sistenz«) in keiner Weise »entheiligt« werden. Im Gegenteil: Das undurchblickliche Geheimnis der Fähigkeit, sich der Tendenz der

Natur zum Zerfall entgegenzustellen und dies zu wollen, wird dadurch nur noch undurchblicklicher werden. Weil nämlich dann noch ersichtlicher wird als vorher, dass diese Fähigkeit (und dieses Wollen) letzten Endes verurteilt sind zu scheitern.

Hier wird auf Quellenangaben verzichtet: Dieser Beitrag ist Resultat eines Sammelns von Informationen aus weit auseinander liegenden Gebieten. Und seine Absicht ist nicht, eine These aufzustellen, sondern zur gegenwärtigen Diskussion betreffs der zu erwartenden Kulturrevolution besonders mit Hinblick auf die elektronischen Techniken einige Überlegungen beizutragen. Also mitzuhelfen, uns in einer unüberblicklichen Situation zu orientieren.

Sein Auftauchen

Einige Exemplare von Vampyroteuthis infernalis sind kürzlich aus dem Chinesischen Meer gefischt worden. Zu wenig: Weitere Tiefsee-Expeditionen sind zu unternehmen – in den Abgrund der Ozeane, worin sich wahrscheinlich weit erregendere Lebensgeheimnisse verbergen als im gähnenden Weltraum; und in unseren inneren Abgrund, in jenen kaum noch erforschten Ozean unserer Herkunft. Bei derartigen Expeditionen beginnt sich gegenwärtig zu zeigen, dass es ziemlich gleichgültig ist, von welchem Standort aus sie unternommen werden. Die verschieden ausgerüsteten Expeditionen, seien sie von Psychologen, Kulturkritikern, Genetikern, Molekularbiologen oder Neurophysiologen bemannt, beginnen nämlich sehr bald unter der Oberfläche aufeinander zu stoßen. Dort unten scheinen sich alle Oberflächenkategorien vermengen zu wollen, und jede Aufteilung der Tiefenforschung in deutliche Disziplinen scheint bedeutungslos zu werden. Jede dieser Expeditionen wird, sei es für sich allein, sei es gemeinsam mit anderen, früher oder später auf Vampyroteuthis stoßen. Denn sein Habitat ist nicht nur die Tiefe etwa im Chinesischen Meer, sondern ebenso die Tiefe in unserem Innern. Mit anderen Worten: Diese beiden Tiefen sind zwei voneinander unterscheidbare Orte nur dann, wenn sie oberflächlich angesehen werden.

Das Dasein ist eine konkrete Beziehung zwischen abstrakten Polen der existenziellen Spannung, also zwischen Ich und Nicht-Ich. In dieser konkreten Beziehung verwirklichen sich Ich und Umwelt, und sie fallen zusammen. Ich bin wirklich in Bezug auf Umwelt, und Umwelt ist wirklich in Bezug auf mich; der Abgrund in mir ist wirklich in Bezug auf das Chinesische Meer, und das Chinesische Meer ist wirklich in Bezug auf meinen Abgrund. In Wirklichkeit ist es ein und derselbe Abgrund, der sich von mir aus gesehen als Chinesisches Meer, von außer mir gesehen als mein innerer Abgrund darbietet.

So hat die Welt, in die ich geworfen wurde, um da zu sein, einen Spiegelcharakter. Alles dort hat eine Gegenseite, je nach dem eingenommenen Standpunkt. Diese Symmetrie der Bilaterität kann selbst von verschiedenen Standpunkten ersichtlich werden. Sie lässt sich beispielsweise auf die Tatsache zurückführen, dass wir Bilateria sind, nach einer Längsachse organisierte Wesen. Oder auf die Tatsache, dass unser Organismus seine Umwelt und diese Umwelt unseren Organismus spiegelt. Der Spiegelcharakter der Welt, diese ihre »Ja/Nein«-Struktur ist als Tatsache hinzunehmen.

Also stoßen schließlich, wie durch einen Spiegel, die Expeditionen in die Tiefe des Chinesischen Meeres und die Expeditionen in die Tiefe des Ichs aufeinander. Nicht etwa, als ob sie dadurch auf irgendeinen »Kern der Wirklichkeit« gestoßen wären, nein: Sie sind schlicht aufeinander gestoßen. Und in dieser kernlosen, wurzellosen, absurden Tiefe ihres Zusammenstoßes treffen sie von beiden Seiten zugleich auf Vampyroteuthis. Selbstredend ist das metaphorisch gesprochen. Aber dort unten ist nur in Metaphern zu sprechen. Nicht also, als ob Vampyroteuthis des Pudels Kern wäre. Nach einem Kern sucht man vergebens – er entwischt uns wie sein Spiegelbild, die »Gottheit«. Gefunden wird er an jenem Punkt, wo sich das Abtauchen in die Tiefe ins Auftauchen umdreht: in den Antipoden.

Es ist keineswegs immer nötig, unterzutauchen, um ihn zum Auftauchen zu bewegen. Denn er selbst taucht auf, um uns zum Untertauchen zu bringen. Er selbst veranstaltet Expeditionen und taucht für uns überraschend an ungeahnten Orten auf: in den Taten des Nazismus, in der Denkart der Kybernetik, in den Texten der logischen Analyse, in einigen theologischen Texten, um nur einige relativ rezente Beispiele anzuführen. Überall dort, wo seine Fratze unerwartet auftaucht, wirkt er wie eine Bombe. Denn dort unten in seinem Habitat steht er unter starkem Druck (tausend Atmosphären): Wenn er auftaucht, explodiert er. Nicht also Vampyroteuthis selbst ist es, der bei seinem Auftauchen unsere Gegend vernichtet, sondern es ist der Druck, unter dem er gehalten war und der sich plötzlich löst.

Unsere eigenen Tiefenexpeditionen haben demnach schon die Aufgabe, Vampyroteuthis zu lokalisieren, viel mehr aber dient ihr Unterfangen dazu, ihn langsam und sorgfältig an die Oberfläche zu heben, um ihn schrittweise an unsere Druckverhältnisse zu gewöhnen, um sodann mit ihm – im klaren Licht unseres Tags – dialogisieren zu können. Vom Druck erlösende, humanisierende Versuche sind mindestens seit der Aufklärung und über Freud hinaus wiederholt unternommen worden. Sie scheitern immer wieder. Den Beweis für das Scheitern liefern die jüngste Vergangenheit und die bedrohliche Zukunft.

Die Erklärung für das Scheitern ist im Spiegelcharakter des Daseins zu suchen. Er bewohnt unsere Tiefen, wir die seinen. Wenn wir uns in unsere Tiefen versenken, dann deshalb, weil er versucht, in seine Höhen zu steigen. Wenn wir zu ihm hinuntertauchen, um ihn von seinem Druck zu erlösen, dann deshalb, weil er seinerseits versucht, uns mitsamt unseren Taucherglocken und anderen Vorsichtsmaßnahmen in sich aufzusaugen. Wenn wir ihn zu humanisieren versuchen, dann deshalb, weil er versucht, uns zu vampyroteuthisieren. Wenn demnach Theologen das Teuflische ins Göttliche heben, die Kybernetiker das automatische Feed-back in die klare Entscheidung, die Logiker das mechanische Symbolspiel in Wahrheitstabellen, die Freudianer das Verdrängte ins Bewusste, dann deshalb, weil er seinerseits versucht, durch die Taten der Nazis oder durch den thermonuklearen Apparat uns in seine Tiefen zu versenken. Indem wir versuchen, ihn von seinem Druck zu erlösen, werden wir zerschmettert. Man kann Vampyroteuthis nicht belehren, ohne von ihm belehrt zu werden. Nicht ein perfektes Kugelwesen mit acht Armen und zwei Gesichtern entsteht, wenn wir uns gegenseitig belehren (darin irrt Plato), sondern ein sich selbst zerfleischender Zwitter: ein kybernetischer Nazismus.

Jenen, die die Oberfläche verachten und nach der Tiefe trachten, ist demnach zu misstrauen. Sie verachten das Menschliche im Menschen und trachten nach dem Vampyroteuthischen – während sie vorgeblich nach dem Menschlichen im Vampyroteuthis trachten. Sie geben vor, das Übel im Vampyroteuthis zum Guten wenden zu wollen, wenden aber tatsächlich das Gute im Menschen ins Übel. Sie wollen die Hölle in den Himmel heben, verhimmeln aber tatsächlich die Hölle. Nichts ist gegenwärtig gefährlicher als diese Renaissance der Romantik.

Die nach Vampyroteuthis forschenden Expeditionen sehen sich zwei entgegengesetzten, einander spiegelnden Gefahren gegenüber. Einerseits müssen sie versuchen, die Szylla des Besserwissens zu vermeiden – das paternalistische Über-ihm-Stehen, das sich herablässt, Vampyroteuthis zu bergen; andererseits die Charybdis der »nostalgie de la boue«, also die Bereitschaft, mit Vampyroteuthis zu paktieren. Beides erfordert von den Expeditionen das Beibehalten eines prekären Gleichgewichts zwischen Pochen auf Wissen und Hingabe ans sogenannte Intuitive, Triebhafte im Menschen. Der Geist, in dem die Expeditionen auszuziehen haben, sollte der eines Engagements am Menschen sein, eines Menschen, der bereit ist, sein ganzes Menschsein auf sich zu nehmen – auch die verdrängte, unter Druck stehende vampyroteuthische Seite des Menschseins: um die unterdrückten Potenzialitäten in jener Richtung zu verwirklichen, in welcher der Mensch von seinen Bedingungen befreit wird, und um Vampyroteuthis als eine derartige unterdrückte menschliche Potenzialität zu suchen. Einer von solchem Geist motivierten Expedition könnte es vielleicht gelingen, Vampyroteuthis anzuerkennen, ohne von ihm aufgesogen zu werden.

Expeditionen der skizzierten Art sind von der gegenwärtigen Wissenschaft nicht zu erwarten. Trotz ihrer Krise herrscht dort weiterhin ein objektiver Geist, ein Geist der Vorurteilslosigkeit und Wertfreiheit, der erkennen will, ohne in die Erkenntnis das ganze von Erlebnissen, Wünschen und Träumen beschmutzte

Menschsein hineinzuziehen. Dem herrschenden wissenschaftlichen Geist wird sich Vampyroteuthis als ein Objekt der Erkenntnis vorstellen, sei er im Chinesischen Meer, sei er in der Tiefe des Menschen gefischt worden. Wovon uns Biologen, Tiefenforscher und Mythologen erzählen, wenn sie Vampyroteuthis besprechen, ist eine nach den Regeln der Wissenschaft präparierte Leiche. Darum können die Netze, mit denen Vampyroteuthis zu fischen ist, nicht aus wissenschaftlichen Texten gewoben sein.

Fabeln wie diese sollten sich freilich auf wissenschaftliche Texte stützen. Denn zur Zeit bieten allein diese die Möglichkeit, sich im Dunkel des Abgrunds zu orientieren. Bei den zu spinnenden Fabeln sollten Wissenschaften als Leuchtkörper dienen, die auf den fabelhaften, nach Vampyroteuthis tastenden Tentakeln sitzen. Die Fabeln selbst dürfen nicht wissenschaftlich sein – auch wenn der Standpunkt vertretbar ist, dass die Wissenschaften nichts als Fabeln erzählen –, sondern sie sollten über die wissenschaftliche Objektivität hinausgehen. Die Überwindung des wissenschaftlichen durch fabelhaftes Denken setzt allerdings voraus, dass das wissenschaftliche halbwegs verdaut ist. Um Vampyroteuthis auftauchen zu lassen, ohne von ihm verschlungen zu werden, ist wohl zunächst etwas Wissenschaft erforderlich, um sie alsdann ausklammern zu können.

Von allen Wissenschaften steht an erster Stelle – weil Vampyroteuthis ein Tier der Tiefsee ist, und weil wir Tiere sind in jenen Tiefen, in denen Vampyroteuthis in uns ist – die Biologie. Sie steht auch deshalb vornan, weil sie uns ein geradezu mythisches Modell für die in uns noch nicht verwirklichten Möglichkeiten bietet. Sie bietet uns das Modell einer Urzelle, in der alle Potenzialitäten des Lebens auf Erden angelegt sind, und dazu das Modell einer ruckartigen Lebensentwicklung, dank welcher sich einige dieser Potenzialitäten bei Aufopferung anderer in die Wirklichkeit setzen. So gestattet uns die Biologie, in Vampyroteuthis die Verwirklichung einiger in uns angelegter Möglichkeiten zu sehen. Sie erlaubt uns zudem, in uns selbst Krüppel zu erkennen, die auf die meisten ihrer Möglichkeiten zugunsten einiger weniger hypertrophierter verzichtet haben. Aber die zum Fabulieren erforderliche Biologie muss ausgeklammert werden.

Diszipliniert angewandt, führt sie zum »genie generique«, zur bewussten Manipulation der genetischen Information. In allerdings noch nicht voraussehbarer Zukunft können alle in der Urzelle angelegten Möglichkeiten verwirklicht werden. Alle? Ist doch ihre Summe größer als die der Moleküle im Universum. Alle! Denn die Technik löst alle von ihr gestellten Probleme. Ein künstlich hergestellter Vampyroteuthis wird ebenso machbar werden wie eine Synthese »Vampyroteuthis – Mensch«. Die Fabel ist jedoch daran nicht interessiert. Sie ist interessiert an jenem Geist, der zu »genie generique« führt, an der Frage nämlich: »Wenn in Zukunft eine gentechnologische Revolution stattfinden sollte, die alle Maschinen und Instrumente zu Lebewesen und den Menschen zu einer lebendigen Maschine werden lässt, inwieweit ist Vampyroteuthis an dieser Revolution beteiligt?« Eine Frage, die selbstverständlich von der auszuklammernden Biologie unbeantwortet bleibt.

So ist er aufgetaucht aus den Seiten dieser Fabel und starrt uns mit seinen hasserfüllten, menschenähnlichen Augen an, während seine pneumatische Haut von Grau zu Violett und Blau wechselt, seine Saugorgane auf- und zuklappen, aus seinem Maul Wasserstrahlen sprudeln. Ansonsten sitzt er, zumindest sein weitläufiger Verwandter im Winkel seines Aquariumbehälters – eine geballte Energie auf der Lauer.

So also taucht er auf aus dieser Fabel (metaphorisch), aus Aquarien (annähernd), aus den Erzählungen von Schiffe verschlingenden Seeschlangen (mythisch), aus unseren Träumen (freudianisch), aus den Taten der jüngsten Vergangenheit (ideologisch). Auch taucht er auf aus unseren utopischen Vorstellungen vom Neuen Menschen – als Hass, der in Liebe umschlägt, als permanenter Orgasmus, als die Verwirklichung des Daseins: im Aufgehen im anderen. Wer beide Seiten seines Auftauchens gleichzeitig sieht, der sieht seine eigene Gegenseite, nämlich sich selbst in zwei einander gegenüberstehenden Spiegeln. Wem das gelingt, der hat diese Fabel gelesen. Einander spiegelnde Spiegel – ist das nicht die Absicht einer jeden Fabel?

»Kunst und Wissenschaft werden als politische Disziplinen angesehen werden müssen.«

MITSUBISHI VIDEO PRINTER CP100E
VIDEO VOX 11-12-91

MITSUBISHI VIDEO PRINTER CP100E
VIDEO VOX 19-02-92

MITSUBISHI VIDEO PRINTER CP100E
VIDEO VOX 19-02-92

MITSUBISHI VIDEO PRINTER CP100E
VIDEO VOX 19-02-92

MITSUBISHI VIDEO PRINTER CP100E
VIDEO VOX 19-02-92

Die Stadt als Wellental in der Bilderflut

Wir sollten (wenn es um »Stadt« geht) topologisch statt geographisch denken lernen und die Stadt nicht als einen geographischen Ort, sondern als Krümmung in einem Feld ansehen. Das ist kein bequemes Unterfangen. Es geht um einen der berüchtigten »Paradigmensprünge«. Schon als man sich gezwungen sah, die Geographie nicht als Beschreibung einer ebenen Fläche, sondern einer Kugeloberfläche zu sehen, hatte man Schwierigkeiten. Stehen etwa die Bewohner der südlichen Halbkugel auf dem Kopf? Wir haben unsere Imagination noch mehr als damals anzustrengen. Allerdings haben wir Bilder von Gleichungen, welche uns dies erleichtern. Wir sind, zum Beispiel, gewöhnt, das Sonnensystem als einen geographischen Ort zu sehen, in welchem einige Körper um einen großen kreisen. Wir sehen es so, weil uns das so auf Bildern gezeigt wird, nicht, weil unsere Augen das irgendwo wahrgenommen hätten. Aber wir verfügen heute auch über andere Bilder. Dort zeigt man uns das Sonnensystem als ein Drahtgeflecht, als ein »Gravitationsfeld«, und in diesem Geflecht gibt es sackähnliche Ausbuchtungen, worin die Drähte enger geknüpft sind. In einem dieser Säcke erkennen wir unsere Erde wieder, schon darum, weil in diesem Sack ein kleinerer, nämlich unser Mond, eingebaut ist. Beide Bilder des Sonnensystems sind nicht Abbildungen, sondern Modelle. Und doch ist das zweite Bild für Marsreisen nützlicher als das erste. Man sieht ihm an, dass man zuerst aus unserem Sack hinauskriechen, dann aufpassen muss, um nicht in den Sonnensack zu fallen, und schließlich bergauf kriechen, um sich in den Marssack fallen zu lassen. Dasselbe gilt vom Stadtbild. Wenn es um eine »neue Urbanität« geht, ist es nützlicher, sich ein Krümmungsbild zu machen.
Das Bild, das wir uns gewöhnlich von der Stadt machen, sieht ungefähr so aus: Häuser, wirtschaftliche Privaträume, umgeben einen Marktplatz, einen politischen öffentlichen Raum, und darüber, auf einem Hügel, steht ein Tempel, ein theoretischer Sakralraum. Man kann sich den Kopf darüber zerbrechen, wie diese drei Raumtypen miteinander zu koppeln sind. Die Alten meinten, die Ökonomie hätte der Politik und diese der Theorie zu dienen, weil die Theorie zur Weisheit und zur Erlösung führt. Die Philosophen und Doktoren der Kirche sollten die Könige der Stadt sein. Die revolutionären Handwerker der Renaissance meinten, die Ökonomie und die Theorie hätten der Politik zu dienen, weil diese zur Freiheit und Selbstveränderung des Menschen dank Arbeit führt. Die Bürger sollten

die Könige der Stadt sein. Gegenwärtig meinen viele, die Politik und die Theorie hätten der Ökonomie zu dienen, weil diese zur Befriedigung der Ansprüche und zum Glück führt. Die Konsumenten sollen die Könige der Stadt sein. Das sind drei Lesarten des gewöhnlichen Stadtbildes.
Vergessen wir einmal die Ströme von Drucksachen und Blut, die aus dieser Stadtbildkritik geflossen sind und noch immer fließen. Sehen wir uns das Bild an. Es ist als Modell nicht mehr zu gebrauchen. Die drei Stadträume greifen jetzt wie *Fuzzy sets* ineinander. Der öffentliche Raum dringt in den privaten dank Kabel (wie im Falle des Fernsehens). Der Privatraum dringt in den öffentlichen dank Apparaten (wie Autos). Es gibt in der Stadt nichts tatsächlich Öffentliches und tatsächlich Privates mehr. Und der theoretische Raum ist in beide so eingedrungen, dass man ihn nicht mehr wiedererkennt, so hat er sich verändert. »Theorie« heißt Beschaulichkeit, und sie ist sakral, weil sie aus dem Betrieb hinausragt. Daraus sind *Weekend*, Ferien, Pensionierung und Arbeitslosigkeit geworden. Der theoretische Raum ist nicht mehr an Kirche und Schule gebunden, sondern an Sportplatz, Diskothek und *Club Méditerrané*. Diese Siedlungen stehen dem ehemals Ökonomischen und ehemals Politischen offen. Das hergebrachte Stadtbild mit seinen drei Räumen kann ad acta gelegt werden. Es ist nur noch als historische Referenz zu gebrauchen.
Wir sind jedoch denk- und einbildungsfaul und klammern uns an alte Bilder. Wir ärgern uns, wenn man uns unseren Privatraum, unser politisches Engagement und unseren Glauben ans Heilige (vor allem an wissenschaftliche Theorien) wegnimmt und dafür andere Stadtbilder vorschlägt. Das soll die »neue Urbanität« sein, wenn wir in ihr weder unser trautes Heim noch unsere fortschrittlichen politischen Meinungen noch unsere Tief- und Hochschulen wiedererkennen? Aber wenn wir die von uns geforderten Anstrengungen nicht leisten, wird es noch ärger werden. Das ist ärgerlich, aber es nützt nichts, wir müssen in den sauren Apfel des Stadtbildes als Feldkrümmung beißen.
Wir sind die Individuen, die in der Stadt zusammenkommen. Das alte Stadtbild fußt auf diesem Menschenbild. Dieses Menschenbild ist untauglich geworden. Alles ist teilbar, und es kann kein Individuum geben. Nicht nur Atome können in Partikel, ebenso kann alles Mentale beliebig in Teilchen zerstückelt werden, also Handlungen etwa in »Aktome«, Entscheidungen in »Dezideme«, Wahrnehmungen in »Reize«, Vorstellungen in »Pixels«. Die Frage, ob man dabei zu guter Letzt auf Unteilbares stößt, ist metaphysisch. Der Mensch kann nicht mehr als ein Individuum, sondern muss im Gegenteil als eine dichte Streuung von Teilchen angesehen werden: Er ist kalkulierbar. Das berüchtigte »Selbst« ist als ein Knoten

zu sehen, in welchem sich verschiedene Felder kreuzen, etwa die vielen physikalischen Felder mit dem ökologischen, psychischen und kulturellen. Das berüchtigte Selbst erweist sich dabei nicht als Kern, sondern als Schale. Es hält die gestreuten Teilchen zusammen, »enthält« sie. Es ist eine Maske. Daraus folgt, dass die Stadt nicht ein Ort sein kann, an dem Individuen zusammenkommen, sondern sie ist im Gegenteil eine Kerbe in Feldern, wo Masken verteilt werden. Das Selbst kommt nicht in die Stadt, um zum anderen zu kommen, sondern im Gegenteil: Erst in der Stadt entsteht das Selbst als das Andere des anderen. Das Modell der Stadt als Maskenverleihanstalt erlaubt, sich ein Bild von der Stadtgeschichte zu machen. Die ersten Städte stellen nur wenige Masken zur Verfügung, etwa die des Zauberers, des Kriegers und des Homosexuellen, und alle müssen hinter diesen Masken tanzen. Die letzten Städte stellen zahlreiche Masken zur Verfügung und erlauben, beim Tanzen eine über die andere zu ziehen, etwa die des Steuerzahlers über die des Vaters. Das ist politischer (städtischer) Fortschritt. Allerdings, hinter den alten Masken verbirgt sich dasselbe wie hinter den neuen, nämlich ein Schwarm von teilbaren Teilchen.
Das ist auf den ersten Blick ein verwirrendes Stadtbild. Es sieht wie ein Indianerdorf aus, während das alte wie Athen und Jerusalem aussieht. Noch dazu zerfallen die Indianer zu Staub, wenn sie nicht tanzen, zu lauter Quarks, Reizen und Aktomen. Die Indianer, wenn befragt, hätten wahrscheinlich nichts dagegen einzuwenden. Wir hingegen pochen auf unsere Identität («Seele«, »Geist«), auch wenn wir den diesbezüglichen Medizinbeutel verlegt oder verloren haben. Das neue Menschenbild als Verknotung von Beziehungen passt uns nicht in den Kram und daher auch nicht das auf dieser Anthropologie beruhende Stadtbild. Und doch muss dieses Menschenbild hingenommen werden. Es sieht ungefähr so aus: Wir haben uns ein Netz von zwischenmenschlichen Beziehungen vorzustellen, ein »intersubjektives Relationsfeld«. Die Fäden dieses Netzes sind als Kanäle zu sehen, durch welche Informationen wie Vorstellungen, Gefühle, Absichten oder Erkenntnisse fließen. Diese Fäden verknoten sich provisorisch und bilden das, was wir »menschliche Subjekte« nennen. Die Gesamtheit der Fäden macht die konkrete Lebenswelt aus, und die Knoten darin sind abstrakte Extrapolationen. Das erkennt man, wenn man sie entknotet. Sie sind kernlos wie Zwiebeln. Anders gesagt: Das »Selbst« («Ich«) ist ein abstrakter, gedachter Punkt, um welchen sich konkrete Beziehungen hüllen. »Ich« ist das, wozu »du« gesagt wird. Ein derartiges Menschenbild wird nicht nur dank Psychoanalyse und Existenzanalyse nahe gelegt, sondern es entspricht auch den Feldbildern auf vielen anderen Gebieten, zum Beispiel jenem der Ökologie – Organismen sind Verknotungen von Ökosys-

temen –, jenem der Molekularbiologie – Phänotypen sind Verknotungen von genetischen Informationen – oder jenem der Kernphysik – Körper sind Verknotungen der vier Kräftefelder. Hält man am Bild des intersubjektiven Relationsfeldes fest – »Wir« ist konkret, »Ich« und »Du« sind Abstraktionen daraus –, dann gewinnt das neue Stadtbild Konturen. Es ist etwa so vorzustellen: Die zwischenmenschlichen Beziehungen sind an verschiedenen Orten des Netzes verschieden dicht gesponnen. Je dichter sie sind, desto »konkreter« sind sie. Diese dichten Stellen bilden Wellentäler im Feld, das man sich schwingend wird vorstellen müssen. An diesen dichten Stellen rücken die Knoten einander näher, sie »aktualisieren« sich gegenseitig. In derartigen Wellentälern werden die in den zwischenmenschlichen Beziehungen angelegten Möglichkeiten »aktueller«. Die Wellentäler wirken auf das umliegende Feld »anziehend« (in das Gravitationsfeld einbeziehend), immer weitere zwischenmenschliche Beziehungen werden von dorther angezogen. Jede Welle ist ein Brennpunkt für Aktualisierung zwischenmenschlicher Virtualitäten. Solche Wellentäler sind »Städte« zu nennen.
Doch damit ist das neue Stadtbild als attraktiver Ort für die Verwirklichung menschlicher Möglichkeiten noch nicht entworfen. Es muss hinzugefügt werden, dass wir uns das zwischenmenschliche Netz als mit anderen Netzen verfilzt vorzustellen haben. Zum Beispiel müssen wir uns die Knoten der Intersubjektivität, also das »Ich«, als in zahlreiche andere Netze eingebaut vorzustellen versuchen, etwa als Zentralnervensystem im neurophysiologischen Netz, als Lebewesen im ökologischen Netz, als materiellen Körper in elektromagnetischen und gravitationellen Feldern. Die Hoffnung, all diese Relationsfelder auf ein einziges reduzieren, eine allgemeine Feldtheorie aufstellen zu können, ist vorläufig aufzugeben. Daher ist das neue Stadtbild (die »neue Urbanität«) kein sehr deutliches Modell, sondern es sieht eher fraktal aus. Mit diesem formalisierten Chaos werden wir wohl zu leben haben.
Auffällig ist, wenn man dieses Stadtbild betrachtet, falls man die nötige Einbildungskraft dafür mobilisiert hat, seine »Immaterialität«. Es sind darin weder Häuser noch Plätze noch Tempel zu erkennen, sondern nur ein Drahtgeflecht, ein Gewirr von Kabeln. Ein Spaziergang durch Köln kann helfen, das Bild etwas materieller erscheinen zu lassen. Noch Heine meinte, dass es sich mit seinem heiligen Dome im heiligen Strome spiegele, wir hingegen müssen versuchen, es sich im Relationsfeld spiegeln zu lassen. Was als erstes auffällt, sind die Verkaufsauslagen, worin Masken zur Identifikation angeboten werden. Man identifiziert sich mit und als Kleid, als ein Paar Schuhe, als Kochtopf. Man ist, was immer man ist, erst wenn man beginnt, in diesem Kleid, in diesem Kochtopf zu tanzen. Solche

Verkaufsauslagen sind, was das ganze Köln ausmacht. Überall werden solche Masken angeboten. Man tanzt in der Maske eines Fernsehbildes (identifiziert sich damit und darin), in der Maske eines Parteimitglieds, eines akademischen Titels, einer Familienbeziehung, einer Kunstrichtung, einer philosophischen Ansicht. Köln erweist sich als Wellental im zwischenmenschlichen Relationsfeld, worin diese Beziehungen in Masken eingesammelt werden, um die darin angelegten Möglichkeiten zu aktualisieren. Die Bewohner Kölns sind dicht gestreute Punktschwärme, die unter kölnischen Masken tanzen. Die kölnischen Häuser, Plätze und der Dom sind als Oberflächenphänomene, als geronnene, »materialisierte« Masken zu sehen, als eine Art von archäologischem Küchenabfall.

Wozu »neue Urbanität«? Was hat man an Köln auszusetzen? Dass die dort angebotenen Masken nicht dialogisch, sondern anderswie hergestellt werden, und dass sie aufgesetzt werden, auch wenn sie aus einer Vielfalt gewählt werden können. »Neue Urbanität« ist der Versuch eines »Stadtplans«, in dem die Masken dialogisch aus den zwischenmenschlichen Beziehungen auftauchen, um darin wieder absorbiert zu werden. Die neue Stadt wäre ein Ort, an dem »wir« uns als »ich« und »du« gegenseitig identifizieren, an dem »Identität« und »Differenz« einander bedingen. Das ist nicht nur eine Frage der Streuung, sondern auch der Schaltung. So eine Stadt setzt eine optimale Streuung der zwischenmenschlichen Beziehungen voraus: Aus »anderen« sollen »Nächste«, »Nachbarn« werden. Und sie setzt voraus, dass die Kabel der zwischenmenschlichen Beziehungen reversibel geschaltet werden, nicht in Bündeln, wie beim Fernsehen, sondern in echten Netzen, also verantwortungsvoll, wie beim Telefonnetz. Das sind technische Fragen, und sie sind von Urbanisten und Architekten zu lösen. Sie verfügen nicht nur über die nötige Kompetenz, sondern auch über theoretische »informatische« Kenntnis und über Apparate, etwa reversible Minitels und künstliche Intelligenzen.

Wie jede Revolution ist die urbanistische zwar technisch bedingt, sie reicht aber in weitere Gebiete. Sie setzt voraus, dass wir uns existenziell umzustellen haben. Wir müssen aufhören, uns und die anderen erkennen zu wollen, und versuchen, die anderen anzuerkennen und uns in ihnen wiederzuerkennen. Wir müssen aus der Kapsel des Selbst auszubrechen und uns in die konkrete Intersubjektivität zu entwerfen versuchen. Wir müssen aus Subjekten zu Projekten werden. Die neue Stadt wäre eine Projektion von zwischenmenschlichen Projekten. Das klingt »utopisch«, was es ja buchstäblich ist, denn die neue Stadt ist geographisch nicht lokalisierbar, sondern überall dort, wo Menschen einander sich öffnen. Aber gerade weil es utopisch klingt, ist es realistisch. Denn die emportauchende relationelle Weitsicht und die daraus folgende Anthropologie fordern utopisches

Denken. Wir haben dafür keine überkommenen Modelle und müssen sie neu entwerfen.

All dies war in Bildern gesprochen. Es war von Stadtbild, von Weltbild, von Menschenbild, von Maske die Rede. Das ist unvermeidlich. Wir können die Welt und uns selbst darin nicht mehr beschreiben. Diskursive Sprache und Schrift sind dafür nicht mehr angemessen: Alles ist durchkalkuliert, und Schwärme von punktartigen Bits sind unbeschreiblich. Diese können aber berechnet werden, und die Algorithmen können in Bilder umkodiert werden. Also ist zwar die Welt mit uns selbst darin unbeschreibbar geworden, aber sie ist berechenbar und deshalb wieder vorstellbar geworden. Um sie uns vorzustellen, müssen wir eine neue, auf Kalkulation beruhende Einbildungskraft mobilisieren. Wir besitzen dafür die nötigen Apparate. Dieser Vortrag ist demnach als Versuch anzusehen, synthetische Bilder von Algorithmen in Sprache zu kodieren. Die gegenwärtigen zwischenmenschlichen Beziehungen werden sich zunehmend in derartigen Bildern verschlüsseln. Unsere Wahrnehmungen, Vorstellungen, Gefühle, Absichten, Erkenntnisse und Entscheidungen werden zunehmend die Form von derartigen Bildern annehmen müssen. Dadurch werden alle schöpferischen Disziplinen – wie Wissenschaft und Politik – zu Kunstformen werden. Dieser Vortrag ist ein dürftiger Versuch, Politik (»neue Urbanität«) als Kunstform zu treiben.

Nomadische Überlegungen

Allerorten beginnt man, sich über Nomaden den Kopf zu zerbrechen. Die äußere Erklärung dafür mag sein, dass sich die Leute wie ein Ameisenhaufen benehmen, der von einem transzendenten Fuß aufgeschreckt wurde. Allerdings ist ein solches kopfloses Hin- und Herrennen nicht genau das, was wir mit Nomadismus meinen. Zwar wimmeln die Leute nach verschiedenen Rhythmen, die einander überlagern (etwa täglich in Großstädten, jährlich auf Stränden und Skipisten und lebenslänglich als Flüchtlinge und/oder Gastarbeiter), und der große Rhythmus erinnert an asiatische Steppen und afrikanische Wüsten durchstreifende Nomadenzüge. Aber selbst dieser lebenslängliche Wanderrhythmus etwa vom unterentwickelten Süden in Richtung Schlaraffenland entspricht nicht dem nomadischen Dasein, wie wir es bei Mongolen, Beduinen oder Zigeunern zu erkennen glauben. Daher ist die äußere Erklärung für das aufkommende Interesse am Nomadischen wahrscheinlich nicht treffend. Nicht weil es so viele Autos, Flüchtlinge und Gastarbeiter auf der Welt gibt und nicht weil wir selbst wie die Flöhe auf der Erdoberfläche herumspringen, sondern weil etwas tiefer Liegendes auftaucht, beginnen wir nomadische Überlegungen anzustellen.

Wir sind von der Schule her gewohnt, die Zeitspanne der menschlichen Gegenwart hienieden in Epochen einzuteilen. Es wird etwa von einer Stein-, Kupfer-, Bronze-, Eisen- und vielleicht einer Jetztzeit gesprochen. Diese Aufteilung ist aus mindestens zwei Gründen geradezu faszinierend. Der eine ist, dass das Kriterium der Aufteilung das Material gibt, aus welchem Werkzeuge (Kultur) hergestellt werden. Das ist ein greifbares, konkretes Kriterium, kein schwammiges, wie die, die etwa zur Aufteilung der Neuzeit in Renaissance, Barock usw. führen. Der andere Grund der Faszination ist die mehr als logarithmische Skala, nach welcher die Aufteilung geeicht ist. Die Steinzeit nimmt etwa zwei Millionen Jahre in Anspruch, die Eisenzeit höchstens fünftausend Jahre. Die Skala ist eben von hier aus nach dort hinten entworfen, und von hier aus gesehen ist das letzte Jahr ebenso lang wie die Milliarden von Jahren zwischen Big Bang und dem Ursprung des Lebens auf Erden. Was also an der Mittelschulaufteilung der menschlichen Zeitspanne fasziniert, ist ihre naive existenzielle Konkretheit: eine Erfrischung im Vergleich zum akademischen Klassifizieren.

Es ist aber leider unmöglich, die Naivität der ersten Mittelschulklassen aufrechtzuerhalten. Daher muss die Klassifikation der Menschenzeitspanne kritisch betrachtet werden. Als erstes fällt dabei auf, dass der Begriff »Stein« nicht gut definiert ist. Sind etwa Kupfer, Bronze und Eisen nicht Gesteine? Also müsste man eigentlich beinahe die gesamte Zeitspanne »Steinzeit« nennen, mit Ausnahme etwa der letzten zwanzig bis dreißig Jahre. Aber das ist doch keine intelligente Aufteilung: zwei Millionen Jahre Steinzeit und zwanzig Jahre Immaterialzeit? Man muss das anders machen. Man muss die Steinzeit unterteilen. Und tatsächlich geschieht dies schon in den Mittelschulen: in ältere, mittlere, jüngere Steinzeit. Nur sieht diese Unterteilung nach kritischer Überlegung jetzt etwa so aus: ältere Steinzeit bis zur Erfindung der Landwirtschaft, jüngere Steinzeit bis 1990. Und genau das erklärt das gegenwärtig auftauchende Interesse für Nomadismus.
Was eben gesagt wurde, ist empörend (schon weil es Vorurteile angreift) und muss gerechtfertigt werden. Hier der Versuch, dies zu tun –: Die vorgeschlagene Dreiteilung der Menschenzeit in ältere Steinzeit, jüngere Steinzeit und unmittelbare Zukunft geht davon aus, dass wir drei Katastrophen im Verlauf unseres Hierseins feststellen können. Die erste kann Menschwerdung heißen, und sie äußert sich (unter anderem und vor allem) als Benutzung von steinernen Instrumenten. Die zweite Katastrophe kann Entstehung der Zivilisation heißen und äußert sich vor allem als Leben in Dörfern. Die dritte hat noch keinen treffenden Namen; sie äußert sich vor allem in der Tatsache, dass die Welt ungewöhnlich wird, also unbewohnbar. Nimmt man diese drei Katastrophen als zutreffend an (und sei es nur für die Dauer der Lektüre dieses Aufsatzes), dann ist folgende Erzählung der Menschheitsgeschichte möglich: Die Gattung Mensch in allen ihren Spielarten (Homo sapiens sapiens einbegriffen) ist eine nomadisierende, jagende und sammelnde Säugetiergattung, die sich von den übrigen Gattungen durch das Benutzen von Werkzeugen unterscheidet. Vor etwa zehntausend Jahren kam es zu einer ökologischen Katastrophe: Es wurde wärmer, und die Steppen verwandelten sich in Wälder. Statt als jagende und sammelnde Art auszusterben, wie sie es eigentlich sollte, verwandelte der Homo sapiens sapiens die Wälder in künstliche Steppen zurück, und statt zu jagen und zu sammeln, begann er Gras zu essen und grasfressende Tiere auf dem künstlichen Gras zu halten. Aus Jägern und Sammlern wurden Landwirte und Viehzüchter, und zu diesem Zweck wurden sie sesshaft. Gegenwärtig ist die Erdoberfläche (ob Wald oder Steppe) nur noch eine Art Unterlage für drei- und mehrdimensionale »immaterielle« Felder (zum Beispiel das elektromagnetische), und wir sind dabei, aus unserem Landwirt- und Viehzüchterstatus

in eine neue, aber wiederum nomadisierende Lebensform zu wechseln. Für die vorgeschlagene Dreiteilung der Menschenzeit heißt das: Die jüngere Steinzeit ist eine zehntausend Jahre währende Unterbrechung des Nomadentums.
Das ist noch keine Rechtfertigung, denn die drei hier angenommenen Katastrophen (vor allem die dritte) sind ja Ad-hoc-Hypothesen. Und selbst angenommen, dass die hier sogenannte jüngere Steinzeit (also etwa 8000 v.Chr. bis 1990 n.Chr.) die Zeit der sesshaften Zivilisationen ist, was berechtigt uns, sie mit dem Jahr 1990 abschließen zu lassen? Woher nehmen wir die Überzeugung, die Zivilisation sei beendet (was noch radikaler ist als die Annahme einer einbrechenden *post-histoire*, einer Nachgeschichte)? Das gegenwärtig einsetzende Interesse für Nomadismus ist doch noch nicht Berechtigung genug, um derartig katastrophische Diagnosen und Prognosen zu stellen? Es ist klar: Wir befinden uns hier in einem viziosen Zirkel. Um das Interesse am Nomadismus zu rechtfertigen, teilen wir die menschliche Zeitspanne neu ein, und um diese Neueinteilung zu rechtfertigen, rufen wir dieses Interesse zum Zeugen. Aus diesem Zirkel muss ausgebrochen werden. Dies kann gelingen, wenn man die beiden hier vorgeschlagenen Daseinsformen, also Nomadentum und Sesshaftigkeit, zuerst phänomenologisch miteinander vergleicht und sie sodann in die Neueinteilung einbaut. Wenn diese Einfügung gelingt, wird sich zeigen, ob wir berechtigt sind, die Katastrophe des Unbewohnbarwerdens der Welt zu behaupten.
Sesshafte sitzen und Nomaden fahren. Das heißt zuerst einmal, dass man Sesshafte im Raum lokalisieren kann (sie haben Adressen), während Nomaden erst im Raum-Zeit-Kontinuum definiert werden können. Bei Sesshaften genügt es, Ecke 4th Av. / 52nd Street, NY anzugeben; bei Nomaden muss April, 10th 1990, 4 pm hinzugefügt werden. Unter dem Aspekt des Raums (also vom Standpunkt der Sitzenden aus) sind Nomaden vorübergehende, flüchtige Phänomene; unter dem Aspekt des Raum-Zeit-Kontinuums (also vom Standpunkt der Fahrenden aus) sind Sesshafte um eine der Daseinsdimensionen amputierte Krüppel. Man darf jedoch diesen Widerspruch nicht auf die Spitze treiben. Auch Sesshafte haben eine Zeitdimension, weil sie leben und daher sterben müssen. Auch sie sind flüchtige, vorübergehende Phänomene, oder (um es mittelalterlich zu sagen) homines viatores im Tränental des Diesseits. Darum muss auch den Adressen von Sesshaften ein Datum beigefügt werden (zum Beispiel bei den Römern, wer gerade Konsul ist, oder bei Jesus, er sei unter Pontius Pilatus gestorben). Andererseits müssen auch Nomaden gelegentlich lagern, weil ihre Körper schwer sind. Auch sie sind Krüppel und können nicht wie der Wind immerzu wehen. Daher lässt sich nicht nur Dschingis Khans Grab, sondern auch seine Jurte geographisch lokalisieren.

Kurz, zwar sitzen Sesshafte und fahren Nomaden, aber beides ist provisorisch, beide sind Menschen.

Und doch: Wer sitzt, der lebt in einer dem Fahrenden völlig fremden Stimmung. Um dies zu erfassen, ist es zwar einfach, aber zu billig, Etymologie zu Hilfe zu rufen. Es ist zwar richtig, dass der Sitzende besitzt, und der Fahrende erfährt, oder dass der Sitzende in der Gewohnheit wohnt und der Fahrende Gefahr läuft. Aber so richtig die Einsicht ist, die sich in den Wurzeln der Worte verbirgt, so erfordert das Phänomen doch, angesehen zu werden und nicht nur, zu Wort zu kommen. Schaut man sich nun das Phänomen des Sitzens an, so sieht man Häuser mit Ställen und Feldern. Man sieht ein Dorf, man sieht politisch. Das Phänomen des Fahrens jedoch ist nicht ebenso leicht anzusehen, weil Jäger ganz anders fahren als Hirten und Touristen. Obwohl also der Besitz um Hunderte von Tausenden Jahren jünger ist als die Erfahrung, muss mit der Betrachtung des Sitzens begonnen werden: Besitz ist leichter als Erfahrung ersichtlich.

Das Dorf ist ein Häuserkreis um einen Dorfplatz, mit einem Hügel darüber und einem Fluss daneben. (So sieht zumindest das ideale Dorf, die perfekte Republik aus.) Es zeigt sich sofort, dass die Sesshaften nicht eigentlich auf dem Hintern sitzen, sondern dass sie verkehren, und zwar vorn mit hinten und hinten mit vorn. Sie pendeln nämlich zwischen Haus und Dorfplatz, klettern den Hügel hinauf und hinab und laufen zum Fluss hinunter, um mit gefüllten Eimern wieder hinaufzukriechen. Der eben geschilderte Verkehr und die ihn regelnde Polizei bilden das sogenannte »zivilisierte Leben«, wobei zivilisiert eben dorfbewohnend bedeutet.

Zu dieser sesshaften Lebensform ist beinahe endlos viel gesagt worden, und es bliebe noch immer beinahe endlos vieles zu sagen, wäre sie nicht eben dabei, sich in Leerlauf aufzulösen. Denn die Grundfrage: »Wozu pendeln die Leute, anstatt zu sitzen?« oder eleganter gesagt: »Wozu engagieren sich die Leute politisch, anstatt ihren Garten zu kultivieren?« findet gegenwärtig eine definitive, wenn auch enttäuschende Antwort. Nämlich, weil man sich zu Hause bisher nicht informieren konnte. Leute, die Häuser bewohnen, ohne je durch die Türe zu gehen, waren bisher »Idioten« im ursprünglichen griechischen Sinne dieses Wortes: Privatleute, die von der Welt nichts wussten. Das hat sich dank der Informationsrevolution geändert: Informationen werden jetzt an Privathäuser verteilt, und gegenwärtig ist jener der Idiot, der durch die Tür ins Öffentliche schreitet. Es sieht so aus, als ob gegenwärtig das Pendeln zwecklos würde und als ob es erst jetzt tatsächlich möglich geworden wäre, sitzen zu bleiben.

Das ist jedoch ein Irrtum. Weil nämlich die Informationen, die ins Haus geliefert werden, durch materielle und/oder immaterielle Kanäle laufen, welche die Wände und Dächer der Häuser durchlöchern. Es zieht im Haus von allen Seiten, die Orkane der Medien sausen hindurch, und es ist unbewohnbar geworden. Das Ungewöhnlichste am unbewohnbar gewordenen Haus ist die Tatsache, dass man darin nichts besitzen kann, weil alles Mobile (Möbel, etwa Stühle) und alles Immobile (Grund und Boden) aufgewirbelt werden, wo eine Trennung zwischen privat und öffentlich keinen Sinn hat. Diese ungewöhnliche Unmöglichkeit, mitten im Sturm der Medien sitzen zu bleiben (zu besitzen), kann auf zwei noblere Formeln gebracht werden:

(1) Nicht mehr Besitz, sondern Information (nicht mehr Hardware, sondern Software) ist, was Macht ermöglicht, und (2) nicht mehr Ökonomie, sondern Kommunikation ist der Unterbau des Dorfes (der Gesellschaft). Beide Formeln besagen, jede auf ihre Art, dass die sesshafte Daseinsform, also das Haus, und a fortiori der Stall, das Feld, der Hügel und der Fluss nicht mehr funktionell sind. Dass wir zu nomadisieren beginnen. Also sind die Nomaden ins Auge zu fassen: Nomaden sind Leute, die hinter etwas herfahren, etwas verfolgen. Etwa zu sammelnde Pilze oder zu tötende Tiere oder zu melkende Schafe. Gleichgültig, welches das verfolgte Ziel ist, das Fahren ist keineswegs beendet, wenn es erreicht wurde. Alle Ziele sind Zwischenstationen, sie liegen neben dem Weg (griechisch metodos), und als Ganzes ist das Fahren eine ziellose Methode. Ganz anders als das Pendeln des Sesshaften zwischen privat und politisch ist das Fahren des Nomaden ein offenes Schweifen. Jedoch ist dieses ziellose offene Schweifen vielleicht ein perspektivischer, von Sesshaften begangener Irrtum. Wir Sesshaften haben die Pendelgesetze, aber nicht die Gesetze der Ausschweifung berechnet. Etwa so, wie wir die Gesetze des freien Falls der Steine, aber nicht das Wehen des Windes berechnet haben. Mag sein, dass der nomadische Lebensweg durch Steppe und Wüste die gleiche Struktur hat wie die Wolke und der Wind, und das sesshafte Lebenspendeln die gleiche Struktur wie Sommer und Winter. Vielleicht leben Nomaden meteorologisch und wir astronomisch. Oder um es aktueller zu sagen: Der sesshafte Lebensrhythmus kann in hergebrachten, der nomadische muss in fraktalen Algorithmen ausgedrückt werden.

Jedenfalls ist für Nomaden der Wind, was für Sesshafte der Grund ist. Für uns Sesshafte ist am Wind ungemütlich, dass er zwar wahrgenommen, gehört, erfahren, aber nicht gefasst werden kann, dass er unbegreiflich ist. Dieses zugleich konkret Erlebbare und Unfassbare am Wind verleiht ihm jene Stimmung, die wir das »Heilige« nennen. Es ist etwas Gespenstisches, Geistiges daran, und es hat mit Atmen und Sprechen, diesen beiden Winden des Geistes, eine enge Verbindung. Früher gab man diesem grundlosen, bodenlos-unfassbaren Erlebnis

Namen wie ruach, pneuma oder spiritus, heute wird von immaterieller Kultur und Software gesprochen. Früher galt als bezeichnend für den Wind, dass er eine rufende Stimme sei, ein Beruf, eine Berufung, heute gehört zu seiner Charakteristik, dass er den fassbaren, besitzbaren Grund in Körner zerreibt (kalkuliert), diese zerstreut (dispersiert), um sie dann zu Dünen zu häufen (zu komputieren). Der Wind, dieses gespenstige Unfassbare, der die Nomaden vorantreibt und dessen Ruf sie gehorchen, ist eine Erfahrung, die für uns als Kalkül und Komputation darstellbar wurde. Wir beginnen zu nomadisieren nicht nur, weil der Wind durch unsere zerlöcherten Häuser braust, sondern vor allem auch, weil er in uns hineinfährt.

Die meteorologische, »selbstähnliche«, fraktale Tatsache, dass der Wind zerkörnert, zerstreut und dann wieder häuft, ist keine erst posthistorische Entdeckung. Schon das junge Christentum spricht zum Beispiel von einem logos spermatikos, einem »samenstreuenden Wort«, und die jüdische Mystik von der galuth leschechinah, der »Zerstreuung des Geistes«. Aber erst gegenwärtig wird die Streuung des Geistes (Diaspora) zum Zentralbegriff des ontologischen und des anthropologischen Denkens. Die Welt erscheint uns als Streuung von Körnern, die vom Wind der Entropie immer gleichmäßiger gestreut werden, aus denen sich zufällig Dünen bilden können, und der Mensch erscheint uns als jener Wind, der absichtlich zerstreute Körner rafft, um unwahrscheinliche Klumpen (Kultur) herzustellen. Der Wind hat sich nicht nur um uns herum orkanartig erhoben und unsere Dörfer hinweggefegt, er hat sich auch gewaltig in uns selbst erhoben, so sehr, dass wir ihn als das Prinzip der Welt und unseres Lebens erfahren. Die Welt um uns herum ist zu einer unbewohnbaren Wüste geworden, in welcher der Wind des Zufalls notwendigerweise Dünen häuft. Wir selbst wollen diesen Zufall, und wir häufen Dünen, um uns selbst dabei zu raffen. Wir sind Nomaden geworden.

Diese beiden phänomenologischen Anschauungen von Sesshaftigkeit und Nomadentum, Sitzen und Fahren, Besitz und Erfahrung, Gewohnheit und Gefahr, sollen nun in die Dreiteilung der Menschheitsspanne in ältere Steinzeit, jüngere Steinzeit und unmittelbare Zukunft eingebaut werden. Für die ältere Steinzeit bietet dies keine Schwierigkeit. Im Paläolithikum waren die Leute, vom homo erectus und habilis bis zu Lascaux und darüber hinaus, typische Nomaden. Sie zogen von Teilziel zu Teilziel wie das Wetter durch die Gegend, besaßen nichts, lebten weder privat noch politisch, sondern erlebten. Ihr Leben war Erfahrung. Aber bei der jüngeren Steinzeit tauchen Probleme auf. Im Neolithikum haben nicht alle Leute geduldig gesessen, um die Reife der zu sammelnden Körner abzuwarten, sondern einige sind Schafen, Ziegen und Kamelen auf Pferden nachgezo-

gen. Nicht alle Leute nämlich brannten die Wälder nieder, um künstliches Gras herzustellen. Einige liefen an den Waldrand in die noch übriggebliebene Steppe. Und diese Spaltung der Menschheit in Sesshafte und Nomaden ist durch Bronze und Eisen keinesfalls aufgehoben worden. Im Gegenteil, sie verschärfte sich noch. Es stimmt also nicht, dass die jüngere Steinzeit sesshaft war: Sie war Dialektik zwischen Sitzen und Fahren. Dem muss nachgegangen werden.
Wenn jemand die Erdkugel vom Mond aus ansähe, und wenn er dies zur Zeit der jüngeren Steinzeit täte, dann erblickte er zwei und nur zwei Menschenwerke: nämlich den römischen Limes und die Chinesische Mauer. Das sind Einrichtungen zum Schutz der Sesshaften gegen Nomaden. Sie sind miteinander synchronisiert, obwohl beide Architekten nichts voneinander wussten. Europa ist zum Zentrum der Welt geworden, weil die Chinesische Mauer besser gebaut war als der Limes: Der Westen wurde vom nomadischen logos spermatikos besser befruchtet als der Osten. Die dritte der drei Zivilisationen, Indien, hatte zu ihrem Leidwesen keine Mauer nötig: Sie hatte den Himalaya.
Warum wollen Nomaden in Zivilisationen einbrechen; warum konnten die Zivilisationen die Nomaden nicht zivilisieren? Weil Nomaden absurderweise besitzen wollen, ohne sitzen zu bleiben; weil Zivilisierte, sobald sie ins Nomadische vordringen (sei es als Legionen, Missionare oder Forscher), vom Wind besessen werden. Darum konnte die Dialektik »Sitzen – Fahren« nie zu einer Synthese aufgehoben werden: Wer besitzt, erfährt nichts, und wer erfährt, besitzt nichts.
Die jüngere Steinzeit (8000 v. Chr. bis heute) spielte sich quantitativ vorwiegend sitzend ab: zuerst an schlammigen Flussufern, später in immer höher werdenden Zementtürmen, zwischen denen oft Blechhütten lagen. Doch hat die nomadische Minderheit immer den Ton angegeben. Nicht als mehr oder weniger goldene Horden, die im Herzland der Menschheit (in Zentralasien) und an ihrer Peripherie (in den Wüsten) bedrohliche Reiche errichteten und die Mehrheit dazu zwangen, sich auf sich selbst zu besinnen; sondern vor allem als Wirbelwinde, die aus dem Alten Testament, dem Koran und weniger deutlich aus den orphischen und schamanischen Mysterien der Mehrheit Geist einflößten. Mit diesen Reichen und mit diesem Geist ist es nun wohl zu Ende. Die Belagerung Wiens durch die Türken und die raunenden Stimmen der Wüste an den amerikanischen Universitäten sind wohl als Nachklänge anzusehen. Die Erklärung für dieses Abflauen der jungsteinzeitlichen Dialektik zwischen Besitz und Erfahrung dürfte sein, dass es zu windig wird, um irgendetwas besitzen zu können. Wo nichts ist (wo alles zu Partikeln durchkalkuliert ist), dort hat der Kaiser, sei er Imperator oder Khan, sein Recht verloren. Die jüngere Steinzeit ist beendet, weil wir zu nomadisieren begin-

nen. Und damit sind die beiden phänomenologischen Anschauungen in die Dreiteilung eingebaut, die sich damit als berechtigt erwiesen hat.
Wir dürfen also von einer gegenwärtig einbrechenden Katastrophe sprechen, welche die Welt unbewohnbar macht, uns aus der Wohnung herausreißt und in Gefahren stürzt. Dasselbe lässt sich jedoch optimistischer sagen. Wir haben zehntausend Jahre lang gesessen, vielleicht als Strafe für eine Sünde, die wir beim Übergang aus dem Paläolithikum ins Neolithikum begangen haben. Das Paläolithikum mit seinen unzähligen leicht erjagbaren Grasfressern und seinen üppigen Beeren und Pilzen war das Paradies, und die Erbsünde bestand vielleicht darin, dass wir uns hingesetzt haben. Aber jetzt haben wir die Strafe abgesessen und werden ins Freie entlassen. Das ist die Katastrophe: Dass wir jetzt frei sein müssen. Und das ist auch die Erklärung für das aufkommende Interesse am Nomadentum.

Biografie IV **Wellenpaket**
(1980 – 1991)

Der publizistische Erfolg im deutschen Sprachraum setzt ein, als er mit *Für eine Philosophie der Fotografie*[1] und mit *Die Schrift – Hat Schreiben Zukunft?*[2] zur aktuellen Medienentwicklung Stellung bezieht. Zwei frühere zueinander komplementäre Schriften, »Nachgeschichte« und der Sciencefictiontext »Vampyroteuthis Infernalis«, die beide Anfang der 80er Jahre entstehen, sind dafür die Voraussetzung. In ihnen entwickelt Flusser die ihn künftig charakterisierende Dynamik einer Denkbewegung zwischen Apokalyptikern, die Medienmaschinen schlicht als Apparaturen verteufeln, und Integrierten, die dem technischen Fortschritt blind huldigen. Diese Dynamik lässt ihn in dem neu sich konfigurierenden Feld der Medienforschung als Gesprächspartner für Publizisten, Akademiker, Künstler, Gestalter und Politiker relevant werden.

Auf Festivals zur elektronischen Kunst, bei Werkstattgesprächen zur Stadtentwicklung, auf Kongressen zur Zukunftsplanung und vermehrt als Vortragender in den Goethe-Instituten, versteht es Flusser, Gastgeber und Publikum für sich zu gewinnen. Eifrig erklärt er in Interviews Journalisten oder um ihre Existenz bangenden Dichtern und Künstlern seine Thesen vom Ende der Schrift und der Zukunft der elektronischen Bilder. Sein Engagement im Interview und im persönlichen Gespräch ist bezeichnend für seine Suche nach Alternativen zur Textproduktion. Er regt Videoessays an, schreibt TV-Szenarien, die dann unter dem Titel »Angenommen« erscheinen, und er setzt sich für die Verbreitung seiner Thesen zur Schrift in elektronischer Form ein. Zahlreiche seiner Gespräche und Vorträge werden mit Kassettenrekordern aufgenommen. Verblüffend an diesen Tondokumenten ist seine in sechs Sprachen präsente Stimme. Er drückt sich, unabhängig ob in Portugiesisch, Deutsch, Englisch, Französisch, Italienisch oder Tschechisch, stets prägnant aus und wählt meistens die gleiche syntaktische Anordnung für seine Worte. Die Stimme ist fest, sie hat ein dunkles Timbre, die Aussprache schnarrt und raspelt, er vermeidet nahe liegende Verschleifungen der Silben.

Der Verlauf der mitgeschnittenen Gespräche wird stets von Flusser bestimmt. Hat der Gesprächspartner eine Frage, zum Beispiel nach dem Widerspruch zwischen der These nach dem Ende der Schrift und Flussers eigener Tätigkeit als Schriftsteller, dann antwortet der Medientheoretiker mit einer Kaskade von Unterscheidungen, die es ihm gestatten, seine gesamte Geschichtsphilosophie zu extemporieren und zum Beispiel die unterschiedlichen Ausdrucksformen im Wechsel von Vorgeschichte, Geschichte zu Nachgeschichte darzulegen und dann weiter zu unterscheiden zwischen diskursivem Publizieren und dialogischem Philosophieren. Möchte der Gesprächspartner seine Argumentation mit der These einleiten, dass die Entfremdung der Arbeit seit der industriellen Revolution fortschreitet, dann nimmt Flusser ihm den weiteren argumentativen Antrieb, indem er ihm zwar grundsätzlich Recht gibt, aber damit zugleich einen Perspektivenwechsel einleitet, der den Verlauf des Gesprächs ändert und es Flusser gestattet, auf die Programmierung in der Informationsgesellschaft zu sprechen zu kommen. Die zeichne sich dadurch aus, dass statt Arbeitern Funktionäre tätig sind, deren primäres Objekt nicht materielle Gegenstände, sondern Symbole sind, die entsprechend den im gesellschaftlichen Programm vorgesehenen Kombinationsmöglichkeiten manipuliert werden. Unversehens wird der Gesprächspartner so während des Gedankenaustausches auf die Position desjenigen reduziert, der Stichworte für die Monologe Flussers gibt. Unermüdlich sagt Flusser Termine zu Diskussionen und Interviews zu und tritt dabei vehement für die Anerkennung des Anderen im Sinne des dialogischen Denkens von Martin Buber ein. Das bleibt für ihn, den Monologen, ein unerreichbares Ziel. Diese Diskrepanz zwischen ethischem Anspruch und tatsächlicher diskursiver Praxis ist Bedingung für die Spannung, mit der Flusser in der Öffentlichkeit für eine engagierte Kommunikationstheorie eintrat. Sie gründet nicht auf einem Prinzip, sondern wird wie ein elektromagnetisches Feld von Polen entgegengesetzter Ladung aufgespannt.

Das Wort Welle, in einem weiten physikalischen Sinn sowohl als Wasserwelle, akustische Welle oder als Begriff der elektromagnetischen Feldtheorie verstanden, gewinnt in diesen Jahren eine strategische Funktion in den Texten Flussers. Energisch arbeitet er auf eine Ablösung substanzieller Auffassungen von Individualität und Subjektivität hin zugunsten dynamischer und relationaler Bestimmungen. Allein zwei nicht vollendete Buchprojekte »Vom Subjekt zum Projekt« und »Menschwerdung« sind diesem Thema gewidmet. Das Individuum ist für ihn ein Knoten von Relationen, das »Ich« ein konzeptuelles Artefakt. Es ist vergleichbar mit den nur künstlich herstellbaren Sinuswellen, mit deren Hilfe die Überlagerung der unterschiedlichen Frequenzen in einem Wellenpaket zergliedert werden können. Das »Ich« ist ebenso ein Konstrukt, mit dessen Hilfe die Vielfalt von intersubjektiven Relationen verkürzt dargestellt wird. Flusser moduliert damit die von Buber stammende Auffassung des dialogischen Denkens, nach der »Ich«

nur etwas ist, zu dem ein anderer »du« sagt, und reichert diese Idee mit Lehnworten aus der Relativitätstheorie und Quantenmechanik an. Zugleich lotet er mit der neuen, von ihm geprägten Kategorie der »Proxemik« das dialogische Potenzial neuer Techniken wie Fotografie, Video und Telematik aus. Sein Denken, das früh bündige Thesen zu immer noch aktuellen Themen wie der Lagerstruktur der westlichen Gesellschaft, zur Gouvernementalität, zum Medienwechsel und zur Intersubjektivität frei gesetzt hat, wird 1991 jäh unterbrochen. Im November kommt Flusser nahe der deutsch-tschechischen Grenze bei einem Autounfall ums Leben. Er stirbt mit einundsiebzig Jahren.

Die 80er Jahre beginnt Flusser mit der Niederschrift der »Nachgeschichte«[3], deren negativer Ton ein positives Komplement in den 1981 verfassten Sciencefictiontext »Vampyroteuthis Infernalis«[4] findet. Die »Nachgeschichte« ist durch eine Dephasierung zwischen »jungem« und »neuem« Zeitempfinden gekennzeichnet. Die »junge Geschichte« ist die der »sogenannten dritten« Welt, die sich anschickt, die Entwicklung der westlichen Welt zu wiederholen. Die Tendenz zur Wiederholung der bereits im Westen vollzogenen Phase der Industrialisierung ist für Flusser ein Kennzeichen der Nachgeschichte, die nicht mehr geradlinig von einem Ursprung fortschreitet, sondern sich zyklisch und phasenweise wiederhole. Ein anderes Kennzeichen ist das Entstehen gewaltiger den Westen vernichtender Wellen, deren Ursprung im Elend der Frauen in der dritten Welt liegt. Flusser spricht von ihrer dreifachen Vergewaltigung (»seitens ihrer Männer, seitens ihrer heimischen Bourgeoisie, seitens unserer Apparate«). Diese Wellen brechen mit einer Flut unterernährter Kinder auf den Westen ein.

Demgegenüber steht die »neue Geschichte« der westlichen Welt. Sie ist eine Geschichte, die den »hohlen Ton« des Fortschritts des wissenschaftlichen technischen Denkens nicht mehr überhören kann. Sie nimmt bewusst die kommende Herrschaft der Apparate und ihrer Funktionäre wahr. Die neue Geschichte des Westens setzt in den Konzentrationslagern der Nazis ein:

»Die Nazis folgten den für den Westen edelsten Motiven. Sie verhielten sich wie ›Helden‹, ›reine Künstler‹, ›für Ideen Engagierte‹. Dasselbe taten die Juden. Sie verhielten sich wie ›Heilige‹, ›Märtyrer‹, ›Gerechte‹. Und beide verhielten sich zueinander in Hingabe: Die Nazis lebten in Funktion der Juden und die Juden in Funktion der Nazis. Auschwitz war ein perfekter Apparat, der nach den besten Modellen des Westens hergestellt worden war und funktionierte.«[5]

Die Kultur des Westens steht seitdem an einem Scheideweg zwischen historischem und nachgeschichtlichem Denken. Als Handlungsoption schlägt Flusser in diesem Text verantwortungsbewusste Verzögerung vor. Wie Enzensberger entdeckt er eine Handlungsoption darin, Sand in das Getriebe der Apparate zu streuen. Eine andere Option sieht er in der Kunst des Perspektivwechsels. In Anlehnung an die Künstler der Pariser »Rive Gauche«, die zu Beginn des 20. Jahrhunderts ihrer eigenen Kultur überdrüssig geworden waren und ihre Ausdrucksformen und Weltanschauungen erneuerten, indem sie ihren Blick nach Afrika wendeten, erkennt Flusser eine Chance für die westlichen Intellektuellen, wenn sie ihren Blick der Armut der Kinder und dem Elend der »vergewaltigten« jungen Frauen der dritten Welt zuwenden. Im Bewusstsein der eigenen »Senilität«, Liebe und Würde für die anderen aus der dritten Welt zu empfinden, das sei eine für den Westen würdige freiheitliche Haltung:

»Wir sollten die hungernden Babys nicht als hässlich, sondern als schön erkennen, in den Gesichtern der vergewaltigten farbigen Mädchen nicht unsere eigenen, hassenswerten Untaten, sondern ihre für uns außergewöhnliche Schönheit erkennen lernen. Mit anderen Worten, wir müssen lernen, uns in der uns verfolgenden Zukunft wiederzuerkennen, die uns Verfolgenden anzuerkennen, sie zu lieben. Eine nicht zu unterschätzende Leistung müssen wir vollbringen, nämlich eine Zukunft zu lieben, die dabei ist, uns aufzufressen. Und zwar nicht, damit wir dieses Auffressen verhüten, sondern in vollem Bewusstsein des Aufgefressenwerdens. Falls wir diese Leistung nicht vollbringen, haben wir keine Zukunft. Die uns fressenden Babys sind unsere Zukunft. Eine derartige Leistung ist nicht übermenschlich (zum Beispiel ›christlich‹), sie ist immer und überall vollbracht worden. Jeder Mensch wird, wenn er altert, zu einem Fremden in einer für ihn ungewöhnlichen, unbewohnbaren Welt seiner Enkel. Wir müssen lernen, die Babys mit den Hungerbäuchen als unsere Enkel zu lieben, und das heißt anerkennen, dass unsere westliche Gesellschaft senil ist«.[6]

Ein modifiziertes Plädoyer für das Engagement an der Kunst formuliert Flusser im »Vampyroteuthis«, doch dieses Mal bezieht er in das Engagement die aktive Nutzung moderner Übertragungstechnik ein. Dadurch gewinnt sein Denken eine hoffnungsvolle Nuancierung: Die Chancen einer künftigen »intersubjektiven« Kultur werden nicht mehr durch die zur Verfügung stehenden materiellen Speicher definiert, sondern durch Übertragung und Mediation. Zugleich setzt Flusser mit der Fabel von der teuflischen Krake, deren Vorarbeiten er im Anschluss an die *Nachgeschichte* aufnimmt, den Akzent auf räumliche und nicht mehr auf zeitliche Verhältnisse. Während die *Nachgeschichte* den Konflikt zwischen unterschiedlichem Zeitempfinden, dem »genetischen« und »jungen« der Dritten Welt und dem »informatorischen« und »neuen« der westlichen Welt, herausarbeitet, entwickelt Flusser seine Sciencefiction an einem räumlich definierten Spannungsverhältnis. Er setzt sich das Ziel, eine Weltsicht zu entwickeln, die nicht von erhöhten Standpunkten aus argumentiert, sondern von unten. Wie sieht die Welt aus, wenn die Wahrnehmungs- und Denkorgane in den Füßen steckten? Das ist die relativistische Grundfrage der Fabel. Flusser präzisiert diese Frage, indem er Aquarien und Naturkundemuseen besucht und Kraken studiert. Er konstruiert anhand des evolutionären Stammbaums ein kopffüßiges Riesenweichtier, das sich zur menschlichen Art antipodisch verhält. Es denkt mit dem Bauch, der am unteren Ende des Körpers, dort wo die Füße des Menschen platziert sind, angesiedelt ist. Das krakenartige Riesenweichtier nennt Flusser »Vampyroteuthis infernalis giovanni«. Es klingt dabei das Motiv des Teufels an, ebenso schlägt sich Flussers Neigung für Opern in der Namensgebung nieder. Wie Mozarts Don ist Flussers Vamp liebestoll. Die teuflische Krake ist ein Wesen, das im Geschlechtsakt die Welt begreift und dabei seine Konzepte kommuniziert. Diese Liebe ist eine Tollheit, da sich die von Flusser exakt imaginierten Kopffüßler nicht selten im Orgasmus in ihren mit spitzen mörderischen Zähnen bewehrten Krakenarmen vampyrisch verschlingen. Passive Aufnahme, Infusion und Kommunikation sind die Formen, mit denen der Vampyroteuthis die Welt wahrnimmt. Das ist der entscheidende Unterschied zum Menschen. Der begreift aktiv die Welt mit seinen Händen, für ihn ist jedes sinnliche Objekt ein ihm entgegenstehendes Problem, an dem er sich aktiv mit seinen Organen abarbeiten muss. Zugleich ist der Mensch darauf angewiesen, ihm widerständiges Material wie Stein, Ton und Papier zu verwenden, wenn er Wahrnehmungen festhalten möchte. Doch Mensch und Vampyroteuthis ergänzen sich und der Mensch übernimmt seit der Entwicklung moderner Software »Weichtierstrategien«:

»Wir sind Wirbeltiere, die derart komplex sind, dass sie sich gezwungen sehen, zu Weichtierstrategien zu greifen und immaterielle Kunst auszubilden. Unser Interesse an Objekten beginnt zu schrumpfen, wir sind dabei, Medien herzustellen, durch welche hindurch wir menschliche Gehirne vergewaltigen, um sie zum Speichern immaterieller Informationen zu zwingen. Wir bilden Chromatophora aus (Fernsehen, Video, synthetisierte Bilder übertragende Computermonitore), mit deren Hilfe die Sender die Empfänger lügnerisch verführen – eine Strategie, die in Zukunft zweifellos ›Kunst‹ genannt werden wird (falls man sich nicht entscheiden wird, diesen Begriff aufzugeben).«[7]

Die Idee zur Philosophie des Oktopus fasst Flusser 1980, aber erst 1981 nach der Übersiedlung nach Robion in der Provence schreibt er sie auf. Während der Recherchen zu den biologischen Vorlagen zu der Fabel entsteht der Essay *Für eine Philosophie der Fotografie*, der die Relationen herausarbeitet, die der fotografische Apparat zwischen Menschen stiftet, und ist damit ein Teil von Flussers kultureller Relativitätstheorie, die der Erforschung von Beziehungen Priorität gegenüber der Darstellung von Gegenständen zuerkennt. Das kennzeichnet Flussers Auseinandersetzung mit Medientechniken insgesamt: Nicht der transportierte Inhalt, also das, was die Fotografie darstellt, oder das, was in einem Film gezeigt oder in einer Nachrichtensendung oder einem Telefongespräch mitgeteilt wird, beschäftigen ihn, sondern die Beziehung, die technisch zwischen räumlich und zeitlich getrennten Menschen gestiftet wird. Die Form der Beziehung zu bestimmen, das versteht Flusser als ethisch-politische Frage, wenn er nach der diskursiven oder dialogischen Struktur der Beziehung fragt. Fernsehen, Radio und die meisten Filme, die er sieht, sind diskursiver Struktur. Für diese Strukturen wählt Flusser den Begriff Apparat, mit dem er auch die Vernichtungsmaschinerie der Konzentrationslager bezeichnet. Selbstkritisch untersucht er in *Die Schrift – Hat Schreiben Zukunft?* die eigene diskursive Praxis. Das erscheint rückblickend als konsequent, wenn man seine Auseinandersetzung mit Alex Bloch bedenkt und berücksichtigt, dass Flusser dem Arzt in der *Nachgeschichte* eine besondere Stellung zuspricht. Wie die Medizin bezieht die Medientheorie neben »objektiven« Standpunkten »intersubjektive« ein, und daraus folgt ein Eingeständnis der »Verantwortung der Wissenschaft«. Wie die Medizin ist die Medientheorie eine »Zwitterdisziplin«, denn die Objekte ihrer Tätigkeiten sind passiv und aktiv zugleich. Passiv ist das Objekt der Medientheorie, weil es Gegenstand der Beschreibung ist, aktiv wirkt es, weil es die Stellung des Theoretikers verändert, indem beispielsweise Computer und Telematik die Praxis und Dynamik der Theoriebildung verändern. Das Schreiben hat nach Flusser keine Zukunft mehr, denn seine Funktion werde künftig von Algorithmen und Codes übernommen. Die Mathematik habe im Laufe des 19. Jahrhunderts Fortschritte in den Darstellungen physikalischer Prozesse erzielt, die dank der Computer seit den 40er Jahren des 20. Jahrhunderts berechnet und zur Modellierung von Welten verwendet werden können. Die Atomtheorie, die die Existenz von Teilchen erst mathematisch postulierte und dann mithilfe von Rechnern modellierte und visualisierte, ist ein Beispiel dafür, dass die mathematische Darstellung umfassender und präziser werde als die Sprache. Als Instrument der Darstellung und Kritik habe die Schrift keine Zukunft mehr. Gleiches gilt jedoch nicht für die menschliche Sprache, denn sie hat nach wie vor eine herausragende Funktion bei der Herstellung intersubjektiver Beziehungen inne. Während die Computer »objektive« mathematische Beziehungen prozessieren und sie auf Monitoren farbig visualisieren, komme der Herstellung von »intersubjektiven« Wahrheiten im Dialog und im Gespräch eine weiterhin wachsende Bedeutung zu. Die Erschütterung des menschlichen Selbstbewusstseins durch die Tatsache, dass Rechenmaschinen menschliche Handlungen wie das Rechnen schneller und weniger anfällig für Fehler ausüben können, betrachtet Flusser als Chance. Der Mensch werde dadurch von lästigen Verpflichtungen befreit und könne sich auf Würdigeres wie Verantwortung und Liebe für den Nächsten konzentrieren.

Flusser ist mittlerweile ein erfolgreicher Publizist. Ab 1986 publiziert er in einer eigenen Kolumne für das *Artforum*, ab 1988 auch in einer eigens eingerichteten Rubrik der Zeitschrift *European Photography*.

Konsequent bleibt er seiner Existenz in der Bodenlosigkeit treu. Nach dem Ende der Militärdiktatur in Brasilien bezieht er nicht erneut Wohnung in São Paulo, und nach dem Zerfall der Sowjetunion und der Öffnung der Tschechoslowakei wählt er auch nicht Prag als neue Heimat. Flusser reist zwar mit seiner Frau Edith wiederholt nach São Paulo (dort ist er 1986 als Berater des Kulturprojekts »Haus der Farbe« tätig) und nach Prag, aber er belässt seinen Wohnsitz in Robion, dem zweiten Exil. Die Hälfte des Jahres sind die Flussers ohnehin auf Vortragsreisen, vom letzten Vortrag in Prag kehrt Flusser nicht zurück. Er wird nach dem tödlichen Autounfall auf dem jüdischen Friedhof in Prag bestattet.

Posthum wird ihm 1997 vom Zentrum für Kunst und Medientechnologie in Karlsruhe und dem Siemens Kulturprogramm der Medienkunstpreis verliehen. Das ist nur eine von vielen Würdigungen, die Flussers Dynamik auch nach seinem Tode verdeutlicht. Seit 1992 organisiert das von Freunden und Mitarbeitern gegründete Netzwerk »Angenommen« regelmäßig Treffen und veranstaltet mit institutionellen Partnern mehrtägige internationale Symposien. Seit 1998 werden das Archiv und der Nachlass von Vilém Flusser von der Kunsthochschule für Medien in Köln betreut. In den sogenannten Flusser-Lectures werden dort die unterschiedlichen Aspekte des hochenergetischen Migranten diskutiert.

(Nils Röller)

Anmerkungen

1 Göttingen 1983: European Photography.

2 Göttingen 1987: European Photography.

3 in: *Nachgeschichten*. Düsseldorf 1990.

4 mit Louis Bec. Göttingen 1987: European Photography.

5 *Nachgeschichte*. Frankfurt/M. 1997: Fischer, S. 13.

6 *Nachgeschichte*, S. 60f.

7 *Vampyroteuthis*, S. 59.

»Das ist für mich ein Modell der Ethik der Zukunft: sich seiner Begrenztheit bewusst zu werden und durch die Begrenztheit meiner Fähigkeiten dazu genötigt zu werden, andere anerkennen zu können.«

Zur Zukunft der Werkstatt

Ich werde den Erwartungen, die mein Freund Goetz in Ihnen erweckt hat, wahrscheinlich nicht entsprechen können. Ich habe mir ein Manuskript vorbereitet. Ich werde mich wenig daran halten.
Unser Thema ist »Werkstatt der Zukunft« und ich werde Ihnen folgende Hypothese unterbreiten: Die Werkstatt der Zukunft wird der mittelalterlichen Werkstatt mehr ähneln als der modernen Fabrik. Und dies aus zwei Gründen. Erstens, weil das Verhältnis zwischen Mensch und Werkzeug ähnlicher jenem wird, das im Mittelalter geherrscht hat, als dem modernen. Und zweitens, weil wir zum Problem der Form nicht mehr eine moderne, sondern eher eine scholastisch mittelalterliche Einstellung entwickeln.
Hören Sie bitte hinter meinen Ausführungen folgende Grundhypothese: Die heranrückende Periode, wir können sagen die *post-histoire* oder die Nachgeschichte der Welt, wird durch ein formales – gegenüber einem progressiven – Denken charakterisiert werden. Wenn ich Ihnen also vorschlage, dass die Werkstatt der Zukunft an eine mittelalterliche erinnern wird, so bitte ich Sie zuerst, sich eine mittelalterliche Werkstatt vorzustellen.
Sie können sie ganz gut an einigen norditalienischen Städten ersehen. Damals waren die Werkstätten an nach der Art der zu erzeugenden Werke geordneten Straßen gelegen (also Schustergasse, Zeltergasse, Schneidergasse, Schlossergasse). Diese Straßen münden auf den Domplatz. Sie bestehen aus Häusern, die in drei Stockwerke geteilt sind. Im unteren Stock ist die Werkstatt im engeren Sinn, dort also arbeitet der Meister, mit zwei, drei Gesellen und einigen Lehrlingen. Im ersten Stock wohnt der Meister mit seiner Familie. Dort ist auch eine Küche, in der die Meisterin für alle Bewohner des Hauses kocht. Und im zweiten Stock ist das sogenannte Ausgedinge, wo die Eltern des Meisters wohnen. Man hat über diese Struktur natürlich Bände geschrieben, denn sie spiegelt die Struktur der westlichen Kultur wider und vor allen Dingen die der platonischen Utopie, die der westlichen Kultur zugrunde liegt. Die Werkstatt ist, was Plato das politische Dasein genannt hätte. Der erste Stock mit der Küche und der Familie ist das, was Plato das ökonomische Dasein genannt hätte. Und das Ausgedinge ist etwa das, was Plato die Theorie genannt hätte. Ich möchte Ihnen vorschlagen, dass in der

Zukunft der Werkstatt sowohl Ökonomie als auch Politik von Automaten getrieben werden wird und dass die künftigen »Werkstätter« Werker, Handwerker in der Theorie sein werden. Aber was mich noch mehr interessiert, sind zwei andere Aspekte der mittelalterlichen Werkstatt. Erstens: Wenn Sie die Struktur bedenken, werden Sie darin die Universitätsstruktur erkennen. Alle Universitätstitel, zum Beispiel Baccelaurius für den Gesellen, der also noch nicht verheiratet ist, aber schon Werke zu machen gelernt hat, Magister für den Meister und Doktor für den alten Herrn, der im Ausgedinge lebt. Die Werkstatt ist nicht nur ein Modell für die Gesellschaft, sondern auch der Schule. Ich werde meinen Vortrag mit dem Vorschlag beenden, dass die Werkstatt der Zukunft wie eine Schule aussehen wird.

Ich möchte aber zuerst Ihre Aufmerksamkeit auf die Arbeit lenken, die sich in der Werkstatt abspielt. Die mittelalterliche Vorstellung von der Arbeit ist ungefähr diese: Es gibt Formen, Ideen. Diese Formen sind irgendwo unveränderlich im Himmel gelagert und zwar nach einer Ordnung, die Logik heißt, und sie können nach dieser Ordnung vom Himmel abgerufen werden. Dort ist zum Beispiel die Idee des Schuhs. Wenn ich ein Schuster bin, so hole ich die Idee des Schuhs vom Himmel ab. Ich nehme diese Idee in meine rechte Hand. Mit meiner linken Hand ergreife ich die Welt der Erscheinungen, zum Beispiel Leder, und ich stopfe nun das Leder in die Schuhform. Das deutsche Wort Stoff zeigt, was hier gemeint ist. Stoff ist das Substantiv des Verbums »stopfen«. Die Welt der Erscheinungen ist, womit Formen gestopft werden. Französisch heißt Füllung »farce«. Ich kann also etwas gezwungen sagen, dass die Welt der Erscheinungen eine Farce ist, die erst dank Formen, dank Information, dank Erhalten einer Information, wahrgenommen wird. Und zwar fülle ich dieses Stopfen der Formen mittels Werkzeugen durch, das sind Prothesen, verlängerte Körperorgane, die mir helfen, tiefer in den Stoff hineinzugreifen und wirksamer den Stoff in die Form hineinzupressen. Wenn Sie diesem Gedankengang gefolgt sind, so werden Sie drei typische Aspekte der mittelalterlichen Werkstatt erkennen. Erstens: Formen werden entdeckt, nicht erfunden. Es geht um Formen á la *ideae*. Daher ist das Ärgste, was passieren kann, Originalität. Denn Originalität ist eine Abweichung von der gegebenen Form. Was der Meister bemüht ist zu machen, das ist, der vorgegebenen Form sich so gut wie möglich zu nähern. Selbstverständlich kann er die Form nie völlig in den Stoff – wir würden heute sagen – verwirklichen. Er kann das nie so informieren. Es gibt keinen idealen Schuh. Aber in dem Maß, in dem ich den Stoff mit der Idee beeindrucke, verzerre ich die Form. Das was Marx die Tücke der Materie genannt hat, das ist der Grund, warum Plato den Künstlern, Technikern, Handwerkern und so weiter den Eingang in die Republik verbieten wollte, weil sie die Idee verraten. Das ist der erste Aspekt. Der zweite Aspekt ist: Was ist ein Werk wert? Wir haben seit der bürgerlichen Revolution die Vorstellung vom Tauschwert. Wer von Ihnen Hannah Arendt kennt, weiß worauf ich jetzt anspiele. Wir haben die Vorstellung des Tauschwerts: Ein Schuh ist, sagen wir, sieben Eier wert. Und das misst man dann in Dollar oder in Mark. Aber das ist nicht die mittelalterliche Vorstellung. Ein Wert ist das Maß, in dem ein Schuh vom idealen Schuh abweicht. Es ist eine absolute Wertung da, indem ich das Werk mit der Idee vergleiche. Und der Kunstkritiker ist der Bischof. Das ist der Grund, warum die Straßen alle auf den Domplatz führen. Denn die Kunstwerke, also die Schuhe und die Hosen und die Töpfe, werden auf dem Marktplatz ausgestellt und dann schreitet der Bischof den Markt entlang. Und da er dank dem theoretischen Blick, mit dem er die Erscheinungen durchblickt – und zwar hat er dazu zwei Brillengläser: einerseits Aritstoteles und andererseits die heiligen Bücher der Christenheit –, also dank Glauben und Philosophie erblickt der Bischof durch das Werk hindurch die Idee und kann infolgedessen im Werk den richtigen Wert, das *praetium iustum*, entdecken. Und nach dieser Kritik richtet sich die Werkstatt. Das ist der zweite Punkt, den ich Sie bitte festzuhalten. Also erstens einmal, es ist eine traditionelle Werkstatt und jede Originalität ist verpönt. Und zweitens, der Bischof, also der Vertreter des Herrgotts, ist der einzig berechtigte Kunst- beziehungsweise Technikkritiker. Und er tut es als Autorität. Er ist autoritativ. Er ist ja nicht der Autor. Der einzige Autor des Werkes ist Gott, der die Formen ewig geschaffen hat. Und alle Werke sind *ad majorem Dei gloriam*, zum Preise Gottes geschaffen. Es gibt einen dritten Aspekt, aber ich glaube, ich habe nicht Zeit, darauf einzugehen.

Das alles hat die Industrierevolution und vorher die bürgerliche Revolution in der Renaissance abgeschafft. Man würde meinen, die Bürger machten die Revolution, um einen freien Markt zu errichten, also, um den Bischof als Kritiker abzusetzen und das kybernetische Spiel von Angebot und Nachfrage an die Stelle des Bischofs zu stellen. Also Kybernetik anstatt des Bischofs und das ist eigentlich ein Abschaffen der Autorität. Es gibt keine antiautoritäre Bewegung außer der liberalen, alle anderen sind autoritär. Man würde also meinen, das ist der wahre Grund der Revolution in den norditalienischen Städten. Aber wenn man sich das überlegt, geht das weiter. Die Folge davon ist die Änderung des Begriffs Theorie. Es gibt zwei verschiedene Begriffe von Theorie. Der mittelalterliche Begriff von Theorie ist eine Anschauung, durch die Erscheinung hindurch zu den ewigen Formen. Infolgedessen ist die Theorie etwas Kontemplatives. Sie sieht, sie wendet der Welt der Erscheinung, diesem Tränental voller Versuchungen des Teufel, den Rücken und blickt in die ewigen Formen, um die Weisheit zu erblicken. Nach der bürgerlichen Revolution ist Theorie etwas ganz anderes. Theorie meint dann ein Ausarbeiten von Modellen. Plötzlich werden nämlich die Formen weich, sie werden veränderlich – statt morphei soll man besser Modelle sagen –, daher das Wort modern, daher das Wort moderne Periode, daher das Wort Modernität. Es ist eine Erweichung, eine Gehirnerweichung vom Modell der Realität. Also ist Theorie ein Manipulieren von Ideen, ein Behandeln von Formen. Und das ist also nicht mehr eine passive, sondern eine aktive Lebensform. Und damit tritt die Theorie in einen doppelten Widerspruch mit der Welt der Erscheinungen. Der Theoretiker muss in die Werkstatt übersiedeln, er kann nicht mehr im Ausgedinge sitzen. Er muss zusehen, was in der Werkstatt geschieht, weil er nämlich seine Modelle erst ausarbeiten kann, indem er zuschaut, wie der Geselle arbeitet. Die Theorie tritt in Widerspruch zur Observation, zur Beobachtung. Und andererseits: Nachdem er das Modell ausgearbeitet hat, muss er es einem Werkzeugmacher übergeben, der dann das Modell, sagen wir, in Stahl hineinsetzt, und dann muss er zuschauen, wie das Modell funktioniert. Die Theorie tritt in Widerspruch mit dem Experiment.

Nun, Sie werden erkannt haben, dass die Theorie, von der ich jetzt spreche, also jene Aktivität, die Formen ausarbeitet, in Dialektik mit Observation und mit Experiment, dass das die Theorie der modernen Wissenschaft ist. Anstelle der mittelalterlichen Theorie tritt die moderne wissenschaftliche Theorie und das macht aus der Werkstatt die Fabrik. Die Fabrik ist jener Ort, an dem ad hoc ausgearbeitete Modelle auf Stoffe aufgepresst werden. Lassen Sie mich jetzt sagen, warum ich glaube, dass die Werkstatt der Zukunft eher mittelalterlich aussehen wird. Erstens hat die Industrierevolution, die eine Folge der modernen Wissenschaft ist, zu einer Veränderung des Verhältnisses zwischen Mensch und Werkzeug geführt. Im Mittelalter stand der Meister, der Mensch, im Mittelpunkt und war von Werkzeugen umgeben. In diesem Verhältnis war der Mensch die Konstante, das Werkzeug war die Variable. Ging ein Werkzeug kaputt, beschaffte man sich ein neues, aber der Meister blieb auf seinem Stuhl sitzen. Nach der Industrierevolution gingen die Werkzeuge durch das Sieb der Theorie. Eine Maschine unterscheidet sich von einem Werkzeug dadurch, dass sie nicht empirisch, sondern aufgrund einer wissenschaftlichen Theorie hergestellt wurde. Sehr wichtig ist zu sagen, dass zur Zeit, zum Modell der Neuzeit, nur die mechanischen Wissenschaften, die Wissenschaften vom Unbelebten entwickelt waren, und dass daher alle Maschinen unbelebt waren. Erst jüngst hat die Biologie wieder die Höhe erreicht, die die Mechanik hat. Vorher waren ja Werkzeuge belebt und

unbelebt. Es gab Messer und es gab Esel, es gab Hebel und es gab Ochsen. Nachher wurden die Tiere aus der Werkstatt entfernt und die Sache wurde unbelebt. Wir gehen wieder belebten Werkzeugen, gentechnisch erzeugten Maschinen entgegen. Also auch in dieser Beziehung werden wir wieder mittelalterlich. Wir lassen wieder eine lebendige Maschine entstehen. Als ein Beispiel nenne ich Ihnen die künstlichen Bakterien, die im Golf Petroleum fressen.
Also diese Werkzeuge, die durch die wissenschaftliche Theorie durchlaufen, werden sehr groß und sehr teuer. Und langsam bilden sie die Mitte. Die Maschine ist die Konstante, und der Mensch wird die Variable. Es entsteht etwas wie der Arbeitsmarkt, d.h. die Maschine ist relativ konstant, wenn ein Mensch krank wird oder stirbt, wird er weggeworfen, und es kommt ein anderer Mensch herein. Angeblich gibt es einen Maschinenbesitzer, auf dieser Idee beruht ja der Marxismus. Sie haben jetzt in Deutschland so seltsame Worte erfunden wie Arbeitgeber und Arbeitnehmer, aber wenn Sie zurückgehen auf den normalen Sprachgebrauch, so werden Sie den Unterschied zwischen Kapitalisten und Proletarier erkennen. Eine existenzielle Analyse des Kapitalisten zeigt, dass die Maschine nicht in Funktion des Kapitalisten arbeitet, sondern der Kapitalist in Funktion der Fabrik, ganz genau wie der Arbeiter. Die Industrierevolution stellt eine Werkstatt her, in der die Maschine als Selbstzweck arbeitet, und die Werkstatt funktioniert in Funktion der Maschine. Das, glaube ich, existiert nicht mehr. Ich glaube, dass wir jetzt, wie einer meiner Vorredner gesagt hat, neue Paradigmen anzuwenden beginnen und dass wir zum Beispiel nicht mehr Werkzeuge als Simulanten von Organen, sondern als Simulanten des Zentralnervensystems zu erzeugen beginnen. So was nennt man Apparate. Und die Apparate sind Werkzeuge, die dazu neigen, immer kleiner zu werden und immer unsichtbarer und billiger. Und die Zentralstelle, die die Maschine früher hatte, geht verloren. Das ist etwas, was an die mittelalterliche Werkstatt erinnert – nicht ganz, denn in der mittelalterlichen Werkstatt funktionierten die Werkzeuge in Funktion des Menschen. Ich wiederhole, in der Neuzeit funktionierte der Mensch in der Funktion der Maschinen. Jetzt beginnt sich ein neues Verhältnis darzustellen, wo die Apparate in Funktion des Menschen und die Menschen in Funktion des Apparates funktionieren, eine bi-univoke Funktion, um das etwas eleganter zu sagen. Wissen Sie, man kann es vielleicht so ausdrücken, in einem kurzen Satz: Der Apparat tut, was der Mensch will, aber der Mensch kann nur wollen, was der Apparat tun kann. Und in diesem Doppelverhältnis wird sich die Werkstatt der Zukunft abspielen.
Ich habe Ihnen zu zeigen versucht, dass der Arbeitsprozess mittelalterlicher wird, eher mittelalterlich als neuzeitlich. Jetzt möchte ich Ihnen die Arbeitsanalyse zei-

gen. Ich habe Ihnen gesagt, Arbeit im Mittelalter heißt: eine Form nehmen, einen Stoff, und den Stoff in die Form hineinpressen. Dann hat man gelernt, dass die Formen nicht ewig sind. Etwas, was wir wieder zu verlernen beginnen. Wir beginnen, die Formen wieder für zeitlos und ewig zu halten, nach dem bekannten Satz von Wittgenstein: Es hat keinen Sinn zu sagen, dass eins und eins zwei, also die Formel eins und eins ist zwei um vier Uhr Nachmittag in Semipalatinsk, wahr ist, sondern sie ist immer und überall wahr. Das ist transbiografisch und transhistorisch. Dennoch, auch wenn wir die Formen für zeit- und raumlos halten, halten wir sie dennoch weiterhin für veränderlich. Aufgrund dessen teilen wir die Arbeit in zwei Phasen ein. Die eine Phase, nennen wir sie *soft*, ist die Phase, in der Formen ausgearbeitet werden und zwar von Menschen und Apparaten, also vom Menschen und einer sogenannten künstlichen Intelligenz, was voraussetzt, dass der Mensch eine natürliche Intelligenz hat, was sehr fraglich ist. Aber die künstliche Intelligenz ist jedenfalls intelligent. Also diese zwei Elemente werden gekoppelt und es entstehen daraus immer neue Formen. Dieser Teil der Arbeit hat vorläufig Menschen noch nötig, zum Programmieren zum Beispiel der Apparate. Aber das Stopfen des Stoffs in die Form ist mechanisierbar. Infolgedessen ist es des Menschen unwürdig. Alles was mechanisierbar ist, ist *ex definitionem* unwürdig, vom Menschen gemacht zu werden. Wenn ich also Arbeit in zwei Teile teile, den weichen Teil, in dem die Formen ausgearbeitet werden, und den harten Teil, in dem diese Formen auf den Stoff aufgepresst werden oder der Stoff in die Form gepresst wird, wenn ich so eine Sicht auf die Arbeit habe, dann natürlich ist die Werkstatt nur fürs Schaffen reserviert und alles Übrige geht in irgendwelchen unmenschlichen Schuppen vor sich, dank Programmen, die in der Werkstatt *sensu stricto* ausgearbeitet werden.
Diese Analyse der Arbeit, die ich Ihnen jetzt vorgeschlagen habe, hat einige Folgen, auf die ich jetzt zu sprechen komme: Sie wissen, dass die Industrierevolution und schon die Revolution der Bürger eine niederträchtige, möchte ich sagen, Trennung zwischen Kunst und Technik durchgeführt hat. Als die Theorie in die Werkstatt einzog, als also die Werkstatt nach der Theorie funktionierte, nannte man jene Praxis, die sich auf Theorie berufen konnte, Technik. Es blieben aber verschiedene Praktiken übrig, die nicht theoretisierbar waren, weil die Theorie damals nicht weit genug fortgeschritten war. Eine derartige empirische Praxis verachtete man und nannte man Kunst. Und die wurde aus dem Alltag vertrieben und diente dazu, die Freizeit zu illustrieren, den Damen einen angenehmen Abend zu machen. Aber es war gefährlich, weil nämlich die Künstler sich abgesetzt fühlten. Die Künstler waren doch die ehemaligen Handwerker. Die ehemaligen Handwer-

ker, die da in die Künstlerecke vertrieben wurden, wurden Revolutionäre. Also musste man sie in ein glorifizierendes Ghetto einsperren, ihnen einreden, dass sie genial sind und sie mit Nüssen füttern, damit sie aus dem Zoo der Museen, Galerien und Akademien nicht ausbrechen. Natürlich haben sie die Hand gebissen, die sie gefüttert hat. Und das mit Recht. Und außerdem haben sie, wie Sie ja wissen, in der Zeit der Romantik, als die Künstler ja nicht von ihren Papas – das waren lauter Industrielle – leben wollten, haben sie revoltiert, haben Barrikaden in den Straßen von Paris aufgebaut und sind dann bekanntlich in den verschiedenen Mansarden gestorben. Diese Trennung von Kunst und Technik ist, falls ich mit meiner vorangegangenen Analyse recht habe, vorbei. Es hat keinen Sinn mehr, zwischen Kunst und Technik zu unterscheiden und darum habe ich mit so viel Freude die Einladung hier angenommen, denn soweit ich gelesen habe, ist der Werkbund eine der ersten Stellen, wo man sich dieser gefährlichen Trennung in *humanities* und *natural sciences* bewusst wurde. Das ist mein Argument gegen Sie, Herr Minister, weil Sie gesagt haben, dass die sogenannte Ästhetisierung der Umwelt von Künstlern gemacht wird. Ich hoffe, es wird keine Künstler mehr geben.

Also diese Werkstatt der Zukunft wird eine Stelle sein, in der Leute lernen werden, Formen zu manipulieren. Und das ist eine Frage der Kompetenz. Das war es schon im Mittelalter. Die Leute sind von Werkstatt zu Werkstatt gewandert, zum Beispiel Glaser nach Venedig und von dort nach Toledo und so weiter, um die Technik zu lernen. Diesmal wird es vernetzt sein mit reversiblen Kabeln, und es wird eine Kompetenzfrage sein. Infolgedessen wird Werkstatt, Laboratorium und Schule hoffentlich synonym sein.

Ich möchte meinen Vortrag mit folgender Bemerkung enden: Im Altertum und noch im Mittelalter verachtete man, wie Sie wissen, alle Arbeit, das war nicht nobel. Nobel war die Muße, und die Schule war der Ort der Muße. Sklaven, Frauen und Kinder haben zu arbeiten. Aber wirkliche Männer, richtige Bürger, sagen wir der athenischen Republik, das waren Leute, die sind müßig herumgesessen und haben sich die Formen angesehen. Sie waren in der ständigen Schule und sie hatten Könige zu sein. Das Gegenteil von Schule, *schola*, war *ascolia*, was wir vielleicht mit *business* übersetzen können. Im Lateinischen ist das noch besser zu sehen. Muße heißt lateinisch *otium* und das Gegenteil von *otium* ist *negotium*, also das Verächtliche. Dann in der Neuzeit hat man das umgedreht. Müßiggang wurde plötzlich aller Laster Anfang, vorher war er aller Tugend Ende. Und man sagte in der Neuzeit: *Non scholae, sed vitae vivimus*, wir leben nicht für die Schule, sondern fürs Leben. Früher waren sich alle Leute darüber klar: *Non vitae sed scholae disci-*

mus. Wir lernen nicht fürs Leben, sondern für die Schule. Und jetzt bekommen wir wieder diesen alten Schulbegriff zurück. Wir wissen wieder, dass der Sinn des Lebens die Muße ist, das *Weekend*, die Freizeit, die Ferien. Wir arbeiten immer weniger, ich glaube zehn Prozent des Lebens, es wird noch weniger werden. Und die Arbeit wird darum zum Vergnügen werden. Aber das Ziel wird die Arbeitslosigkeit sein. Ich glaube, das Erste was geschehen wird, ist, dass wir das *odium* der Arbeitslosigkeit los werden. Zu zeigen, dass ein Mensch, der arbeitslos ist, nicht aus der Gesellschaft ausgestoßen ist, sondern ein Pionier. Und die Werkstatt wird ein Ort werden, an dem man Muße lernt. Und Muße ist die Einstellung, in der man versucht, dem Leben einen Sinn zu geben. Vielleicht wird die Werkstatt der Zukunft eine Stelle des Suchens nach Sinngebung sein. Ich danke Ihnen.

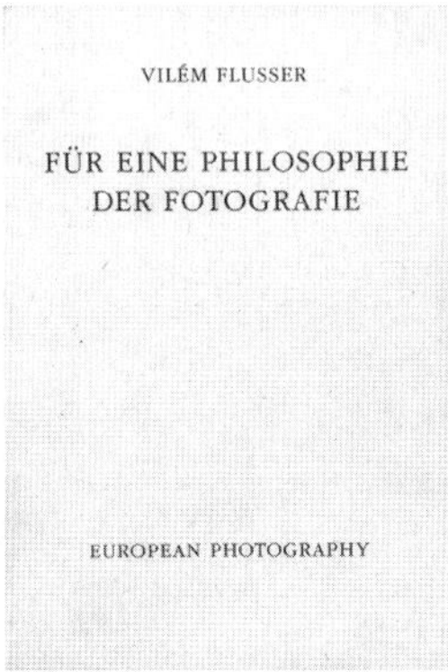
VILÉM FLUSSER
FÜR EINE PHILOSOPHIE DER FOTOGRAFIE
EUROPEAN PHOTOGRAPHY

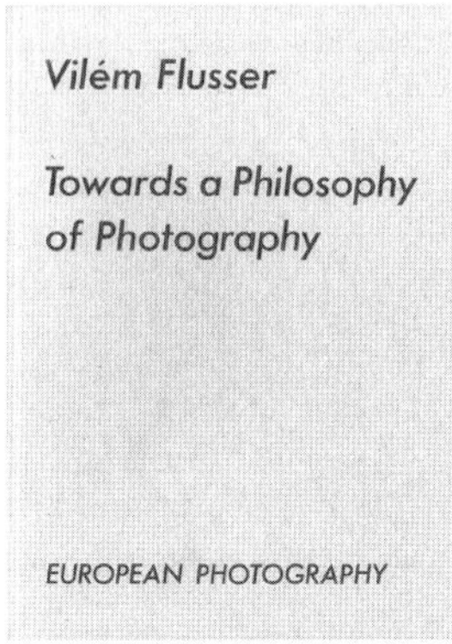
Vilém Flusser
Towards a Philosophy of Photography
EUROPEAN PHOTOGRAPHY

Vilém Flusser
EN FILOSOFI FÖR FOTOGRAFIN
Bokförlaget Korpen

Vilém Flusser
Pour une philosophie de la photographie
Circé

una filosofía de la fotografía
vilém flusser

Vilém
Flusser
Filosofia da Caixa Preta
HUCITEC

vilém flusser
bir fotoğraf
felsefesine doğru

BİR
FOTOĞRAF
FELSEFESİNE
DOĞRU
VILEMFLUSSER

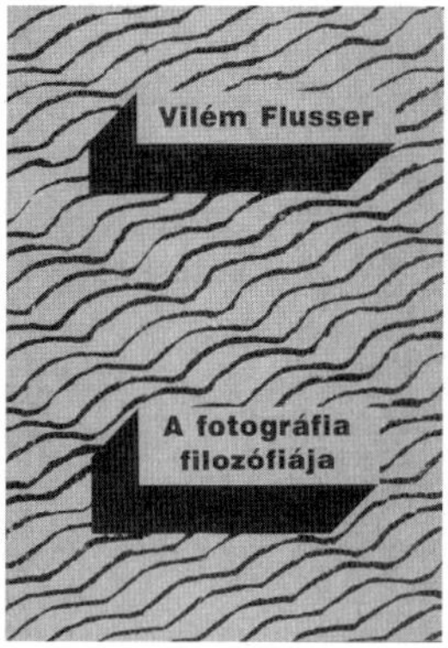
Vilém Flusser
A fotográfia
filozófiája

HACIA UNA
FILOSOFÍA
DE LA
FOTOGRAFÍA
Vilém Flusser
trillas
SIGMA
BIBLIOTECA INTERNACIONAL DE COMUNICACIÓN

Für eine Philosophie
der Fotografie
사진의 철학을 위하여

Towards a Philosophy of Photography
Vilém Flusser著
李文吉譯
攝影的
哲學思考

Bibliografie

Monographien und Anthologien

1963 Língua e realidade [Sprache und Wirklichkeit], São Paulo: Herder.

1965 A história do Diabo [Die Geschichte des Teufels], São Paulo: Martins.

1967 Da religiosidade [Von der Religiosität], São Paulo: Comissão Estadual de Cultura.

1973 Ü (als Überarbeitung der Übersetzung des Autors): La Force du Quotidien [Die Macht des Alltäglichen], Paris: Maison Mame.

1974 Le Monde codifié [Die kodifizierte Welt] Paris: Institut de l'Environnement.

1979 Natur:almente. Vários acessos ao dignificado de natureza [Natur:almente. Verschiedene Zugänge zur Bedeutung der Natur], São Paulo: Duas Cidades.

1983 Für eine Philosophie der Fotografie, Göttingen: European Photography (mittlerweile in 13 Sprachen übersetzt).

1983 Pós-História. Vinte Instantâneos e um modo de usar [Nachgeschichte. Zwanzig Momentaufnahmen und eine Gebrauchsanweisung], São Paulo: Duas Cidades.

1984 Ü: Towards a Philosophy of Photography [Für eine Philosophie der Fotografie], Göttingen: European Photography.

1985 Ins Universum der technischen Bilder, Göttingen: European Photography.

1987 Die Schrift. Hat Schreiben Zukunft?, Göttingen: Immatrix Publications.

1987 Vampyroteuthis Infernalis. Eine Abhandlung samt Befund des Institut Scientifique de Recherche Paranaturaliste, Göttingen: Immatrix Publications.

1988 Krise der Linearität, Bern: Benteli.

1989 Angenommen. Eine Szenenfolge, Göttingen: Immatrix Publications.

1990 Nachgeschichte. Essays, Vorträge, Glossen, Düsseldorf: Bollmann.

1991 Gesten. Versuch einer Phänomenologie, Düsseldorf und Bensheim: Bollmann.

1991 Ein Gespräch, hrsg. v. Klaus Nüchtern, Göttingen: European Photography.

1992 Bodenlos. Eine philosophische Autobiographie, Düsseldorf und Bensheim: Bollmann.

1992 Ende der Geschichte, Ende einer Stadt?, Wien: Picus Verlag.

1993 Dinge und Undinge. Phänomenologische Skizzen, München: Hanser Verlag.

1993 Vom Stand der Dinge. Eine kleine Philosophie des Design, Göttingen: Steidl.

1993 Lob der Oberflächlichkeit. Für eine Phänomenologie der Medien, hrsg. von Stefan Bollmann und Edith Flusser, Bensheim und Düsseldorf: Bollmann.

1993 Nachgeschichte. Eine korrigierte Geschichtsschreibung, hrsg. von Stefan Bollmann und Edith Flusser, Bensheim und Düsseldorf: Bollmann.

1993 Die Geschichte des Teufels, Göttingen: European Photography.

1994 Von der Freiheit des Migranten. Einsprüche gegen den Nationalismus, hrsg. von Stefan Bollmann, Bensheim: Bollmann.

1994 Vom Subjekt zum Projekt. Menschwerdung, hrsg. von Stefan Bollmann und Edith Flusser, Bensheim und Düsseldorf: Bollmann.

1994 Brasilien oder die Suche nach dem neuen Menschen. Für eine Phänomenologie der Unterentwicklung, hrsg. von Stefan Bollmann und Edith Flusser, Bensheim und Düsseldorf: Bollmann.

1995 Jude sein. Essays, Briefe, Fiktionen; hrsg. von Stefan Bollmann und Edith Flusser, Mannheim: Bollmann.

1995 Die Revolution der Bilder. Der Flusser-Reader zu Kommunikation, Medien und Design, Mannheim: Bollmann.

1996 Zwiegespräche. Interviews 1967 – 1991. Edition Flusser Bd. IX, hrsg. von Klaus Sander, Göttingen: European Photography.
1996 Kommunikologie, hrsg. von Stefan Bollmann und Edith Flusser, Mannheim: Bollmann.
1996 Ü: Choses et non-Choses. Esquisses phénoménologiques [Dinge und Undinge. Phänomenologische Skizzen], Nîmes: Jacqueline Chambon.
1997 Medienkultur, Frankfurt am Main: Fischer Taschenbuch Verlag.
1998 Standpunkte. Texte zur Fotographie. Edition Flusser Bd. VIII, hrsg. von Andreas Müller-Pohle, Göttingen: European Photography.
1998 Ficções Filosóficas [Philosophische Fiktionen], São Paulo: Editora da Universidade de Sao Paulo.
1998 Fenomenologia do Brasilieiro. Em busca de um nova homem [Phänomenologie des Brasiliane's. Auf der Suche nach dem Neuen Menschen], Rio de Janeiro: Eduerj.
1999 Les gestes. [Die Gesten], Paris: Cergy: HC-D'ARTS.
1999 A dúvida [Vom Zweifel], Rio de Janeiro: Relume Dumará.
1999 The shape of things. A philosophy of design, London: Reaction Books.
2000 Briefe an Alex Bloch. Edition Flusser Bd. X, hrsg. v. Edith Flusser und Klaus Sander, Göttingen: European Photography.
2000 Vogelflüge. Essays zu Natur und Kultur, München: Hanser.
2000 Von der Freiheit des Migranten. Einsprüche gegen den Nationalismus, Neuauflage, Berlin, Wien: Philo.
2001 Jude sein. Essays, Briefe, Neuauflage, Berlin, Wien: Philo.
2002 Ü: Writings [Schriften], hrsg. von Andreas Ströhl, Minneapolis/London: University of Minnesota Press.
2003 Ü: The freedom of the migrant. Objections to nationalism [Von der Freiheit des Migranten. Einsprüche gegen den Nationalismus], hrsg. von Anke Finger Kenneth Kronenberg, Champain: University of Illinois Press.

Auswahl aktueller Erstveröffentlichungen

Die Informationsgesellschaft: Phantom oder Realität? Audio-CD, Köln: supposé, 1996.
Heimat und Heimatlosigkeit. Audio-CD, Köln: supposé, 1999.
»Die technische Imagination«, in: Lab. Jahrbuch 1999 für Künste und Apparate, hrsg. von der Kunsthochschule für Medien Köln, Köln: Verlag der Buchhandlung Walther König, 1999, S. 343 – 348.
»Von den Möglichkeiten einer Leibkarte«, in: Lab. Jahrbuch 2000 für Künste und Apparate, hrsg. von der Kunsthochschule für Medien Köln, Köln: Verlag der Buchhandlung Walther König, 2002, S. 115 – 124.
»Die Zeit bedenken«, in: Lab. Jahrbuch 2001/02 für Künste und Apparate, hrsg. von der Kunsthochschule für Medien Köln, Köln: Verlag der Buchhandlung Walther König, 2002, S.126 – 130.

Sekundärliteratur

Detlef B. Linke, Medientheorie, Hirnforschung und die Aufnahme der Türkei, International Flusser Lecture, Köln: Verlag der Buchhandlung Walther König, 2003.
Susanne Hauser, Spielsituationen. Über das Entwerfen von Städten und Häusern, International Flusser Lecture, Köln: Verlag der Buchhandlung Walther König, 2003.
Manfred Faßler, Tiefe Oberflächen, Virtualität, Visualisierung, Bildlichkeit, International Flusser Lecture, Köln: Verlag der Buchhandlung Walther König, 2002.
Claudia Giannetti, Flusser und Brasilien: zwischen Ungeschichte und neuen Menschen, International Flusser Lecture, Köln: Verlag der Buchhandlung Walther König 2002.
Vilém Flusser und der Film, Schnitt. Das Filmmagazin. Nr. 24, 4/2001.

Harun Farocki, Bilderschatz, International Flusser Lecture, Köln: Verlag der Buchhandlung Walther König, 2001.
Nil Röller, Vilém Flusser: Medientheorie mit ethischem Anspruch, in: Telepolis 27.11.2001. www.heise.de/tp (Archiv)
Gottfried Jäger (Hg.), Fotografie denken. Über Vilém Flussers Philosophie der Medienmoderne, Bielefeld: Kerber, 2001.
Timothy Druckrey, Medien, Gedächtnis, Moderne, International Flusser Lecture, Köln: Verlag der Buchhandlung Walther König, 2001.
Gustavo Bernado/ Ricardo Mendes (Hg.), Vilém Flusser no Brasil [Vilém Flusser in Brasilien], Rio de Janeiro: Relume Dumará, 2000.
Dietmar Kamper, Körper-Abstraktionen. Das anthropologische Viereck von Raum, Fläche, Linie und Punkt, International Flusser Lecture, Köln: Verlag der Buchhandlung Walther König,1999.
Elizabeth Neswald, Medien-Theologie. Das Werk Vilém Flussers, Köln, Weimar und Wien: Böhlau, 1998.
Volker Rapsch (Hg.), überflusser. Die Fest-Schrift zum 70. von Vilém Flusser, Düsseldorf: Bollmann, 1990.

Textnachweise

München, 1991. Gespräch mit Florian Rötzer. In: Zwiegespräche. Interviews 1967 – 1991, hrsg. von Klaus Sander, Göttingen: European Photography, 1996, S. 225 – 242. Auszüge dieses Gesprächs finden sich auch unter dem Titel »Nächstenliebe im elektronischen Zeitalter« in: Telepolis. Magazin der Netzkultur. (www.heise.de)
Biografie. Die biografischen Teile wurden von Silvia Wagnermaier und Nils Röller als Originalbeitrag für dieses Buch verfasst.
Die brasilianische Sprache. In: Bodenlos. Düsseldorf und Bensheim: Bollmann 1992, S. 75 – 95 und Fischer, 1999.
Die Stadt der Erstinkenden (Vortrag im Schweizer Hörfunk 1985). Erstpublikation unter dem Titel »Aus der Stadt der Erstinkenden, Eine Flaschenpost« in: Vilém Flusser, Nachgeschichte. Essays, Vorträge, Glossen. Düsseldorf: Bollmann 1990, S. 181 – 184 (vergriffen, Neuauflage: Fischer, 1997). Wiederabgedruckt in: Vilém Flusser, Brasilien oder die Suche nach dem neuen Menschen. Für eine Phänomenologie der Unterentwicklung. Mannheim: Bollmann 1994.
Die kodifizierte Welt. In: Merkur. Deutsche Zeitschrift für europäisches Denken. Stuttgart, Nr. 359, 4/1978, S. 374-79. Wieder in: Lob der Oberflächlichkeit, Bensheim 1993.
Krise der Linearität (Typoskript). Abgedruckt in leicht geänderter Form in: Vilém Flusser, Die Krise der Linearität, Bern: Benteli,1988.
Die Geste des Fotografierens, In: Gesten. Versuch einer Phänomenologie. Bensheim und Düsseldorf: Bollmann, 1991, S. 127 – 150 (Fischer, 1998). Ein anderer Text mit dem gleichen Titel findet sich in: Für eine Philosophie der Fotografie. Göttingen: European Photography, 1983.
Die Geste des Filmens. In: Gesten.Versuch einer Phänomenologie. Bensheim und Düsseldorf: Bollmann, 1991, wieder in Fischer, 1998, S. 151 – 158.
Diskursive Medien. In: Kommunikologie. Hrsg. von Stefan Bollmann und Edith Flusser, Mannheim: Bollmann, 1996, S. 270 – 285 (Fischer 1998).
Dialogische Medien. In: Kommunikologie. Hrsg. von Stefan Bollmann und Edith Flusser, Mannheim: Bollmann, 1996, S. 286 – 299 (Fischer 1998).
Die Geste des Musikhörens. In: Gesten.Versuch einer Phänomenologie. Bensheim und Düsseldorf: Bollmann, 1991, S. 193 – 204 (Fischer 1998).
Streuen. In: Ins Universum der technischen Bilder. Göttingen: European Photography, 1985, S. 53 – 59.

Gedächtnisse. Vortrag auf dem Symposium »Philosophien der neuen Technologien« am 14. September 1988 in Linz. In: Ars Electronica (Hg.), Philosophien der neuen Technologien. Berlin: Merve, 1988, S. 41 – 55. Leicht geänderte englische Fassung in: Leonardo, Nr. 4, 1990. Französische Nachbereitung in: Théâtre/Public, Nr. 85, Januar/ Februar 1989. Wieder in: Wissenschaftszentrum Nordrhein-Westfalen. Jahrbuch 1994, hrsg. von Gerd Kaiser, Düsseldorf 1995, S. 72 – 79.

Sein Auftauchen. Kap. V. In: Vampyroteuthis Infernalis. Eine Abhandlung samt Befund des Institut Scientifique de Recherche Phantastique (Ko-Autor: Louis Bec). Göttingen: European Photography, 1987, S. 66 – 71.

Die Stadt als Wellental in der Bilderflut. Vortrag zur 4. Kulturpädagogischen Tagung der Kulturpolitischen Gesellschaft vom 23. – 26.2.1989 in Köln unter dem Titel: »Das Wellental in der Bilderflut – die Stadt« in: Kulturlandschaft Stadt. Neue Urbanität und Kulturelle Bildung. Hagen 1990, S. 200 – 206. Wieder in: Nachgeschichten. Düsseldorf 1990 und in: Arch+, Nr. 111, März 1992.

Nomadische Überlegungen. In: zeitmitschrift. Journal für Ästhetik & Politik, Heft 8, Nr. 2/1990, S. 157 – 167. Wieder in: Von der Freiheit des Migranten.Einsprüche gegen den Nationalismus. Düsseldorf: Bollmann, 1994, S. 55 – 64. Auszüge wieder in: Arch+, Nr. 111, März 1992.

Zur Zukunft der Werkstatt. Transkript des Vortrags in der Villa Stuck, München. In leicht geänderter Form in: werk und zeit, Frankfurt/ M., 39. Jahrgang, 2. Quartal 1991, S. 11 – 13.

Bildnachweise

Cover-Foto und Bilder auf S. 50/51, 102 und 108/09 von Michael Jöms.
Bilder auf S. 163 und 181 von Daniela Kloock.

Trotz aller Bemühungen von Herausgebern, Autoren und Verlag kann es immer wieder passieren, dass einzelne Urheberrechte unrichtig, unvollständig oder gar nicht verzeichnet sind. Alle diesbezüglichen Anfragen bitten wir an den Verlag zu richten.

Dank

Die Herausgeber danken der Kunsthochschule für Medien Köln, die das _Vilém_Flusser_Archiv seit 1998 beherbergt. Unser Dank gilt hier insbesondere Siegfried Zielinski, Professor für Medienarchäologie, und seinem Engagement für die Pflege und Bearbeitung des Nachlasses von Vilém Flusser, und Heiko Diekmeier, Leiter des Fotolabors, für Fotos und Scans.

Ganz herzlichen Dank auch an Edith Flusser und an Andreas Müller-Pohle (European Photography) für die freundliche Freigabe der Rechte sowie Klaus Sander, dessen bisher unveröffentlichte »Chronik zu Leben und Werk Vilém Flussers« als Leitfaden für die biografischen Essays diente.

Nils Röller dankt den Studierenden der Hochschule für Kunst und Gestaltung in Zürich, Erstsemester 2002/3. Lieben Dank von Silvia M. Wagnermaier an Angela Huemer und ganz besonders an Edith Flusser für ihre freundliche Unterstützung.

Die Recherchen nach Bild-, Ton,- und Textdokumenten, die zur Textauswahl und den biografischen Essays führten, erfolgten im Rahmen des von der DFG geförderten intermedialen Editionsprojektes.

Die Herausgeber/in

Silvia Maria Wagnermaier, geb. 1969, Studium der Anglistik und Amerikanistik, Publizistik und Kommunikationswissenschaften in Salzburg und der Film- und Fernsehwissenschaften in Amsterdam. Experimentelle Dokumentarfilme und Videos. 1997-98 Lehrbeauftragte an der Universität Salzburg, Mitarbeit am Forschungsprojekt »Wem gehört die Zeit?« (Siegfried Zielinski und Hans Ulrich Reck). Ab 1999 wissenschaftliche Mitarbeiterin an Kunsthochschule für Medien Köln, seit 2001 im _Vilem_Flusser_Archiv im Rahmen des von der DFG geförderten intermedialen Editionsprojektes.

Nils Röller, Medientheoretiker (www.romanform.de) am Institut für Grundlagenforschung des ZKM, studierte Philosophie und Italianistik an der FU Berlin, Konzeption des Festivals Digitale von 1996-99 (gemeinsam mit Siegfried Zielinski), veröffentlicht seit 2000 gemeinsam mit dem Vilém-Flusser-Archiv und dem supposé-Verlag Köln Beiträge zur Audiophilosophie, 2001 Promotion an der Bauhaus-Universität Weimar zu Hermann Weyl und Ernst Cassirer.

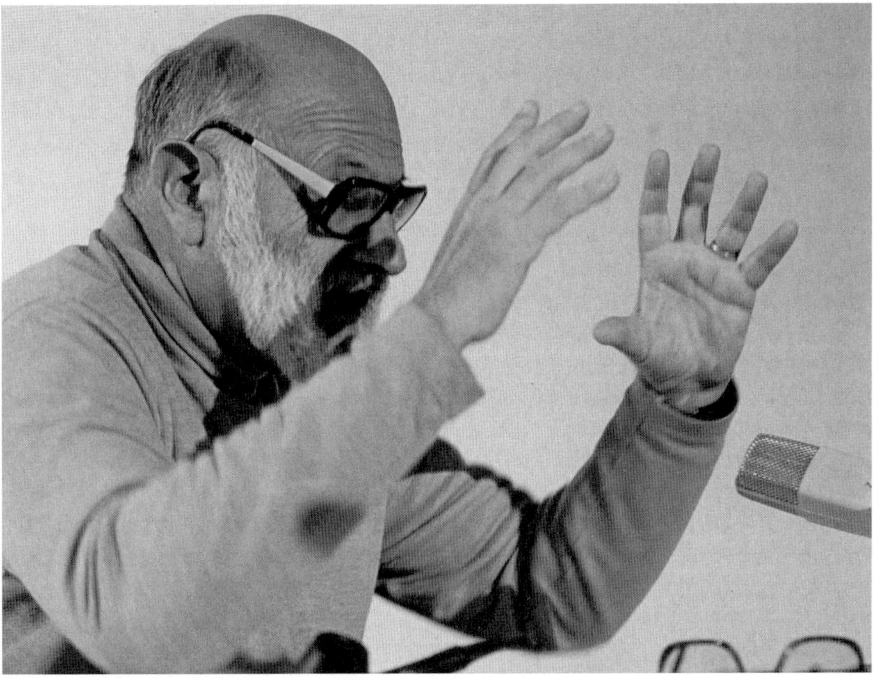

Personenregister